문자공화국의 꿈
―창작의 영감과 가정 그리고 사회―

•《문자공화국의 꿈》은 동아시아문학포럼 한국조직위원회, 일본조직위원회, 중국작가협회가 2015년 중국 베이징에서 개최한 '제3회 중한일 동아시아문학포럼'에서 중국, 한국, 일본의 대표작가들이 발표한 내용을 엮은 책이다.

中韓日 東亞細亞文學

문자공화국의 꿈

창작의 영감과 가정 그리고 사회

모옌, 김애란, 에쿠니 가오리 외 30인

섬앤섬

차례

중·한·일 동아시아 문학포럼을 열며
- 유령선 · 티에닝 _6
- 문자공화국의 꿈 · 최원식 _15
- 니치niche를 찾아서 · 시마다 마사히코 _23

어떻게 문학 창작의 영감을 얻을 것인가
- 영감, 파토스, 이야기 · 강영숙 _31
- History와 history 사이에서 · 곽효환 _40
- 시간을 견디며 기다리고 있다 · 김중혁 _55
- 땅이 주는 선물 · 다니자키 유이 _62
- 산수山水에 있는 영감 · 레이핑양 _68
- '영감'을 찾아서 · 모옌 _75
- 내 기억의 광산 · 셩커이 _82
- 영감의 나래와 함께 날다 · 쑤쑤 _91
- 소설의 영감과 완성 · 아이 _99
- 인간을 이해하는 도구 · 엔조 토 _112
- 푸네스처럼 새롭게 · 이승우 _117
- 시심詩心은 어디에서 오고 어떻게 얻는가 · 정끝별 _127
- 내 모습을 깊이 생각하는 것 · 치노 유키코 _137
- 일관성과 영감 · 히라노 게이치로 _140
- 행行의 인스파이어 —hybrid literary form · 히라이데 다카시 _147

문학과 가정 그리고 사회

- 유연하고 아름답게 —일·한 여성 소설의 현재 · 가와무라 미나토 _155
- 송방 · 김애란 _160
- 작은이모 · 김인숙 _166
- 자신을 꼬리부터 먹어 치우는 뱀, 그 뱀의 꼬리 · 김진경 _174
- 시간을 낳는 장소로서의 가족 · 나카자와 케이 _181
- 소설은 사회를 비추는 거울 · 나카지마 교코 _185
- 집 안팎의 '친한' 사람들 · 리쩡쩌 _190
- 오에 겐자부로 텍스트 안팎의 오에 히카리 —《만년양식집》 텍스트를 분석 대상으로 · 쉬진룽 _201
- 1961~2015 · 안도현 _213
- 인간을 인간답게 만드는 것 · 에쿠니 가오리 _224
- 사회 생활이 문학의 원천이다 · 요우펑웨이 _227
- 가족을 초월한 가족 · 이시이 신지 _236
- 책 향기 나는 사회에 관하여 · 장웨이 _238
- 가정은 곧 세상 · 진런순 _247
- 그대들과 더불어 놀이를 · 최인석 _256

● 제3회 중·한·일 동아시아 문학포럼

유령선

티에닝^{鐵凝}

귀빈 여러분 안녕하세요, 반갑습니다!

저희 3개국의 작가들이 베이징에 모인 오늘, 저는 제1회 문학포럼에서 제3회까지 거의 8년의 세월이 흘렀다는 사실을 새삼 느끼고 있습니다. "시간은 칼과 같다(時間像刀子一樣)." 시간이 빨리 흐르고 그 정도가 심함을 형용하는 이 표현은 중국의 한 이족^{彝族} 출신 작가에게서 비롯되었습니다. 개인적으로 하나의 문학포럼이 창립되어 무에서 유에 이르기까지 8년에 걸쳐 3회를 개최했다는 사실이 칼같이 시간이 흐르는 경박하고 조급한 이 시대에 참으로 고귀한 일이라고 생각합니다. 서울에서 가진 한강 문학의 밤, 기타큐슈에서 만난 여중생들의 순박한 서예와 무용 공연 그리고 삼국 작가들을 그토록 즐겁게 했던 '2차', 정말 잊을 수가 없습니다.

8년을 경유하면서 적극 포럼에 참석해주셨던 작가, 시인 몇 분이 우리 곁을 떠나셨습니다. 그분들은 일본의 작가 이노우에 히사시^{井上厦}, 츠지이 다카시^{辻井喬} 그리고 중국의 시인 러이쑤앤^{雷舒雁}, 한

쭤룽^{韓作榮} 선생님입니다. 이 자리를 빌어 그분들께 추모의 마음을 전해드리고 싶습니다.

저는 오늘 우리 모두의 공통된 노력과 정성으로 중한일^{中韓日} 삼국 문학포럼이 새로운 수확을 거둘 수 있으리라 믿어 의심치 않습니다. 그럼 저의 발표를 시작하겠습니다.

내가 오늘의 발표를 위해 선택한 주제는 '창작의 과정에서 어떻게 영감을 찾는가' 하는 것이다.

처음에는 이 주제가 아주 마음에 들었다. 심지어 '영감'이라는 단어를 쓸 때는 마치 영감이 가볍게 내 머리 위에 내려앉은 듯한 기분이 들기도 했다. 문학을 생업으로 하는 사람이라면 그 누구도 영감의 강림을 사양하지 않을 것이다. 더는 써내려 갈 수 없을 것 같은 막다른 골목에 이르렀을 때, 우리는 항상 본능적으로 영감의 강림을 애타게 갈구한다.

하지만 나는 오늘 우리가 토론할 주제가 사실은 그리 만만한 것이 아니라는 생각을 피할 수 없다. 이는 작가들과 문학 애호가들 사이의 토론이 아니라 작가들 사이의 토론이기 때문이다. 작가와 문학애호가들 사이의 토론이라면 우리는 얼마든지 '글쓰기의 경험'을 소개할 수 있다. 작가들에게 창작 과정에서 어떻게 영감을 찾을 것인가 하는 문제는 그다지 낯설지 않을 것이고, 모두 나름대로의 심득이 있을 것이다. 아무리 기다려도 영감을 만날 수 없을 때의 번뇌와 고된 창작의 여정에서 갑자기 영감이 찾아왔을 때의 미칠 듯한 희열, 그리고 영감으로 인해 '문학적 사유와 구상이 샘솟듯 뿜어져 나올' 때의 그 상쾌한 기분을 작가라면 누구나 체험한 적이 있을 것이다. 우리는 모두 회

심의 미소를 지으며 이런 일을 마음으로만 느낄 수 있을 뿐, 말로는 전할 수 없는 것이라 여긴다. 중국인이 즐겨 쓰는 표현을 빌리자면, 차가움과 따스함도 스스로 겪어보아야 비로소 깊이 깨달을 수 있다.

더 토론할 필요가 있을까?

이 주제에 대해 두려움이 생기면 오히려 더 표현의 영감을 찾을 수 없을 것 같다.

그렇다면 아예 이 주제에서 벗어나보는 것도 좋을 것이다.

한번은 친구의 초대로 베이징 국립대극원에서 바그너의 오페라《방황하는 네덜란드인》을 관람했다. 이 작품은 바그너의 예술이 성숙을 향해 나아가기 시작한 첫 번째 징후가 되는 대표작이다. 극의 줄거리는 그다지 복잡하지 않다. 영원히 부두에 정박할 수 없는 유령선 한 척과 영원히 표류해야 하는 운명, 대자연의 폭우와 주인공의 정신적 폭풍이 만드는 혼란, 진정한 사랑을 집요하게 찾고 있는 절망적인 한 쌍의 남녀, 그리고 여기에 우울하고 환각적인 색채가 더해지고 사람의 육성과 관현악의 절묘한 융합이 배경으로 깔리면서, 세상의 모든 고통을 통찰하는 심오한 철학적 명제까지 더해진다. 소개에 따르면, 바그너로 하여금 이 오페라를 쓰게 한 영감은 북유럽의 '귀선鬼船', 즉 유령선의 전설이라고 한다.

영감이 찾아왔다!

전설에 따르면 한 네덜란드인이 악마의 저주로 인해 영원히 배를 타고 표류하면서, 7년에 한 번씩만 뭍에 올라올 수 있는 운명에 처했다. 그리고 진실한 사랑만이 끝없는 바다 위의 유랑을 끝낼 수 있다. 나중에 이 네덜란드인은 진정한 사랑에 의해 구조되었다. 이 전설은 진선미에 대한 인간의 본능적인 추구를 담고 있지만, 바그너는 그의 오페라에 보다 깊이 있고, 사람의 가슴을 뒤흔드는 비창의 힘을 불어넣고 있다. 이 '유령선'을 이용하여 일정 시기의 세계와 생사에 대한 풍부한 감정을 표현하고 있다. 오페라의 가사도 바그너 본인이 직접 썼다. 오페라에 나오는 음울하고 염세적인 네덜란드인은 낡고 부서진 뱃머리에 서서 죽음을 갈구한다. "죽음도 없고, 묘지도 없고, 뭍에 오를 수도 없고 집도 없네. 이것은 인생에서 가장 잔혹한 징벌이리라." 그의 배는 여러 차례 암초에 부딪치지만 그래도 죽지 않았다. 해적을 만나서는 자신을 죽여 달라고 애원하지만 오히려 해적이 놀라서 도망쳐버린다. ……그리하여 그는 또 울부짖는다. "인류가 반드시 번성해 나가야 한다면, 누군가는 반드시 죽어야 하리라!" 하지만 어떻게도 죽지 않는 것은 무척이나 두려운 일이었다. 7년 동안 요동치는 파도에 산산조각나 죽고 싶었던 뱃사람이 하늘을 향해 죽음을 허락해 달라고 호소할 때, 우리는 등골이 오싹해지는 삶의 고통을 깨닫게 된다. 그리고 이런 깨달음은 이내 한탄으로 변한다! 무대 아래에 있는 우리는 다행스럽게도 편안하게 살고 있다. 이 네덜란드인 역을 맡은 바리톤 가수가 부르는 노래에는 우울함 속에 열광적인 '죽음의 숨결'이 섞여 있어, 청중들로 하여금 이성적이면서도 낭만적인 바그너의 거대한 재능에 탄복하게 한다.

나중에야 나는 바그너가 여행 중에 바다에서 위험한 풍랑을 만난 적이 있다는 사실을 알았다. 당시에 그는 《방황하는 네덜란드인》을 쓰지 않았다. 바그너의 우아하고 뛰어난 문학적 재능도 바다에서의 위험을 경험한 직후에 그가 곧바로 펜을 들도록 재촉하지는 못했다. 사실 직접 경험한 바다에서의 위험을 바그너가 곧장 작품으로 전환한다는 것은 그리 어려운 일은 아닐 것이다. 하지만 그에게는 일종의 매개 또는 영감이 필요했을 것이다. 영감이라 불리는 성냥 한 개비가 그의 마음속에 쌓여 있는 창조와 관련된 모든 저장물에 불을 붙여줘야 했을 것이다. 북유럽의 '유령선'이 그의 영감을 일깨웠다면 아마도 '유령선'이 바로 영감일 것이다. 바그너가 '유령선' 모티프를 차용하긴 했지만, 그의 《방황하는 네덜란드인》은 '유령선' 전설의 내용과 의미를 크게 뛰어넘었다. 북유럽 전설에서는 진정한 사랑이 인간의 방랑을 끝낼 수 있었지만, 바그너는 마지막에 모든 것을 바치는 네덜란드 선장에 대한 자신의 진정한 사랑을 증명하기 위해 여주인공이 몸을 날려 바다에 뛰어들게 한다. 이렇게 진정한 사랑은 사라져버리고 네덜란드 선장의 비참한 표류도 다시 시작된다. 이를 통해 바그너는 인생의 무력함과 충성과 사랑의 연약함을 역설하고 있다.

  '영감'과 관련하여 《현대한어사전現代漢語詞典》에서는 '문학과 예술, 과학, 기술 등의 활동에서 힘든 학습과 장기적인 실천, 끊임없는 경험과 지식의 축적 등으로 인해 갑자기 발생하는 창조적 성격이 강한 생각'이라고 규정하고 있다. 바그너의 '유령선'이라는 영감 역시 바다에서의 위험을 경험함으로써 시작되었다. 이를 통해 우리가 알 수 있는 것은 영감이 이처럼 가볍게 찾아오지만, 그 존재를 뒷받침하는 것은 작자가 우둔할 정도로 오랫동안 지속한 내면의 축적일 것이다. 이런 의미에서 말하자면 영감은 우둔한 것이라고도 할 수 있다.

  또한 영감은 기쁨을 가져다준다. 영감은 '아득히 먼 곳에 있을 수도 있고, 손을 뻗으면 닿는 지척에 있을 수도 있지만' 그 '갑작스러운' 느낌은 하늘이 예술가에게 주는 진귀한 선물이 아닐 수 없다. 마치 신령한 빛이 한 순간에 어둠으로 가득한 혼돈의 바다를 환히 비추는 것 같다. 모든 예술가가 영감이 찾아올 때 짜릿한 내면의 희열과 자신감을 경험했을 것이다. 길가의 꺾어진 엉겅퀴 한 포기가 톨스토이로 하여금 《하지 무라트》를 쓰게 했고, 갓난아기의 발그스레하고 보들보들한 발뒤꿈치를 보는 순간 체호프의 머릿속이 돼지처럼 살찐 정부 관리에 대한 혐오감으로 가득 찼다. 체호프는 정부 관리의 통통한 분홍빛 턱을 갓난아기의 발뒤꿈치 같다고 묘사했다. 갓난아기의 발그스레하고 보드라운 발뒤꿈치가 아기의 발에 붙어 있을 때는 너무도 사랑스럽지만, 피둥피둥 살찐 관리의 얼굴에 붙어 있으면 지독한 혐오감을 자아내는 것이다. 이러한 비유들을 나는 지금도 잊지 못하고 있다. 나 자신도 영감이 찾아왔을 때의 짜릿한 즐거움을 체험한 적이 있다. 어느 날 늦은 밤에 꿈속에서 한 가지 절묘한 문장에 놀라서 깼다. 영감이 찾아온 것이다. 이 문장이 꿈과 함께 사라져버릴까 두려웠던 나는 황급히 일어나 종이와 펜을 찾아 잘 적어두었다. 하지만 아침에 완전히 잠에서 깨어 간밤에 적어둔 그 문장을 읽어보니 사실은 너무나 평범한 문장에 지나지 않았다. 이처럼 우리는 때때로 영감을 완전히 오해할 수도 있고, 동시에 자신을 오해할 수도 있다. 물론 영감의 은택을 입은 적도 없지 않다. 장편소설 《비가 오지 않는 도시無雨之城》를 쓸 때, 아주 오랫동안 서두를 어떻게 시작해야 할지 몰라 고민했다. 그러던 어느 날 정오에 창가에 서서 밖을 내다보다가 우연히 학교가 파해 집으로 돌아가는 여자아이를 발견했다. 그 아이는 가는 길 내내 하이힐 한 짝을 발로 차면서 걷다가 마침내 어느 집 대문 안으로 들어섰다. 그런데 신나게 발로 낡은 신발 한 짝을 차면서 길을 걷던 여자아이가 내게 영감을 불러일으켰다. 이 장면이 내가 쓰려는 장편소설의 분위기와 딱 맞아떨어졌던 것이다. 장편소설에서 때로는 첫머리가 작품 전체의 분위기를 결정할 만큼 중요하다.

10여 년 전에 한국에 갔을 때 신문에서 한 가지 이야기를 읽었다. 한 젊은이가 자전거가 망가지자 그것을 버리고 새 것을 사려 했다. 그러자 증조할아버지가 그에게 자전거를 수리하는 법을 배우라고 말씀하셨다. 젊은이는 할아버지에게 요즘 세상에 누가 자전거를 직접 자기 손으로 수리하느냐고 대꾸했다. 할아버지가 말을 받았다. "그렇게 어떤 물건이든지 망가질 때마다 내다버린다면, 어느 날 네 머리가 망가지면 머리도 갖다 버리고 영혼에 문제가 생기면 영혼도 갖다버릴 거냐?" 이 소박한 이야기가 내게 단편소설 〈나비가 웃는다^{蝴蝶發笑}〉를 쓸 수 있는 영감을 제공해주었다. 나는 그 한국 할아버지와 젊은이의 대화가 사실은 자신의 내면에 잠재되어 있는 갖가지 문제 해결의 능력을 현대인에게 일깨워주고 있다고 생각한다. 또한 이는 진보 혹은 퇴화에 대한 회의와 곤혹과도 관련이 있다. '일회용' 시대가 도래한 것일까? 일회용 물건이 현대 생활에 제공하는 편리는 굳이 말하지 않아도 될 정도로 자명하다. 일회용 젓가락과 일회용 칫솔, 일회용 종이컵, 일회용 수성펜…… 등 일회용 물품은 수없이 많다. 하지만 문학의 본질은 생활 속의 수많은 '일회용'에 저항하는 것이다. 그래서 지난 두 차례의 '동아시아 문학포럼'에 그토록 뜨겁고 활기차며 인정미 넘치는 '2차'가 있지 않았던가? 나의 얕은 경험에 따르면 수많은 '2차' 모임에 심금을 울리는 삶의 맛이 담겨 있었고, 잠시나마 가면을 벗어 던지는 진정성이 있었으며, '칼 같은 시간'에 대한 인내심어린 만류가 있었다.

2002년 봄, 나는 도쿄에서 활짝 핀 벚꽃의 '습격'을 받았다. 내가 '습격'이라는 어휘를 사용하는 것은 벚꽃이 정말로 나를 뒤흔들어 놓았기 때문이다. 벚꽃은 내 상상 속의 부드러운 안개구름이 아니었다. 벚꽃의 장관은 분명하고 단호한 결의, 죽음도 두려워하지 않고 일상성을 초탈한 인내심을 지닌 의연함을 보여주고 있었다. 나는 이러한 벚꽃의 '습격' 속에서 영감의 강림을 맞아들였고, 늘 '꽃'으로 형용되는 여성, 특히 아시아 여성의 몸에 두드러지게 나타나는 특징을 찾을 수 있었다.

영감은 일종의 깨우침이자 작가의 가슴 속에 깊이 잠들어 있는 풍요로운 광산을 여는 것이다. 그 '유령선'이 갑자기 하루 종일 불안해하는 바그너의 영혼의 바다에 난입하여 그를 일깨우고 도운 결과, 한시도 지체하지 않고 곧장 왕성한 창조의 상태로 들어가게 했던 것도 바로 이런 깨우침과 열림이라고 할 수 있다. 결국 우리가 정말로 해야 할 일은, 수시로 자신에게 가슴 속에 풍요로운 광산이 있는지 묻는 것이다.

이제 손만 뻗으면 억만 가지 정보를 쉽게 얻을 수 있는 이 시대에 왜 문학의 영감을 논해야 하는가 하는 맨 처음 화제로 돌아가지 않을 수 없다. 우리가 얻는 정보, 특히 갖가지 근거 없는 수다 수준의 정보를 얻는 것이 너무 쉽기 때문일까? 상상도 필요 없고, 깊이 고심할 필요도 없으며, 천박한 문투를 부끄러워하지도 않는 '사회 정보'가 문학을 유린하고 침몰시킬 수 있다는 가능성 때문일까? 아니면 인터넷상에서의 정보가 사회에 미치는 영향이 때때로 장편소설 한 편의 능력을 압도하기 때문일까? 아니면 시대와 작가 자신의 수많은 골칫거리가 완강하게 간섭해 오기 때문일까? 만약 이 모든 것이 사실이라면 이는 문학의 실패라고 해야 할 것이다. 정보 사회가 자신감 있고 우렁차게 '경제'의 고속도로에 올라섰을 때, 글을 쓰는 사람들은 아무리 써도 고갈되지 않는 글쓰기의 자원을 끌어안고 더욱 더 정신을 차리고 주의 깊게 문학의 위험한 정황을 살펴야 한다. 나는 이것이야말로 우리가 이 자리에서 '영감'이라는 단어를 무대에 올리게 된 진정한 이유라고 생각한다.

우리는 도대체 어떻게 창작의 영감을 찾을 수 있을까? 정보가 지혜가 아니고, 지혜는 영감과 다르기 때문에 영감을 날조해낼 수는 없다. 이는 인간이 자신의 머리카락을 틀어쥐고 날아오를 수 없는 것과 마찬가지다. 어쩌면 찾는 것은 찾지 않는 것이고, 기다리는 것은 기다리지 않는 것일지도 모른다. 기대하는 것은 기대하지 않는 것이다. 영감을 얻으려면 우선 영감을 잊어버려야 한다. 사실 이는 적극적인 '망각'이다. 우리가 모든 감성과 지혜, 민감한 통찰력, 지칠 줄 모르는 삶에 대한 열정을 인생과 사회 현상에 대한 끝없는 질의와 생명에 대한 세밀한 관찰에 쏟아 부을 때, 영감은 기다리지 않아도 저절로 우리를 찾아올 것이고, 우리는 아주 귀중한 아름다움을 누릴 수 있을 것이다. 글을 쓰는 과정 자체가 어떤 신비로운 매력을 발산한다면, 이 역시 그 결과 가운데 하나일 것이다. 그리고 이러한 매력이 나타나는 것은 예외 없이 작가의 소박하고 심지어 무미건조하기까지 한 일상의 노동에 기초하고 있다.

티에닝 铁凝 1957년 베이징 출생. 중국작가협회 주석. 100여 편의 중·단편소설, 산문·수필 등 합계 400여 만 자에 이르는 작품을 펴냈다. 작품은 여러 언어로 해외에서 번역, 소개되었다. 2012 런던국제도서박람회에서 국제적으로 유명한 출판그룹 하퍼 콜린스는 경매를 통하여 장편소설 《목욕하는 여인들》의 영문판 유럽 판권을 획득하였고, 이에 앞서 미국의 명문 출판사 사이먼 앤 슈스터가 영문판 미국 판권을 획득했다. 주요 작품으로는 《장미의 문》, 《목욕하는 여인들》, 《토종면화》 등 장편소설 4부, 《아, 샹쉐》, 《영원은 얼마나 먼가》 등이 있다. 루쉰 문학상 등 국가급 문학상을 6차례 수상하였고, 영화로 각색된 《아, 샹쉐》는 제41회 베를린국제영화제에서 대상을 수상하였다.

● 제3회 중·한·일 동아시아 문학포럼

문자공화국의 꿈[1]

최원식

1. 삼이란 숫자

존경하는 중국 작가 여러분, 경애하는 일본 작가 여러분, 그리고 우리 한국 작가 여러분, 베이징^{北京}에서 만나니 더욱 반갑습니다. 드디어 오늘의 개막으로 동아시아문학포럼이 막 한 바퀴를 돌았습니다. 서울에서 시작하여(2008), 기타큐슈^{北九州}를 거쳐(2010), 이제 베이징에서 둥근 원이 완성된 것입니다.

한국인은 3이란 숫자를 좋아합니다. 생명을 주관하는 여신을 삼신^{三神} 할미[2]라 부르는 데서 단적으로 드러납니다만, 이는 신이 셋이라기보다는, 새로운 생명을 잉태하는 과정 그 자체를 가리킬 것입니다. 일^{一}과 이^{二}, 즉 양^{陽}과 음^{陰}이 어우러져 삼^{三}, 곧 새 생명

---

1. 이 글은 원래 2012년에 발표될 예정이었으나 베이징 대회가 2015년에야 열려 지각 발표되었다. 발표 당시에는 현장에서 말로 약간의 수정을 가했으나 출판은 2012년 원문 그대로였다. 한국출판에서도 원문을 살리는 의의에서 2012년본을 그대로 싣기로 한다.
2. 이 '삼'을 '태^{胎}'로 풀기도 하지만, '三'으로 새기는 것이 더 일반적인데, 아마도 양자를 겸할 터이다.

이 창조됩니다. 삼은 일과 이를 포괄하되 양자 모두를 초과하는 그 무엇입니다. 이 점에서 이번 포럼은 무척 예감적입니다. 아시다시피 갈라파고스₃처럼 분리되었던 세 나라 문학은 동아시아문학 포럼에서 처음으로 다중 접촉했습니다. 물론 그 사이 양자 교류는 적지 않았습니다. 그 축적이 삼자 교류로 이월케 한 터전이거니와, 사실 이는 일종의 비약입니다. 우리가 절감切感하고 있듯이, 삼자 교류는 양자 교류보다 훨씬 품이 많이 듭니다. 더구나 세계의 이목이 집중되는 지역인지라, 외풍外風도 더 탑니다. 새삼 제2회 포럼(2010.12) 때가 생각납니다. 영토 문제로 중일 관계가 악화일로를 밟는 와중, 연평도延坪島 포격사건마저 겹쳐₄ 일말의 우려가 없지 않았습니다. 다행히 기우杞憂로 그쳤습니다. 나라들 사이가 화평할 때보다도 갈등할 때가 작가들이 만나야 할 바로 그때라는 듯, 분쟁의 바다들을 건너 온 중국과 한국의 손님들을 일본 작가단과 기타큐슈 시민들은 오히려 충심으로 환대했습니다. 정말 감동적인 장면이 아닐 수 없습니다. 그리하여 기타큐슈 시는 홀연 세 나라 작가들의 작은 '문자공화국'₅으로 변신하였던 것입니다. 이 자리를 빌어 다시 한 번, 자유를 행사하여 포럼을 지지한 일본

---

3. 갈라파고스 증후군Galápagos syndrome은 1990년대 이후 일본 제조업이 국내시장만 고집한 결과 세계시장으로부터 고립된 현상을 일컫는 용어다. 이 용어의 기원인 남미 동태평양의 갈라파고스 제도諸島는 1835년 찰스 다윈Charles Darwin(1809~1882)의 방문으로 유명해졌다. 육지로부터 오래 고립된 덕에 특이한 생태계가 만들어진 이곳에서 다윈은 진화론의 구상을 다듬었다.

4. 2010년 9월, 중국 어선과 일본 순시선의 충돌로 재연再燃된 댜오위다오釣魚島 또는 센까꾸尖閣 분쟁이 확산되는 가운데, 동년同年 11월, 북한이 남한의 연평도에 포격을 가해 아연俄然 한반도 정세가 긴장되었다.

5. 이 말은 칼 폴라니Karl Polanyi(1886~1964)의 것이다. 그 부분을 인용해 둔다. "학문과 예술은 어떠한 권위에도 위축되는 일 없이 오로지 문자공화국의 통치만을 받아야 한다. 절대적인 강제 따위는 결단코 사라져야만 한다. 모든 '반대자'들은 숨어들 수 있는 공간이 제공되어야 하며, 계속 삶을 영위할 수 있도록 선택할 수 있는 '차선'의 선택지가 주어져야만 한다. 그리하여 순응을 거부할 권리는 자유로운 사회의 본질적 특성으로서 자리를 굳히게 될 것이다." 칼 폴라니, 《거대한 전환》(1944), 홍기빈 옮김, 도서출판 길 2009, 596쪽.

위원회의 헌신에 깊은 감사를 전하는 바, 제2회 때 못지않은 상황임에도 불구하고 이번 포럼을 이처럼 훌륭하게 마련하신 중국위원회에 대해서도 더욱 정중한 인사를 드립니다.

2. 토박이와 뜨내기

제가 개인적으로 고민하는 문제의 하나가 '토박이와 뜨내기' 또는 '주인과 손님'입니다. 저는 지금 고향에 살고 있습니다. 고향이라고 했지만 시골은 아니고 항구도시 인천^{仁川}입니다. 물론 제 집안도 인천 토박이가 아닙니다. 증조부께서 19세기 말, 중국과 접경한 의주^{義州}에서 내려오셨으니까요. 그렇지만 워낙 뜨내기가 많은 대도시이다 보니 저 정도면 인천에서는 토박이 행세를 하는 셈입니다. 뜨내기들이 모여 새로운 도시를 만들어나간다는 근대적 경험의 일반성에 비추어 볼 때 도시에서 토박이를 따지는 게 우스운 일이지만, 냉전시대에 위축되었던 인천이 탈냉전 시대를 맞이하여 대^{對} 중국/북조선 창구로 다시 부상^{浮上}하면서 토박이 논쟁이 내연^{內燃}하던 것입니다. 토박이들은 "굴러온 돌이 박힌 돌 빼낸다."고 뜨내기들에게 불평하고, 뜨내기들은 텃세가 준동하면 시의 활기에 문제가 발생할 것이라고 우려합니다. 향토주의와 탈향토주의의 대립입니다. 저는 가운데서 우왕좌왕입니다. 뜨내기들의 지나친 유동성이 시의 정주성^{定住性}을 훼손한다 싶으면 향토주의로, 토박이들의 텃세가 뜨내기들의 활력을 차단하는 데 이르면 탈향토주의로 기울곤 합니다.

그런데 조그만 거슬러 오르면, '토박이'들도 대개는 뜨내기였으니,

인천에서 토박이 논쟁이란 '도토리 키 재기'일 따름입니다. 이 토론이 곧잘 정체성이란 유령과 손잡기 십상이거니와, 그래 어느덧 정체성만 나오면 신물이 날 지경이 되었습니다. '정체성'을 발화(發話)하는 순간, 대체로 복고적이 되기 쉽습니다. 마치 예전에는 있었는데 근래 훼손되었으니 다시 회복해야 한다는 식으로 논리가 전개되곤 하기 때문입니다. 일리가 없지 않음에도 이래서는 문제를 풀 수 없습니다. 굳이 '정체성'을 피할 수 없을 경우는 그걸 과거가 아니라 미래로 던져두자고, 다시 말하면 앞으로 형성/구성해야 할 공동의 실천의제로 삼는 게 좋겠다고 눙칩니다. 그러고 보면 요즘에 저는 점점 후자로 기운 듯싶습니다.

향토주의의 이름으로 배외성을 고취하는 논의를 비판할 제 귀중한 전거가 이사(李斯)의 〈간축객서(諫逐客書)〉입니다. 본디 초(楚)나라 사람으로 진(秦)의 객경(客卿)으로 봉직하다가 축객령(逐客令)으로 추방되던 길에 후일 진시황(秦始皇)으로 불릴 영정(嬴政)에게 올린 이 명문은 자칫 기득권 수호로 악용될 향토주의 내지 국수주의의 폐단을 밝힘으로써 축객령을 거두게 한 불후의 문장입니다. 나라 밖에서도 널리 인재를 구해 진을 중흥한 역대 군주들의 예를 들면서 "가부를 묻지 않고 곡직을 논하지 않고 진나라 사람이 아니면 물리치고 다른 나라 출신이면 쫓아내(不問可否 不論曲直 非秦者去 爲客者逐)" 결국 "적국에 보탬이 되(以資敵國)"게. 하는 축객령의 부당성을 조목조목 설파한 이사의 논리는 제게 너무도 성성(醒醒)합니다.

그런데 때로는 '주인'으로, 또 때로는 '손님'으로 번역되는 프랑스말 '오뜨(hôte)'도 흥미롭습니다. 그 이중성에 주목한 자크 데리다(Jacques

---

6. 《古文眞寶》後集, 서울: 世昌書館 1966, 10~11쪽.

Derrida(1930~2004)는 말합니다. "결국 인질이 되는(……) 것은 주인, 초대하는 자, 초대하는 주인hôte이다. 그리고 손님hôte, 초대받은 인질guest은 초대하는 자의 초대하는 자가 된다. 주인hôte의 어른이 된다. 주인hôte은 손님hôte의 손님hôte이 된다. 손님hôte(guest)은 주인hôte(host)의 주인host이 된다. [주인이 손님이 되고 손님이 주인이 되는] 이러한 치환들은 모두를, 그리고 각자를 상대방의 인질로 만든다. 환대의 법들이 그러하다.",7 이 대목은 제2회 포럼을 다시 생각케 합니다. 말하자면, 중국 작가들과 한국 작가들은 기꺼이 일본 작가들의 인질이 되고 또 거꾸로 일본 작가들은 중국/한국 작가들의 인질이 됨으로써 기타큐슈에서의 환대가 가능했는지도 모릅니다. 주인과 손님이 기실 둘이 아니라 하나라는 이 기묘한 호환성互換性은 주인의 내부성과 손님의 외부성/적대성을8 슬그머니 해체한 바, 이로써 주인과 노예의 순환하는 적대성을 변주變奏한 주객이원론으로부터 기쁘게 해탈할 수 있습니다. 그렇습니다. 주인은 먼저 온 손님입니다.

3. 열린 도시의 시민들

일본 작가들과 한국 작가들은 오늘 베이징에서 '먼저 온 손님'의 손님으로서 그리고 귀환한 객경으로서 중국 작가들의 환대를 누리고 있습니다만, 그럼에도 주인과 손님의 이분법적 분리가 노골적으로 또는 은밀히 작동하고 있는 현실을 외면할 수는 없습니다. 이 나쁜 이

---

7. 자크 데리다, 《환대에 대하여De l'hospitalité》, 남수인 옮김, 동문 선 2004, 135면.
8. 라틴어 'hostis'는 '적' 또는 '외지인'을 가리킨다고 한다. 자크 데리다, 앞의 책, 68면.

분법은 요즘 새로운 가면을 뒤집어쓰고 나타나기도 합니다. 노마디즘^{nomadism} 또는 유목주의^{遊牧主義}가 그것입니다. 먼저 온 손님이라는 겸허한 자각을 새기며 모든 손님들을 환대하는 착한 주인들마저 추방하여 온 세상을 뜨내기 천지로 만들려는 자본의 어떤 책동조차 유목주의의 이름 아래 찬미되곤 합니다. 저는 물론 노마디즘을 일괄 부정하는 것이 아닙니다. 68혁명의 혁신적 분위기에서 태어난 새로움은 평가되어 마땅하지만, 이제는 그마저도 절정을 향해 치닫는 디지털 자본주의의 상품 세상 속으로 거의 실종된 것이 아닌가 합니다.

이미 19세기 초에 고매한 공상적 사회주의자 로버트 오언$^{Robert\ Owen}$(1771~1858)은 "사회 전체를 이득과 이윤의 원리에 따라 새롭게 조직"한 시장경제의 본격적 도입 이후 서구의 인류가 직면한 끔찍한 현실을 직감한 바 있습니다. "일정한 지역에 정착하여 살아온 사람들은 대대로 물려 내려온 성격이 파괴당하고 새로운 종류의 인간으로 변이를 일으키고 있으니, 유목민처럼 떠돌아다니며 자긍심도 없고 자신에 대해 엄격한 기율을 들일 줄도 모르는 뜨내기로 바뀌고 있으며, 그러한 거칠고 무표정한 존재들의 산 예가 바로 지금의 자본가들과 노동자들"[9]이라고 칼 폴라니는 오언의 관찰을 침통히 요약했습니다. 19세기 서구에서 시작된 '자기조정시장^{自己調整市場}'(칼 폴라니)이란 괴물의 작동이 이젠 세계화^{globalization}의 미명^{美名} 아래 온 세상을 거친 떠돌이의 세계로 만든 것입니다.

유동성에 대한 저항이 요구됩니다. 자본의 텅 빈 공간^{space}이 아니라 삶으로 충일한 장소^{place}를 다시 구축하는 작업이야말로 그 시작입니다. 온 세상을 야한 뜨내기 천지로 만들려는 유목주의에 대한

---

9. 칼 폴라니, 앞의 책, 368면.

비순응^{非順應}이 종요롭습니다. 그것이 토박이의 승리로만 경사^{傾斜}되는 일은 물론 회피되어야 마땅합니다. 토박이와 뜨내기가 자기 고유의 정체성을 내세운 채 배타적으로 부딪치는 것이 아니라, 토박이는 토박이대로 뜨내기는 뜨내기대로, 각자 자기의 본질로 귀환함으로써, 토박이도 아닌 뜨내기도 아닌, '동료 시민들$^{fellow-citizens}$'로[10] 거듭나는 것이야말로 황금의 고리입니다. 그때야 비로소 그 도시는 제국 또는 국가의 안에 있되 또한 바깥이기도 한 '열린 도시들$^{open\ cities}$' 또는 '피난 도시들$^{refuge\ cities}$'로 구현될 것인데, 나라의 경계 사이에 걸터앉은 '문자공화국'이라고 해도 좋을 동아시아문학포럼은 그 전형이 아닐까 싶습니다.

회를 거듭할수록 가상도시의 꼴이 야금야금 갖춰지는 '지루한 성공'의 과정을 목격하면서 저는 타자 또는 소수자를 옹호하는 일을 작가의 고귀한 책무로 삼는 문자공화국의 현실 이행 가능성을 감히 다시 생각하게 되었습니다. 저는 문학이 세상을 단박에 바꿀 수 있다고 결코 여기지 않습니다. 그렇다고 문학의 바깥이 없는 듯 안으로만 감도는 태도에도 전적으로 동의하기 어렵습니다. 문학의 유용^{有用}/무용^{無用}을 가로질러 여여^{如如}한 중도^{中道}를 어떻게 파지^{把持}하는가? 루쉰^{魯迅}(1881~1936)의 말이 번개처럼 떠오릅니다. "절망은 허망하다. 희망이 그러하듯."[11] 너무나 쨍쨍해서 섣불리 용훼^{容喙}할 엄두도 나지 않는 '강철로 된 무지개'[12]의 언어입니다. 희망을 무서워하면서도 희

---

10. Jacques Derrida, *On Cosmopolitanism and Forgivenness*, trans by Mark Dooley and Michael Hughes, London and New York, Routledge, 2002, 20면.
11. 루 쉰, 《들풀》, 이욱연 옮김, 문학동네, 2011, 39면. 원문은 다음과 같다. "絶望之爲虛妄, 正與希望上同!"《魯迅作品集》, 太原: 北岳文藝出版社, 2002, 319면.
12. 베이징 일본영사관 감옥에서 순국한 한국의 저항시인 이육사^{李陸史}(1904~1944)의 시 〈절정^{絶頂}〉의 마지막 행 "겨울은 강철로 된 무지갠가 보다"에서 인용했다.

망하는 정신의 미묘한 운동에 의거하여, '문자공화국'의 꿈을 공유해도 좋을 계단에 우리는 간신히 도달한 것이 아닌가 합니다. 그 과정에서 토박이와 뜨내기가 끊임없이 다투는 동아시아가 아니라, 열린 도시의 시민들로 우애가 넘치는 동아시아가 문득 열린다면 이야말로 예상치 않은 손님, 그래서 더욱 기쁜 손님일 것입니다. 한중수교 20주년/중일수교 40주년을 맞이하는 올 포럼에, 그 손님이 언제라도 들어오실 수 있도록 문을 활짝 열어둡시다. 감사합니다.

최원식 평론가. 한국작가회의 이사장. 인하대학교 명예교수. 1949년 인천 출생. 서울대학교 국어국문학과 및 동대학원 졸업. 서울대 문학박사. 1972년 동아일보 신춘문예에 평론이 입선되어 등단했다. 1970년대 후반부터 《창작과비평》을 중심으로 활동, 편집위원과 주간을 역임하면서 민중문학을 옹호했다. 1990년대 초에 제3세계론을 구체화하는 과정에서 동아시아론을 제기하여 학술운동을 전개하는 한편, '동아시아문학포럼'의 한국측 조직위원장을 맡고 있다. 저서로 《민족문학의 논리》, 《생산적 대화를 위하여》, 《문학의 귀환》, 《제국 이후의 동아시아》, 《문학》, 《소수자의 옹호》, 일역본 《東アジア文学空間の創造》, 《韓國の民族文學論》, 중역본 《文學的回歸》 등이 있다.

● 제3회 중·한·일 동아시아 문학포럼

니치 niche 를 찾아서

시마다 마사히코 島田雅彦

나는 생각한다, 고로 사라진다.

사람은 빛 바라고 희미해져 어느새 사라진다. 마치 영화의 페이드 아웃처럼.

몇해 전까지만 해도 자주 얼굴을 보던 사람과 어떤 계기로 소원해지고, 오랜만에 이름을 듣는다 싶으면 부고일 때가 있다. 친한 동창생이 지금은 어디서 무엇을 하고 있는지 동창회 간사도 반 이상의 소식을 모른다.

사람이 관심을 기울일 수 있는 범위에는 한계가 있다. 고층빌딩 창가에서 도시를 내려다보며 한동안 상쾌한 기분에 젖어 있다 문득 깨닫는다. 지금 저 밑을 오가며 살아가는 사람들이 무슨 생각을 하고 또 뭘 하고 있는지, 나는 전혀 모른다. 그들 또한 나에 대해 아는 바가 없다. 때문에 내가 갑자기 사라진다 해도 세상은 무관심할 것이다.

오스트리아 비엔나의 프러터 공원에 있는 그리 높지 않은 관람차

꼭대기에서 작은 점으로 변해버린 군중을 내려다보며 오슨 웰스[역주-영화《제3의 사나이》감독 및 배우]는 중얼거린다.

'저 점들이 영원히 움직이지 않는다고 가여울 것 같은가? 점 하나가 멈출 때마다 소득세 빼고 2만 파운드씩 주겠다 해도 거절할 텐가?'

누구도 추상적인 점을 애틋하게 여기지는 않을 것이다. 큰 재해나 전쟁이 터지면 수만 혹은 수십 만의 희생자가 발생하지만, 그 추상적인 숫자에 눈물을 흘릴 수는 없는 것이다. 죽은 이들을 구태여 점이나 숫자로 바꾸려 하는 자들은 그들을 잊고 싶어하는 것이 분명하다.

죽은 이들에 대해 전혀 아는 바 없는 우리들 마음이 아프다. 그들이 자기를 대신해 죽었다 생각되기 때문이다. 내가 그 추상적인 숫자나 점의 하나였을지도 모를 일이다. 그런 생각들을 통해 이 세상 사람과 저 세상 사람이 소통한다.

이 세상은 살아있는 자들이 우선시 되어 죽은 자들이 끼어들 여지가 적다. 그럼에도 온갖 장소에서 죽은 이들의 기척을 느낄 수가 있다. 실은 이 세상과 저 세상의 경계는 애매하며, 그 관리 또한 제대로 되어 있지 않아 비교적 자유롭게 드나들 수가 있다. 때문에 죽은 이가 누구도 눈치 채지 못하게 연고지를 배회하거나 지인을 미행하기도 한다. 또 살아있는 자도 무의식중에 경계를 넘어 언젠가 가게 될 저 세상의 사전답사를 하기도 한다.

지구상에는 다양한 생물들의 서식환경이 있어 각각이 적합한 장소를 차지하고 있다. 그 장소 혹은 조건을 니치^{niche}라고 한다. 초원, 산림, 사막, 하천, 바다, 지하, 하늘 등의 환경은 물론, 한랭지나 열대 등의 기후의 조건, 주행성이냐 야행성이냐 하는 시간대의 차이, 초식이나 육식이나 잡식 혹은 먹느냐 먹히느냐 하는 먹이사슬의 위치, 더 나아가서는 이삭을 먹느냐 줄기를 먹느냐, 내장을 먹느냐 죽은 고기를 먹어치우느냐 하는 먹이 취향의 차이 등으로 생물들은 서로 복잡하게 서식지와 먹이분화를 이루고 있다. 같은 장소에서 같은 풀이나 같은 먹이를 먹는 것처럼 보여도, 서로의 활동이 충돌하지 않도록 장소나 행동을 어긋나게 함으로써 공존을 꾀하고 있다.

주행성인 독수리나 매, 야행성인 올빼미가 노리는 먹이는 같지만, 밤낮의 교체로 먹이분화가 이루어지기 때문에 공존이 가능하다. 마치 직장에 주간 근무자와 야간 근무자가 있는 것처럼. 계곡에 사는 송어나 곤들메기의 경우, 찬물을 좋아하는 곤들메기는 상류를 차지하고 수온이 조금 높은 곳은 송어가 차지하고 있다.

어떤 니치를 차지하고 있든 생물은 기후나 지각변동 등의 환경변화로 다른 종에 밀려나거나 새로운 니치로 진출 혹은 다른 생물로 진화되는 경우도 있다.

해달은 원래 땅위에서 살았으나 먹이경쟁에서 져서 어쩔 수 없이 낯선 바다로 나갔다. 헤엄을 잘 치지 못하는 해달은 펭귄이나 바다표범처럼 빨리 헤엄치는 물고기를 잡을 수가 없어 바다 밑의 전복이나 성게 등을 먹게 되었다. 게다가 차가운 바닷물에서 체온을 유지하기 위해 수면 위에 떠 햇볕을 쬐며 많은 먹이를 필요로 하게 되었다. 해달이 수면이란 비어있는 니치를 차지하게 된 것도, 바다의 미식가가 된 것도 생존경쟁의 결과이다.

숲속 나무 위에 니치를 확보한 나무늘보는 일주일에 한 번 배변을 위해 나무에서 내려올 뿐 대부분의 시간은 나무에 매달려 거의 움직이지 않는다. 먹이를 구하는 일조차 거르기도 하고 먹이 양도 대단히 적다. 에너지 소모를 최소화한 생활방식이 된 것이다.

나중에 온 외래종들이 니치를 차지하고 있던 재래종을 압박하고 멸종위기로 몰아넣는 경우도 있다. 무성한 돼지풀이나 서양민들레가 바로 그것이다. 일본의 호수와 늪에서 농어나 악어거북이가 늘어나고 있는 것도 마찬가지이다. 많은 경우 침략자가 선주민보다 적응력이나 경쟁력이 뛰어난 것은 인류 역사가 보여주는 그대로이다. 아리안족의 인도 진출이나 라틴민족의 남미대륙 진출 혹은 퓨리턴의 북미대륙 진출이 그러하다.

또 동떨어진 다른 대륙에 서식하더라도 니치가 비슷할 경우, 그 생물들의 형태나 행동들은 서로 닮아있다. 고대문명이 좋은 예로 이집트, 메소포타미아, 인도, 중국은 각각 떨어진 지역에서 거의 같은 시기에 농경문명이 발달했고 왕권이나 법률 문자 종교 등이 싹트기 시작했는데, 이 지역들은 모두 커다란 강가란 공통적인 니치를 가지고 있다.

생물계의 현상은 인간에게도 적용되며, 인구가 밀집된 도시에서도 흔히 볼 수 있다. 도시 생활자들은 누구나 자신에게 적합한 니치를 찾아 행복하게 살고 싶어 하지만, 모두가 비슷한 욕망을 추구하고 비슷한 생활양식을 바라기 때문에 경쟁이 치열하다. 하지만 취향을 조금씩 옮겨 놓으면 아직 비어 있는 니치가 있다. 기존의 니치에서 쫓겨난 사람도 새로운 니치에 들어가면 새로운 종의 생물로 변할 수 있다. 예를 들어 환경의 변화나 배척이 있었다 하더라도, 이주하거나 직장을 바꾸거나 출가를 하거나 탈락하거나 리셋함으로써 다른 니치에 진출을 시도한다. 죽은 이는 저 세상이란 새로운 니치에 진출해 독자적인 진화를 이루나, 아직 이 세상에 미련이 남은 자는 밤과 아침 사이에서, 인적 없는 길가나 숲에서 자신의 니치를 확보하려 한다.

하지만 저 세상이란 자연계에 존재하지 않는다. 그것은 사람의 뇌가 만들어 낸 상상 속의 니치에 불과하다. 이러한 상상 속의 니치에는 저 세상 외에도 꿈, 지옥, 천국, 망상, 무의식, 컴퓨터 공간 등이 포함된다. 또 도시에는 수많은 인위적인 니치가 구축되어 있어 사람들은 그때그때 필요에 따라 구분해 사용한다. 병원, 교도소, 도서관, 공원, 카페, 극장 등이 이에 해당된다.

오늘도 마음의 안정을 찾지 못한 사람들이 자신에게 맞는 니치를 찾아 정처 없이 헤매고 있다. 남녀노소의 차이, 수입의 차이, 지성과 능력의 차이 등으로 공간을 나누고 먹이를 나누고 있기 때문에 표면상으로는 평화로워 보이나, 물밑에서는 술수와 경쟁이 치열해 밀려나는 이도 적지 않다. 그런 사람들은 자연히 죽은 이들과 깊은 관계를 맺기 마련이다. 노숙자나 파산자, 범죄자, 도망자, 자살 희망자는 말할 나위도 없고, 그 예비군인 무직자들, 희망을 잃은 자들, 고독하고 고립된 자들 또한 죽은 자와 같은 니치에서 공존하게 되기 때문이다.

당신도 나이와 함께 꽤 둔해진 것 같군. 슬슬 새로운 니치를 찾아 떠날 때가 되지 않았나?

어디에서랄 것도 없이 길 떠나기를 권하는 소리가 들린다. 그 소리의 주인공은 헤르메스인가, 디오게네스인가. 아니면 모세인가, 부처인가, 노자인가. 니체를 찾아 나선 길에는 반드시 신이나 성인, 도사 중 하나가 따라와 준다.

시마다 마사히코 島田雅彦　1961년, 도쿄 출생. 도쿄외국어대학 러시아어학과 졸업. 호세이 대학 교수. 대학 재학 중이었던 1983년 《상냥한 '좌익'을 위한 희유곡》으로 데뷔했다. 연이어 문제작을 발표해, 현대사회가 내포한 문제를 예리하게 그려내고, 일본 문단의 최첨단에 자리하고 있다. 소설뿐만 아니라, 자작의 희곡, 오페라 대본을 스스로 연출하는 등, 광범위한 활동을 펼치고 있다. 소설 《잊힌 제국》, 《자유 사형》, 《내란의 예감》, 《혜성에 사는 사람들》, 《악화》, 《영웅은 거기 있다》, 수필 《소세키를 쓰다》, 《감정교육》, 《망상 인생》, 《소설작법 ABC》 등을 발표했다. 노마 문예 신인상, 이즈미 쿄카상, 이토 세이 문학상, 예술선장 문부과학대신상을 수상하였다.

中韓日 東亞細亞文學

어떻게 문학 창작의 영감을 얻을 것인가

영감, 파토스, 이야기

강영숙

*

 무더운 여름밤, 여러 마리의 소를 키우는 할아버지가 긴 담뱃대로 재떨이 끝을 두드리며 말했습니다. "할아버지가 재미있는 얘기 해줄까?" 전쟁과 피난, 무서운 귀신이 나와 한 서린 복수를 하는 게 대부분인 할아버지의 얘기는 재미있었던 것 같습니다. 그러나 여름이 갈수록 할아버지의 얘기는 점점 지루해졌고 몰려드는 모기떼들 때문에 곧 하품을 하며 "뭐 다른 재미있는 얘기는 없어 할아버지?" 혹은 "그래서 어떻게 됐는데?"라고 묻곤 했습니다.
 어른들이 아이들에게 들려주는 재미있는 이야기란 동서양 모두 그 구조나 결말에 비슷한 지점이 있는지도 모르겠습니다. 햇볕 좋은 평온한 어느 날, 한 아이가 부모로부터 혹은 다른 누군가로부터 혼자 수행하기는 어려운 임무를 부여 받습니다. 숲 속을 가로질러 낯선 마을로 가 병에 걸려 죽어가는 할아버지가 드실 약을 찾아오라든가, 동생을 데리고 먼 친척 집이나 누군가의 집에 다녀오라든가 하는 것들입니다. 독자들은 우리의 주인공이 집을 떠나는 순간부터 벌써 어떤 일이 일어날 것이라는 예감에 휩싸입니다. 그리고 아이는 이내 무서운 동물이 으르렁거리는 숲 속이든가, 부서진 배 한 척만 남은 강가라든가, 폭풍이 부는 벌판 같은, 생전 처음 경험하는 새로운 환경에 떨어집니다. 그곳에서 평생 잊지 못할 경험을 하는 것이죠.

저는 가부장적이고 보수적인 성향으로 똘똘 뭉친 할아버지를 좋아하지는 않았지만, 할아버지가 들려주는 얘기는 좋아했던 것 같습니다. 우리 할아버지 세대의 활동적인 남자들은 만주와 일본을 이리저리 오가며 살았고, 가난했겠지만 지금의 우리보다 행동 반경도 넓고 스케일도 컸던 것 같습니다. 할아버지가 들려주는 이야기에는 낯선 나라, 낯선 지역의 터프한 냄새가 묻어 있었고, 뭔가 중요한 일이 일어나고 있다는 느낌과 함께, 온갖 속임수가 들끓었으니까요. 게다가 주인공들은 언제나 위기를 잘 극복해내고 평화로운 일상으로 되돌아와, 언제 그런 일이 있었느냐는 듯이 행복하게 살다가 죽는 것이 끝이었습니다.

어떻게 보면 할아버지가 들려준 서사 구조가 부지불식간에 제 몸 속에 들어와 버린 것 같기도 합니다. 저는 할아버지가 해준 이야기들에 살을 붙인 뒤 저만의 새로운 이야기라고 착각한 것도 같고, 아무리 실험적인 서사를 상상한다고 해도 늘 서사의 기본적인 패턴 혹은 지향성은 몸 속에 남아 있었던 그 할아버지의 옛날이야기로부터 나온 것이라고 느끼곤 합니다.

*

그러나 어떻게 생각하면 '영감' 혹은 '창의성' 혹은 '재능'이라는 말은 먼 과거에나 통용되었던 것이 아닌가 생각됩니다. 그리고 왠지 절대적인 어떤 것과 만나야만 하는 것 같기도 하고, 다분히 19세기적인 느낌입니다. 절대적인 어떤 것이 있다고 믿고 그것을 문학으로 표현하기는 이제 어려워진 것이 분명합니다. 어떤 커다란 역사적 사실을 받아 적고 기록하는 행위로 문학을 지칭할 수는 없게 되었습니다. 그렇게 커다란 진실 하나만 가지고도 문학을 할 수 있었던 세대는 한국에서 보면 전쟁 문학 세대일 것입니다. 개별적인 한국전쟁의 체험에서 얻어진 문학은 분명 진실에 가깝겠지만, 전후 세대에 겐 상상력을 발휘해야 이해할 수 있는 다른 세계일뿐입니다. 그렇기 때문에 오히려 전쟁 세대의 언어는 시간이 갈수록 새로운 언어이고 새로운 정황으로 받아들여집니다.

새로운 밀레니엄이 열리면서 조금은 더 평화로운 세계가 구축될 거라고 생각했던 믿음이 깨져가고 있습니다. 종교 분쟁, 영토 분쟁, 테러와 전쟁 등 상황은 더욱 나빠지고 있습니다. 이런 상황에서, 마땅히 받아 적을 것도 없이, 적이 누구인지도 모른 채 문학을 해내야 하는 것이 작가의 현실입니다.

플로베르는 삐딱한 눈으로 쓴 《통상관념사전Dictionnaire des idées reçues》에서 '영감을 불러일으키는 것들을 자연, 여자, 포도주 등'이라고 규정했습니다. 저도 막 작가가 되었을 때는 영감을 주는 것이 분명히 존재했습니다. 연애, 실연, 음악, 도시 등 눈앞에 보이는 것들이 다 영감을 줄 수 있었습니다. 간밤에 군 꿈조차 좋은 문학적 소재가 아니었을까, 그것을 받아 적어두지 않은 것을 후회하기도 했습니다. 연애만 해도, 연애가 잘 될 때보다는 연애가 끝났을 때, 관계가 깨졌을 때 즉, 내 안의 모든 세계가 해체되었을 때, 절망에 빠졌을 때 영감이 솟아오르는 경험을 했던 것 같습니다. 그렇기에 아무리 실연의 상처가 커도 글쓰기를 중단하고 자살을 하지는 않았던 것이지요.

생물학적인 나이만이 문제가 아니라 한 작가가 어떤 시기에 이르면 그 어디로부터도 영감을 얻지 못할 수도 있습니다. 그렇기에 직업적 작가라는 것은 영감 없이도 글을 써야 한다는 것, 이것이 작가의 가장 큰 어려움이라고 생각합니다. "나는 영감이 올 때만 글을 쓴다. 그래서 나는 매일 아침 9시에 영감이 반드시 내게 오게끔 한다."는 재미있는 말도 들어본 적이 있습니다. 1927년 폴란드에서 태어난 작가 귄터 그라스$^{Günter\ Grass}$는 노벨문학상 수상 연설에서 자신에게 가장 큰 영감을 준 것은 "가족적인 전원 시 안으로 갑자기 틈입해 들어온 정치였다."고 말했습니다. 《양철북$^{Die\ Blechtrommel}$》을 쓰고 온갖 어려운 일에 시달린 그는 '위험이 없다면 작가라는 직업은 대체 무엇이란 말입니까?'라고 묻습니다. 그렇게 따지면 한국의 현대사를 바꾼 많은 저항시들이 그러한 결과물로 생긴 것이라는 데에 이르게 됩니다.

개인 얘기로 돌아오면 저에게 문학은 제 바깥에서, 바깥의 환경에서 생기는 것이 아닌 것 같습니다. 오히려 바깥의 상황을 이해하는 과정에서 제 몸이 느끼는 감각과 자각이 문학이 되는 것 같습니다. 그러므로 문학은 좁아졌고 어쩌면 사소한, 더 개별적인 것이 되었습니다. 어떤 경우 문학은 구체적인 정보를 지울 때, 이니셜로 존재할 때, 현실적인 시간에 갇히지 않을 때, 아이러니 속에 있을 때 더 새롭고 흥미로워지는 것 같습니다.

  그러나 이 지점에서 또 늘 생각하는 것은 현실에서 너무 멀리 가 버리거나 환상으로 빠져서는 안 된다는 것입니다. 환상이란 전혀 새로운 세계를 보여주기 위한 생소한 것이 아니라, 이 세계의 어떤 부분들을 다시 조합하고 전도시키는 재창조 행위라고 생각합니다. 그러므로 저는 늘 현실에 있으려 하되 현실을 좀 다르게 보여주기 위한 '허공'을 꾸미려 듭니다. 제가 꾸미는 '허공'이란 최소한 이분법이 없는 세계이며 지금까지 말해왔던 문학의 뒤를 잇되, 지금까지의 문학을 배반하고 위반하고 새롭게 태어나는 자리입니다.

*

영감에 관한 이야기를 하면서 독서의 영향을 언급하지 않을 수 없을 것 같습니다. 저는 어릴 때 주로 육상과 배구 등 운동을 했기 때문에 문학작품이라는 것을 거의 읽지 않고 성장했습니다. 고전문학이라고 하는 것들을 읽은 것도 스무 살이 넘어서였기 때문에 저에게 문학을 한다는 것은 쓰는 행위만을 지칭하는 것이 아니라 읽는 것과 동의어였습니다.

  저는 어떤 책을 읽을 때 일단 초반부 분량을 천천히 읽습니다. 그러다가 그 문학 텍스트가 마음에 들면 다시 처음으로 되돌아가 읽기 시작합니다. 첫 단어의 사용부터 행갈이의 타이밍, 언어의 리듬감, 대화의 기능, 결론을 제시하는 방법이 억지스럽지는 않은지, 캐릭터의 생명력 등 여러 가지를 보면서 읽습니다. 그렇게 읽다 보면 어느 순간 책은 온갖 메모와 알록달록한 종이가 잔뜩 붙어 버립니다. 서사는 날아가 버리고 단어들만 바닥에 수북하게 쌓이는 느낌이 드는 것입니다. 습작기에 책을 읽는 행위는 줄거리만 읽고 누군가에게 그 줄거리만 요약해서 말해주면 그뿐이었습니다. 그러나 작가가 되고 나서는 그럴 수가 없어서 독서를 하는 시간은 고통스러우면서도 즐겁습니다.

물론 처음에는 대가들의 작품을 읽고 대단히 절망하여 아무것도 쓸 수 없을 것 같은 기분이 되곤 했습니다. 그러나 시간이 지나면서 그 텍스트들을 의식하면서 새로운 것을 창조하기 위해 애쓰고 있는 저 자신을 발견하곤 합니다. 차라리 대가들로부터 영향을 받을 것, 영향을 피하거나 미리 두려워하지 말 것, 독서로 영감을 얻는 저만의 방식입니다.

어떤 작가들은 문학 텍스트에서 아주 먼, 가능하면 문학과 거리가 있는 텍스트를 읽을 것을 권하기도 합니다. 아마도 새로운 아이디어를 얻으려는 시도이겠지요. 그러나 저에게 아직도 가장 큰 영감을 주는 텍스트는 문학 텍스트입니다. 아무리 위대한 문학도 영화로 그 장르를 옮겨버리면 언어의 구조물이라는 형식이 파괴되고 맙니다. 줄거리 몇 줄과 캐릭터의 이름만 남게 되겠죠. 그래서 작가는 자기 소설이 극장에서 영화로 상영될 때 그 극장에 가지 않는 것이 나을지도 모릅니다. 그렇기에 누군가 긴 시간 공들여 쓴 문학 텍스트야말로 제가 그만큼의 시간을 들여 분석하고 읽어야 할 텍스트가 되는 것은 당연하다고 생각합니다. 독서야말로 영감을 얻는 가장 큰 행위이자 글쓰기를 포기하지 않게 하는 에너지입니다.

저는 4년 전, 일본 도호쿠의 지진 때 중국 옌지^{延吉} 조선족 자치주에 있었습니다. 백두산의 화산 폭발 이야기가 계속 나오고 있던 시점이었기에 자연재해를 놓고도 동아시아의 3개 국가는 뭔가 같은 영향권 안에 있다는 생각을 하지 않을 수가 없었습니다. 유사한 문화권이라는 것과 함께 비슷한 기후와 자연환경 조건에 놓여 있다는 것이야말로 감수성의 중요한 기반이 되는 것이니까요.

얼마 전에 동아시아 3개국이 원자력발전의 클러스터^{cluster}가 되는 것이 동아시아 지역의 이익에 도움이 된다는 신문 사설을 읽은 적이 있습니다. 최근 한국에서는 원전 주변에 사는 주민들이 다른 곳으로 이주시켜 줄 것을 요구하는 시위가 일어나기도 했습니다. 한국은 최근 들어 남쪽 지방에서 빈번하게 지진이 일어나고 있습니다. '생명권^{Biosphere}'이라는 표현을 해도 된다면 앞으로 이 지역에서, 생명을 지키고 보존하고 유지해가는 기본권, 인간됨의 권리를 주장하고 온전히 유지할 수 있을지 의문입니다. 원전 재앙이라는 것은 절대적인 두려움과 공포를 불러일으킵니다. 이런 두려움과 공포 아래에서는 누구나 무엇과 싸움을 하겠다는 전투력을 상실하고 일상생활의 의욕은 물론 삶에 대한 파토스도 상실하고 맙니다. 이런 상황에서 의욕을 가지려면 강하게 분노하거나 부정하거나 둘 중의 하나일지도 모릅니다.

토마스 베리$^{Thomas\ Berry}$라는 한 예수회 신부와 수학 물리학자인 브라이언 스윔$^{Brain\ Swimme}$이 쓴 《우주 이야기$^{The\ Universe\ Story}$》라는 책이 있습니다. 150억 년 전, 최근의 연구 결과는 137억 년으로 추정된다고 합니다만 찬란한 불꽃과 함께 탄생한 우주의 역사를 이야기 형식으로 써나간 책입니다. 토마스 베리는 이야기라는 것은 인간과 세계와 창조주를 연관 짓는 행위라고 말합니다. 그는 오늘날의 인류 문명이 '생태대Ecozoic era'에 도달했다고 표현하고 있습니다. 우리 모두가 속한 총체적인 공동체로서 연합하고, 다 치료하고 보살펴야 하는 시기에 도달했다는 것입니다. 그럴 때 그가 강조하는 것이 이야기의 복원입니다. 자연세계에 대한 가장 친밀한 차원의 이해가, '이야기하기'의 차원에서 가능하다는 것은 저에게는 대단히 큰 영감을 줍니다.

자연재해가 파괴하는 것은 일차적으로 공간입니다만 결국 시간과 기억을 파괴합니다. 어느 날 갑자기 내 사진을 들고 다른 사람들에게 내가 누구인가를 설명해야 하는 상황이 벌어지는 것입니다. 이런 상황에서 유사한 문화, 유사한 자연의 영향권 안에 있는 동아시아가 어떻게 대처해야 하는가는 피해 갈 수 없는 질문입니다.

이 지점에서 자연과 자연현상에 높임말을 썼던 우리의 옛 언어를 생각해봅니다. 해를 해님으로 달을 달님으로 부르고, 비가 와도 그냥 오는 게 아니라 비가 '오신다'고 했습니다. 어쩌면 자연을 대하는 그런 공통의 감수성을 다시 끌어내, 연구하고 소통하고 공유해야 하는 것이 아닌지요. 저는 오히려 지금이 문학에서든, 일상에서든 동아시아 특유의 감성을 펼칠 수 있는 때라고 생각합니다. 그런 감수성의 발견이나 발현이 없다면 동아시아는 여전히 차갑고 두려운 곳으로 남을 것 같습니다.

저는 비관적인 사람이지만 묵시록을 좋아하는 건 아닙니다. 그러나 세계가 늘 불안하고 충동에 휩싸여 있다는 사실을 인식합니다. 이런 불안정한 세계가 지속되는 가운데, 이런 불안과 충동 속에서 매일 읽고 매일 쓴다는 것은 정말 혁명적인 일이 아닐 수 없습니다. 이런 반복적인 과정이야말로 제 영감의 원천이라 생각합니다만 그래도 뭔가 신통한 아이디어가 떠오르지는 않는 것 같습니다. 그럼에도 저는 이런 과정 지향의 일상 속에서 문학에 대한 파토스를 잃지 않으려고 합니다.

강영숙 소설가. 1967년 강원 춘천 출생. 서울예술대학 문예창작과 졸업. 1998년 서울신문 신춘문예에 단편 〈8월의 식사〉가 당선되어 작품활동을 시작했다. 그 어디에도 정착할 수 없는 현대적 삶의 노마드적 풍경과 함께, 어느새 우리 삶의 조건이 된 자연재해 등과 마주한 인물들의 일상을 그려내고 있다. 소설집 《흔들리다》, 《날마다 축제》, 《빨강 속의 검정에 대하여》, 《아령 하는 밤》, 장편소설 《리나》, 《라이팅 클럽》, 《슬프고 유쾌한 텔레토비 소녀》가 있다. 한국일보문학상, 백신애문학상, 김유정문학상을 수상했다. 현재 재단법인 대화문화아카데미에서 일하고 있다.

History와 history 사이에서

곽효환

1

몇해 전, 한 라디오 방송국에서 매주 한 번씩 청취자들을 대상으로 시를 공모하여 이 가운데 좋은 시들을 뽑아서 읽고 평해주고, 뽑힌 작품에는 소정의 상품도 주는 프로그램에 한동안 출연한 적이 있었다. 실험적으로 시작한 이 프로그램은 청년에서 중장년에 이르는 다양한 청취자들이 투고한 시들이 매주 50여 편에 이르는 등 그 열기가 한참 동안 지속되어 이내 정규 프로그램이 되었다. 따라서 당초 한 달 정도 예정했던 출연은 반년이 훨씬 지나도록 계속되었다. 투고작의 문학적 성취를 떠나 시에 대한 많은 사람의 열망이 눈앞에 펼쳐지는데다 나 또한 오랜 문청시절을 보낸 기억이 있던 터라, 매주 목요일 또는 금요일 밤 11시부터 12시까지 생방송으로 진행되는 버거운 주말의 심야 프로그램에서 쉽게 빠져나올 수가 없었다.

이 프로그램이 어느 정도 자리 잡을 무렵 시를 투고한 청취자들과 직접 대화하는 기회가 있었다. 중장년의 낭만과 향수를 자극하는 〈낭만에 대하여〉라는 복고풍 노래로 가수로서 다시 한 번 전성기를 누리는 초로의 가수인 진행자는 청취자들에게 문학에 대해 혹은 시에 대해 무엇이든 물어보라고 한껏 바람을 잡았고, 질문들이 이어졌다. 그 중 한 청취자가 "글쓰기의 영감은 언제 얻어지는지? 글은 언제 제일 잘 써지는지? 그리고 글쓰기의 보람은 언제 느끼는지?"를 물어왔다. 어떻게 보면 어려운 질문이었는데 문득 장난기가 동하여 "글쓰기의 영감은 원고청탁서를 받을 때 얻어지고, 글은 원고 마감일이 임박하면 제일 잘 써진다. 그리고 글쓰기의 보람은 통장에 원고료가 입금될 때 느낀다"고 답하곤 한참을 웃은 적이 있다. 장난기도 동했고 심야 시간에 분위기를 편안하게 하려고 농담 삼아 건넨 말이다. 물론 이 이야기는 내가 지어낸 것도 아니고 선배나 동료들과 술자리나 편한 자리에서 흔히 주고받는 출처를 알 수 없는 그래서 저작권을 주장할 수도 없는 이야기이다.

'문학 창작의 영감은 어디에서 얻는가'라는 질문은 내게는 마치 '사랑이 무어냐' 또는 '인생이 무어냐'고 묻는 것만큼이나 막연하고 어렵다. 나는 글을 쓸 때면 가끔 내 유년의 우상이었던 프로 레슬러 김일을 떠올린다. 1960~70년대 흑백 텔레비전 시절 최고 인기 프로그램 가운데 하나가 프로레슬링이었다. 당시 내 또래에게 최고의 우상은 상대적으로 왜소해 보이지만 단단해 보이는 빡빡머리의 레슬러 김일이었다. 그는 내내 수세에 몰리다 막바지에 벼락같은 박치기를 선보였다. 박치기 몇 번이면 그보다 머리 하나는 족히 더 커 보이는 거구들이 차례로 사각의 링 위에서 나뒹굴었다. 그리고 끝이었다.

그는 청년 시절, 일본 최고의 프로레슬러로 이름을 떨치고 있던 재일동포 역도산을 동경하여 맨몸으로 일본행 밀항선에 몸을 실었다. 우여곡절 끝에 역도산을 만났지만 상대적으로 체구가 작고 레슬러로서 특별한 기술이 없었던 그는 새끼줄을 친친 동여 맨 나무 기둥이나 쇠기둥에 하루에도 수백 번씩 머리를 박고 또 찧는 박치기 훈련을 했다. 그럴 때마다 그의 머릿속엔 커다란 종소리가 윙윙 울렸고 터지고 찢어지며 이마는 쇳덩이처럼 단단하게 단련되었다고 한다. 그 후로 그는 이기기 위해 아니 링 위에 존재하기 위해 강하게 더 세게 상대의 머리에 자신의 머리를 들이박았다. 그럴 때마다 그의 머릿속엔 더 큰 종소리가 윙윙 울려 퍼졌을 것이다.

만년에 그는, 가장 하고 싶지 않은 것이 박치기였다고 술회한 적이 있다. 나는 그 말을 빌려 글쟁이가 가장 하기 싫은 것이 글쓰기라고 말하곤 한다. 어쩌면 이 말은 글쓰기에 대한 평범하지만 솔직한 심경을 담고 있다. 글을 쓴다는 것, 혹은 그것을 계속하게 하는 것은 김일의 박치기처럼 필살기이지만 가장 하고 싶지 않은 것일 수도 있고 자신의 존재를 증명하기 위해, 즉 생존을 위해 생명을 조금씩 덜어내는 것일는지도 모르는 까닭이다.

2

나는 문학은 필자 개인의 발화이고, 개인의 언어이며, 글을 쓰게 하는 영감은 개별적인 것이라고 생각한다. 하지만 이 지극히 개인적인 것은 나와 세계 혹은 나와 타자, 나와 나를 둘러 싼 모든 것과의 관계에서 내 목소리로 '나는 다르다' '나는 특별하다' '나는 이렇게 생각한다'라고 발화하는 데서 출발한다. 여기서 '나는 다르다'는 곧 필자의 세계관을 의미한다. 그러면서도 외부/타자와의 소통을 지향한다. '나는 다르다'는 나와 세계, 나와 시대와의 불화와 화해, 단절과 회통^{會通} 등을 내 눈으로 보고, 내 몸으로 부딪치고, 내 목소리로 말하는 것이지만, 동시에 나의 이러한 발화가 외부/타자와 얼마나 많은 혹은 큰 공감대를 형성할 수 있느냐가 곧 문학적 울림을 의미하는 것이고 나아가 글쓰기의 욕망이 지향하는 궁극적인 지점이라고 나는 믿는다.

평자들은 내 시에 대해 "역사를 역사 이전의 혹은 역사를 넘어선 삶으로 반추하여 그 재생의 시간을 지금 여기의 현실에 끌어당겨 다양하게 포개어 놓는다"거나 "역사적 개인과 공동체적 삶 그리고 그 밑바닥에 잔뜩 웅크리고 있는 근원적 비극성을 두루 천착해왔다"고 말한다. 또 "과거의 삶에서 내용을 지우고 형태만 남기는 아니 내용조차도 형태화하는 작업, 즉 한국사-한국 사회의 특수성 속에서 현상되어 나타난 모든 실제적인 욕망과 사건들을 다 순수한 뜻과 의지만 남김으로써 우리가 역사라고 지칭하는 것들을 낱낱의 모래알갱이로 화하는 사태"를 만들어 낸다고 평한다. 특히 이 낱낱의 모래알갱이로 개별화하는 과정은 외형적으로는 '민족에서 세계로'라는 집단의 확대로 비치지만 속으로는 개별화의 전면화, 혹은 낱낱의 사건 및 체험들이 우주 속의 먼지들로써 와해되는 광경을 연출하는 것이라고 부연한다.

나는 내 시적 상상력이 사회·역사적인 데 기반을 두고 있음을 부인하지 않는다. 이는 한국 사회가 민주화에 대한 열망이 가장 뜨겁게 분출되었던 80년대 중후반 대학을 다녔다는 데서 영향 받은 바가 클 것이다. 하지만 근본적으로는 나의 문학관에서 비롯하는 것이라고 해야 옳을 것이다.

나는 시(문학)는 그것이 존재하는 시대와 그 시대 사람들의 삶과 밀접한 관련이 있다고 생각한다. 아니 그래야 한다고 믿는다. 이 믿음은 한국의 1970~80년대의 민중문학, 노동문학이 그랬듯이 피지배자, 힘 없는 자, 차별받고 소외받는 약자를 위하고 또 그들에게 복무해야 한다는 것만은 아니다. 그 시대마다 필요로 하는 문학적 양식은 있고 그러한 문학은 이미 그 시대에 주어진 몫을 충분히 했다. 물론 지금도 유효하다고 믿고 계속하는 동료들이 있으며 또 상당한 성과를 거두고 있다는데 일정 부분 동의한다. 그렇지만 나는 문학이/작가가 '투쟁에 어떻게 참여할 것인가' 하는 질문 대신 '마주하고 있는 시대와 삶을 어떻게 바라볼 것인가'를 먼저 물어야 한다고 생각한다. 따라서 새삼스럽게 사회 참여와 참여문학 사이의 분열과 그것을 둘러싼 쉽게 끝나지 않는 또 끝날 것 같지 않은 오래된 논쟁을 벌이고 싶지는 않다. 문학이 개인의 발화이고 문학적 영감 또한 개별적인 것이듯이 문학은 궁극적으로 위대한 개인의 언어를 지향하는 것이다. 그러므로 그 시대와 그 시대 사람들과 만나는 방법이 획일적일 필요는 없다. 더욱이 우리는 과거와는 다른 어마어마한 개별성, 다양성, 다원화 그리고 어떤 입장이나 상황에 처해 있느냐에 따라 입장이 달라지는 고도화된 현대 사회의 관계성을 목도하고 있지 않은가.

나는 학생들과 시를 이야기할 때 내가 지금 발을 디디고 있는 현대 사회를 어떻게 볼 것인가에 대해 먼저 이야기 한다. 그리고 일본 작가 아쿠타가와 류노스케芥川龍之介의 단편소설 〈덤불 속〉을 같이 읽는다. 영화로도 여러 번 만들어져 널리 알려진 이 소설은 덤불숲 속에서 발견된 한 남자의 시체를 둘러싼 7인의 진술을 나열하는 형식을 취하고 있다. 재판관 앞에 선 나무꾼, 행려승, 나졸, 노파 등 네 사람에 의해, 죽은 사람은 26세의 젊은 무사로 19세의 젊은 부인과 함께 여행을 떠나는 중에 살해되었음이 밝혀진다. 이어 사건 당사자 3인(살해자 도적, 죽은 무사의 부인, 죽은 무사의 혼령)이 무사의 죽음을 둘러싸고 진술한다. 도적은 정정당당한 결투에 의해 무사를 죽였다고 하고, 부인은 피해자인 자신을 경멸하고 증오하는 남편의 뜻대로 자신이 남편의 가슴에 칼을 꽂았다고 한다. 그리고 무사는 수치스러운 상황을 겪고 무사답게 자결하였다고 한다. 무사의 죽음이라는 사실은 분명하지만 죽음을 둘러싼 당사자들의 진술은 엇갈린다. 이 소설은 1차적으로 자신의 입장을 합리화하는 인간의 자기중심적인 에고이즘과 인간 본성에 대한 회의감을 주고 있다. 동시에 하나의 사실을 둘러싸고 엇갈리는 증언들은 어느 것이 진실이라고 확정지을 수 없는 현대 사회의 특징을 담고 있다. 절대적 진실보다는 각각의 입장에서 생각하고 그것을 진실이라고 믿는 혹은 믿고자 하는 상대적인 진실이 지배하는 고도로 복잡 다원화된 현대 사회를 어떻게 인식하고 해석할 것인가에 대한 질문을 던지고 있는 것이다.

시대와 그 시대 사람들의 삶 그리고 그것을 둘러싸고 지배하고 있는 진실의 상대성, 이것이 내 글쓰기의 중요한 화두이다. 나는 역사 발전을 낙관하지도 비관하지도 않는다. 또 그 후일담에 매달리지도 새로운 전망을 서둘러 제시하려고도 하지 않는다. 판단을 최대한 이연시키고 중성화하는 것, 즉 가능한 그 자체를 담으려 하고 그것을 통해 진실과 의지 그리고 새로운 의미가 형성되기를 바란다.

3

내 문학적 영감과 모티프는 대문자 History와 소문자 history 사이에 있다. 역사는 History를 기록하고 문학은 history를 쓴다고 한다. 나는 이 말에 동의하면서 동의하지 않는다. 문학은 History와 history 모두를 또는 History와 history 사이에 존재하는 무수히 많은 것들을 대상으로 한다. 실존의 존재로서의 시인과 소설가는 저마다의 세계관에 따라 보고 부딪치고 사유한 결과를 개인의 언어로 최선을 다해 담아내는 것이다. 내 글쓰기 좌표도 이 가운데 어느 지점에 있다.

나는 거대하고 획일적이고 폭력적인 History와 그에 맞선 또는 그 그늘 아래 있는 history를 병치시키고 그것을 함께 보려고 노력한다. History와 history는 동전의 양면처럼 동시에 같이 공존하는 것이며, 보이지 않는 끈으로 단단히 묶여 수많은 서사를 낳고 변주시킨다. 또한 그것은 다시 그것들의 과거와 미래로부터 자유롭지 않다. 다른 모습으로 반복되기도 하고 원인이 되기도 하고 변형되기도 한다. 분명한 것은 History와 history 사이의 모순이 클수록, History의 그늘이 깊을수록 시인의 섬세한 눈길과 사유와 발화되는 언어가 더 신중하고 깊어져야 하며, 이를 위한 다양한 시적 전략의 수립이 요구된다는 사실이다.

아프리카 검은 대륙에 최초의 노벨문학상을 안긴 윌레 소잉카는 "내 소설은 병에 대한 치료약이 아니라 두통거리다"라고 말했듯이 한 편의 시가, 한 편의 소설이 치료약이 되고 모순과 갈등을 해결하는 대안이 될 수 없음은 이미 알고 있는 사실이다. 마찬가지로 시인,

소설가는 병을 대중적으로 치유하는 의사일 수 없고, 문제를 해결하려는 투사일 수도, 그 해결책을 찾는 정치가도 아니다. 그들은 병을 먼저 앓고 아파하고, 왜 그래야 하느냐고 질문하고 사유하고 고뇌하는 한 시대의 증인이자 메아리 같은 존재이다.

여기서 나의 중요한 시적 전략 한 가지를 고백하려고 한다. 나의 시에는 거대하고 모순 가득하고 불가해한 History 앞에서 망설이고 주저하고 고뇌하고 번민하는 화자가 종종 등장한다. 망설이고 고뇌하고 주저하는 행위는 판단과 결론을 가능한 한 이연시키는 행위이고 동시에 이를 위해 연역하거나 귀납하기 위한 노력이다. 또 망설이고 고뇌하고 주저하는 화자는 곧 시인인 '나'이기도 하지만 현대 사회를 사는 지식인의 정직한 또 다른 모습이기도 하다. 다음 두 편의 졸시를 보자.

그해 겨울
작은 촛불들이 모여 꽃이 되고 나무가 되었다
모여 더 붉은 꽃이 된 사람들
겨울나무가 된 사람들
작은 꽃들이, 작은 나무들이 이룬
장엄한 겨울의 숲은
옷을 벗고 겨울을 맞았다
바람이 일렁일 때마다
목마른 겨울산은
앙상한 가지들의 바스락거리는 소리로
밤새 쿨럭였다

쿨럭였다
가슴속 깊은 곳으로부터 뱉어 낸
두려움이 부끄러움이 슬픔이 생명이 존엄이
깨어 숲이 되고 바다가 되었다

그해 겨울 나는 혼자였다
홑창을 타고 넘어오는 스산한 한기에 몸을 웅크리고
내 불안은 좀처럼 위로를 찾지 못했다
전에 그랬듯이
어디에도 서지 못하고
나는 내내 혼자였다

〈슬픈 겨울 ―2002년 12월 광화문에서〉 일부, 《인디오 여인》

그 여름은 장엄했으나 지리했다

경계가 무뎌진 봄과 여름의 어느 날
거대한 자본이 되살린 청계천 물길 머리에서 시작된
교복을 입은 앳된 소녀들의 외침, 여린 절규와 분노
그 떨리는 손길로 들어 올린 촛불, 촛불들
―가슴 저 깊은 곳이 저미게 아파왔다

소통 없는 말과 몸들의 경계와 충돌
분분히 날리는 절망, 절망들

무언가를 쏟아내지 않으면 안 되는 사람들
거리와 거리를, 밤과 밤을 잇는
종이컵을 두른 촛불들
―광화문에서 다시 홑창을 사이에 두고 나는 내내 망설였다

〈다시 광화문에서〉 일부, 《지도에 없는 집》

이 두 작품의 배경은 모두 광화문이고 내 근무지는 광화문에 있다. 광화문은 조선시대 이래 600년 동안 대한민국의 수도인 서울의 중심이다. 이곳은 유구하고 장엄한 History와 수많은 history가 만나고 부딪치고 흩어지고 사라지고 또 무엇인가 되는 장이기도 하다. 동시에 청년시절부터 23여 년을 광화문 근처 어딘가에 자리 잡고 밥벌이를 하고 있는 내게는 문학적 자양분이고 소재이고 영감을 얻는 현장이다. 나는 이 History와 history가 만나고 때론 부딪치고 생성되고 사라지는 현장에서 점점 망설이고 주저하고 고뇌하게 된다. 점점 더 상대적 진실만 부유하는 불가해한 현실과 삶, 그리고 점점 더 첨예화하는 다원화하고 엇갈리는 이해와 주장이 쏟아지고 뒤섞이는 현장에서 내가 할 수 있는 것은 판단과 결론을 최대한 이연시키면서 망설이고 주저하고 고민하고 고뇌하는 것이다. 그리고 최대한 있는 대로 보여주는 것이다. 그것을 통해 새로운 의미를, 진정한 소통과 울림을 획득하려 하는 것이다.

〈슬픈 겨울〉은 2002년에 쓴 작품이다. 그해 한국에는 여름과 겨울만 있었다. 여름, 한일 월드컵이 있었고 한국은 선전에 선전을 거듭하며 월드컵 역사상 아시아 국가로는 처음 4강에 진출하는 기적의 History를 이루었다. 그 배경에는 경기장과 거리를 온통 붉은 물

결로 물들인 사람들과 그들의 함성과 환희로 가득했다. 그리고 그해 겨울 5년마다 새로운 대통령을 선출하는 대선을 앞두고 이구동성으로 '대~한민국'을 외치던 환희와 함성은 사라지고 사람들은 다시 그리고 점점 더 첨예하게 대립하고 갈등하기 시작했다. 이 대립의 중심에는 그해 여름 경기도 양주에서 발생한, 훈련을 위해 이동하던 미군 장갑차에 두 명의 여중생 소녀가 압사하는 사건이 있었다. 여기에 미군 당국의 관행적인 오만과 잘못된 사고 처리가 더해졌고 오랫동안 누적된 한미 간의 불평등한 관계로까지 문제가 확대되면서 그해 겨울, 사람들은 하나 둘 촛불을 켜고 광화문으로 모여들었다. 그 여름 "거리를 가득 메웠던 붉은 물결의 사람들은/ 종이컵으로 둘러싼 양초를 든 손으로 시린 겨울밤을 밝혔다". 작은 촛불이 꽃이 되고 나무가 되고 장엄한 겨울 숲을 이룬 것이다.

그리고 6년 후 광화문에는 다시 한 번 촛불을 든 사람들이 모여들었다. 한미 FTA 체결을 둘러싸고 갈등이 고조되었고 이 가운데 미국 측이 관철하려고 주력한 미국산 쇠고기의 수입 개방을 두고 광우병 우려가 점점 확산되었다. 교복을 입은 어린 소녀들이 광화문 인근 청계천에서 촛불 집회를 시작했고, 이는 날로 확산되어 광화문 주변 거리와 거리, 밤과 밤은 어마어마한 종이컵을 두른 촛불 행렬로 이어졌다. 광화문은 다시 한 번 '촛불 민주주의'로 일컬어지는 희망과 절망, 소통과 불통, 사랑과 분노가 뒤엉키는 History와 history가 부딪치는 뜨거운 현장이 되었다.

History와 history 사이에서 그리고 광화문에서 나의 주저하고 망설이고 고민하고 고뇌하는 행위는 여전히 현재진행형이다. 2011년 1월 6일, 회사의 이익을 극대화하기 위해 집단 정리 해고를 단행하려는 회사에 항의하며 한 여성 노동자가 지상 50미터 허공의 타워 크레인에 올라가 농성을 시작했다. 그해 겨울은 수십 년 만에 몰아닥친 혹한이 뒤덮고 있었다. 이 농성은 세 번의 계절이 바뀌고 다시 겨울이 시작될 무렵까지, 309일 동안 계속되었다. 한 시인의 기획으로 허공에 홀로 있는 그녀를 위로하고 격려하려는 '희망 버스'라는 이름의 방문이 다섯 차례에 걸쳐 서울을 비롯한 전국에서 이어졌다. 사람들은, 광화문이 다시 일렁거렸고 History와 history는 곳곳에서 충돌하고 뒤엉켰다. 나는 전에 그랬듯이 다시 주저하고 고민하고 망설이고 번민했다.

이것은 판단을 최대한 이연시키는 행위이기도 하지만 동시에 공감하고 소통하고 연대하고 울림을 갖기 위한 필연적인 문학적 과정이기도 하다. 즉각적이고 즉물적인 것이 아닌 나와 타자, 나와 외부가 관련성을 공유하고 같이 살아가는 사람으로 인식하는 내면의 면밀한 기록이고 고백이며, 서사와 서정이 만나는 지점이다. 그리고 History와 history 사이에서 현대를 사는 한 시인이 반응하고 응전하는 방식인 것이다. 끝으로 졸시 〈희망 버스〉의 전문을 붙인다.

다시 여름,
내내 비가 쏟아졌고
저녁을 훨씬 넘은 시간에도 흐렸지만 날은 기울지 않았다
보름 가까이 비가 계속되자
이제 장마라는 말 대신 우기라는 말을 써야 한다는
출근 시간 라디오 인터뷰 기상청 고위 예보관의 말꼬리는
단언할 수는 없지만, 이란 대목에서 무디게 흘러갔다

비에 젖은 그 여름
삼수 끝에 동계 올림픽을 유치해내고 말았다는 그 밤의 환호도
예술의전당을 에워싼 우면산이 무너져 내린 탄식도
흙더미에 갇힌 마을과 아파트 이름을 끝내 밝히지 않은 뉴스도
그렇게 빗속에 젖어가고
사람들은 하나둘 희망이라는 이름을 붙인
부산 영도행 버스에 몸을 실었다
촛불을 밝혀 하얗게 밤을 나던
장엄했으나 지리했던 그 여름을
추억하는 이들과 두려워하는 이들은 저마다
다시 무수한 말들을 쏟아냈다
다시 광화문에서 나는 여전히 망설였다
다시 여름이 두려웠고 가슴이 울렁였다

영도다리를 건너며
구슬픈 유행가 한 구절을 읊조렸고, 나는
이내 기적을 떠올렸다
경영난에 빠진 위기의 회사를 살리기 위해
필리핀으로 조선소를 옮겨 짓지 않으면 안 된 고뇌와 결단과 예지를,
400명의 노동자를 정리 해고하면서도 170억 원을 배당한 마법을,
3년간 한 척도 수주하지 못한 회사가
분쟁이 타결된 지 사흘 만에 6척이나 수주하는 이 놀라운 기적을,

누가 죽었는지 모른다고 그래서 상가에 가보지 못했다던
죽은 척했던 사람이 다시 살아나는 놀라움을,
이 할렐루야를
이 아미타불을
이 자본주의의 이적을
나는 왜 믿지 못 하는가
굵은 빗줄기를 그으며 버스에 몸을 싣고
멀리서부터 멀리서부터 모여드는 사람들을,
수십 년 이래 가장 혹독한 겨울이 엄습한 신년벽두부터
수십 년 이래 가장 오랫동안 비에 젖은 그 여름이 기울도록
지상 50미터 타워크레인 운전실에서 끝내 내려오지 못하는
이 불가해한 미스터리를
크레인에 파란 싹이 돋기 시작하더니 점차 무성해지더니 안전 계단의 손잡이들이, 붐대의 철근들이 구불구불 나무줄기로 변하더니, 아, 몇 천년은 자랐을 법한 거대한 나무가 되는, 시원한 나무 그늘이 생기더니, 운전실이 어여쁜 원두막으로 변하는* 꿈을 꾸는 그네의 불가사의한 판타지를
　왜 나는 슬퍼하는가

　희망을 실은 네 번의 버스와 함께
　여름은 기울고
　여기저기 수런거리는 말들이 지나가고
　그네는 끝내 내려오지 않고
　희망은 길을 잃고

절망을 희망으로 바꾸고 싶은 사람들만 남은
젖은 여름 뒤에 어슬렁거리는 늦더위
출근 시간 라디오 인터뷰에서
이제 계절을 구분 짓기보다는
예측하기 어려운 기상을 걱정해야 한다는
기상청 예보관의 말소리가 뿌옇게 흩어졌다

*《프레시안》2011년 7월 28일자, 김진숙의 기고문 〈여럿이 함께 꾸는 꿈⋯⋯ 의
연하게 끝까지 함께〉에서 발췌.

〈희망버스〉,《슬픔의 뼈대》

곽효환 시인. 대산문화재단 상무. 1967년 전북 전주 출생. 건국대학교 국어국문학과 및 고려대학교 대학원 국어국문학과 졸업. 1996년 세계일보에 〈벽화 속의 고양이 3〉을, 2002년《시평》에 〈수락산〉외 5편을 발표하며 작품활동을 시작했다. 섬세한 언어와 깊은 사유로 사회역사적 상상력에 바탕한 서사적 서정성을 길어 올리는 시창작과 연구를 병행하고 있다. 시집《인디오 여인》,《지도에 없는 집》,《슬픔의 뼈대》, 저서《한국 근대시의 북방의식》,《너는 내게 너무 깊이 들어왔다》, 편저《아버지, 그리운 당신》,《구보 박태원의 시와 시론》,《이용악 시선》,《이용악 전집》(공편) 등이 있다.

시간을 견디며
기다리고 있다

김중혁

1

'어디서'가 아니라 '어떻게'다. 갑자기 곤란해진다.

2

영국의 비평가였던 존 러스킨의 두 가지 이야기가 있다. 두 이야기 사이에는 25년이라는 시간의 틈이 있다. 그는 1845년 아버지에게 보낸 편지에 이렇게 적었다. '그 강렬한 햇빛으로 찍은 다게레오타입은 정말 훌륭합니다. 마치 궁전을 그대로 옮겨 놓은 것 같습니다. 돌덩어리 하나와 얼룩 한 점 빠진 것이 없고, 크기도 똑같습니다. 그것들에 정말 반했습니다. 그래서 제가 좋아하는 다른 건축물들도 찍게 할 참입니다. 사람들이 무어라 하든 그것은 고귀한 발명입니다. 제가 나흘 동안 그랬듯이 실수하고 헤매기만 하다가 결국 그리지 못한 대상이 단 30초 만에 완전무결하게 표현되는 것을 본다면 누구라도 그것을 비난할 수 없을 것입니다.'

그로부터 25년이 지난 1870년, 그는 자신의 생각을 바꾸었다. 《예술 강의》 20권에 그는 이렇게 적었다. '나는 여러분에게 사진은 미술의 가장 사소한 장점과 유용성에도 미치지 못한다고 단언하는 바입니다. ……(중략)…… 사진으로 찍힌 장면이나 그림에서는 아무리 집중하고 노력해도, 사물 그 자체의 아름다움 이상은 볼 수 없습니다. 따라서 그런 대가를 치러본 사람은 더 이상 풍경 사진에 관심을 보이지 않을 것입니다. 풍경 사진은 진짜처럼 보이지만 사실은 진짜가 아닙니다.'

그에게 무슨 일이 생겼던 것일까? 25년이라는 시간의 틈에서 그는 무슨 생각을 하게 된 것일까?

3

예전에는 소설을 쓰기 위한 취재를 열심히 했다. 써야 할 소설의 큰 그림이 머릿속에 떠오르면 도서관에 가서 책도 찾아보고, 소설 속 무대가 될 장소에도 찾아가보고, 캐릭터에 알맞은 인물이 있으면 그를 따라다니면서 인물 집중 탐구도 해보고, 그랬다. 취재를 열심히 하면 할수록 더욱 생동감이 넘치는 소설을 쓸 수 있을 것이라고 믿었고, 책상에 붙어 앉아서 쓰는 소설은 가짜가 아닐까 의심했다.

언젠가부터 취재를 하지 않고 있다. 열심히 취재해봤자 현실을 소설 속에 옮기기란 쉽지 않다는 것을 (아니, 불가능하다는 것을, 진작 깨달았어야 했는데!) 이제야 깨닫고 만 것이다. 책상 위의 유리컵을 묘사하기 위해 아무리 정교하게 문장을 구성해도, 비유를 동원해봐도, 현실 속의 컵은 여전히 현실 속의 컵이고, 내 소설 속의 컵은 소설 속의 컵이었다. 그 두 컵의 거리는 좀처럼 좁혀지지 않았다. 5센티미터 정도 물이 차 있고, 윗부분이 아랫부분보다 넓으며, 투명한데다, 투명하다고 해도 건너편 물체를 정확하게 보여주지는 않고, 사방에서 흘러 들어오는 빛을 제멋대로 반사하여 주변 물체들의 형상을 모조리 왜곡시키고 마는, 컵이 여기에 있다고, 아무리 열심히 써봐도, 사람들은 모두 자신들이 아는 컵을 상상할 것이다. 자신들의 책상 앞에 놓여 있는 컵을 상상할 것이다. 나는 분명히 내 책상 위에 놓여 있는 컵을 묘사했는데 말이다.

4

도시의 거리를 묘사할 때도 마찬가지이다. 내 소설의 무대가 되는 도시를 설명하기 위해 사진도 찍고, 그림도 그리고, 메모도 해서 책상 앞에 붙여두었다. 도시의 거리는 컵보다 좀 더 복잡했다. 컵은 움직이지 않지만 도시는 계속 움직였고, 도시에는 사람들도 살고 있었기 때문에 묘사하기가 더욱 힘들었다. 묘사하면 도시는 달라졌고, 달라진 도시를 다시 묘사하면 도시는 다르게 변했다. 이럴 거면, 차라리 취재를 하지 말자는 생각이 들었다. 취재를 하지 말고 내 머릿속의 컵과 내 머릿속 상상의 도시를 아무렇게나 써버리자, 라는 생각이 들었다. 요즘은 소설을 쓰기 시작하면, 바깥으로 취재를 나가는 대신 머릿속을 들여다본다. 머릿속에 어떤 컵이 들어 있는지, 머릿속에 어떤 도시가 들어 있는지 조사한다. 취재를 하지 않고 소설을 쓰기 시작한 것은 귀찮아서였지만, 그 과정 덕분에 나는 소설이 무엇일까 곰곰이 생각하고 있다.

5

내가 소설을 쓰고, 누군가 그 소설을 읽은 다음 소설에 대해 말하고, 내가 다시 그 이야기를 듣는 과정은, 아무리 생각해도 놀랍다. 나는 소설 속에다 컵 하나를 등장시키기로 했다(실제로는 컵을 중요한 주인공으로 등장시키는 소설가가 아니다!). 나는 평생 수많은 컵을 만지고 보았다. 유리컵, 도자기 컵, 에스프레소 컵, 머그컵 등등 형태와 재질이 다른 수많은 컵을 경험했다. 나는 그 중의 컵 하나를 소설 속에다 쓴다. 그 컵은 현실 속에 있는 컵이지만 없는 컵이기도 하고, 종합적인 컵이기도 하다. 현실 속의 수많은 컵을 용광로에 넣어 녹인 다음 문자로 변형시켜 평면에 눌러놓았다. 컵은 이제 종이 속 글자로 바뀌었다. 독자들은 소설을 읽으면서 내가 묘사한 컵을 머릿속에서 상상한다. 이제 그 컵은 내가 상상했던 컵이 아니다. 내 상상은 독자의 상상과 뒤섞였고, 완전히 새로운 컵이 되었다.

6

도시가 변하는 과정은 더욱 놀랍다. 나는 소설을 쓰기 시작할 때마다 머릿속에다 가상의 공간을 건축한다. 영화를 찍기 전에 세트를 짓는 것처럼 소설의 무대를 짓는 것이다. 머릿속에 만드는 공간은 현실 속에는 없는 공간이다. 이 공간은 실제 공간이 아니기 때문에 중력이나 건축술 따위는 모두 무시한다. 1층보다 2층의 넓이가 서너 배 클 때도 있고, 2층에서 3층으로 오르는 계단이 1층에서 5층으로 오르는 계단보다 더 높을 때도 있다. 나는 머릿속 세트장에다 주인공을 밀어 넣는다. 독자들은 내가 만들어놓은 공간을 풍요롭게 만든다. 내가 '계단'이라고만 써놓은 공간을 '나무계단'으로 마음껏 상상하고, 내가 '커피전문점'이라고 써놓은 공간을 자신이 자주 가는 단골 '스타벅스'로 제 멋대로 상상해버린다. 내가 3차원 공간을 2차원의 종이에다 번역해놓으면 독자들은 2차원의 종이에 있는 공간을 (마치 팝업북 읽듯) 3차원으로 변환해버린다. 나는 짧은 몇 문장을 썼을 뿐인데, 독자들은 그걸 서사로 번역해서 받아들인다. 이보다 더 효율적인 장사가 없다.

7

나는 텔레비전에서 본 외국의 도시와 내가 살고 있는 서울이라는 도시와 한 번도 가본 적 없는 꿈속의 도시를 마구 뒤섞은 다음 사람들이 꼭 한번 가보고 싶어할 만한 도시를 만들어내고 싶다. 자동

차가 하늘 위를 날아다니고, 사람이 사람을 이유 없이 죽이고, 또 이유 없이 사랑하기도 하며, CD 대신 구닥다리 LP를 듣기도 하고, 공룡과 좀비가 맞장을 뜨는가 하면 지구의 남자와 화성의 여자가 사랑을 나누기도 하는 도시를 만들어내고 싶다. 과거와 미래가 뒤섞여 있고, 합리와 불합리를 분간할 수 없고, 사랑과 증오가 팽팽하게 줄다리기 하고 있는 도시를 그리고 싶다. 내가 생각하기에 대한민국의 서울은 그런 도시를 건설하기 위해 가장 먼저 참고해야 할 공간이다. 대한민국 서울에서 소설을 쓰고 있다는 것은 내게 축복 같은 일이다.

8

단편소설 〈크랴샤^{Crusher}〉를 완성하기까지 (원고를 쓴 시간은 15일뿐이지만) 꼬박 2년이 걸렸다. 어느 날, 차를 타고 가다 '크랴샤'라는 낯선 글자를 보았다. 사진을 찍고, 그 단어를 기억했다. 1년 후에 소설의 주요 모티브가 된 '매핑 비디오$^{Mapping\ Video}$'를 보았다. 매핑 비디오는 건물의 벽이나 3차원의 공간에다 영상을 투사해서 새로운 공간을 만들어내는 '비디오 아트'다. 그 사이 서울에서는 수많은 곳이 철거되었다. 건물들이 부서져서 가루가 되었다. 나는 가루가 된 건물들을 소설 속에 복원시키고 싶었다. 마술이 필요했다. 크랴샤라는 단어와 매핑 비디오와 마술과 서울과 서울의 건물들이 내게 다가와서 소설이 되는 동안 나는 시간을 지켜보았다.

9

작품집에 실은 단편소설 〈요요〉를 쓰는 데도 오랜 시간이 걸렸다. 잡지사의 인터뷰어로 일을 할 때 시계를 취재한 적이 있다. 기계식 시계의 아름다움에 반해서 언젠가 한번 소설로 쓰고 싶었다. 〈요요〉의 조각을 모으는 데 1년이 걸렸다. 부품을 조립해서 시계를 만들듯 나 역시 전혀 다른 부품들을 모아서 소설을 완성했다.

10

필립 로스의 소설 〈에브리맨〉에는 이런 구절이 나온다. 소설 속에 등장하는 어떤 화가의 말이다.
"영감을 찾는 사람은 아마추어이고, 우리는 그냥 일어나서 일을 하러 간다."
나 역시 일어나서 그냥 삶을 산다. 시간을 견디며 기다리고 있으면 나도 모르게 내 주위에 소설의 부품들이 모여 있다. 나는 공을 들여서 그 부품들을 조립할 뿐이다.

김중혁 소설가. 1971년 경북 김천 출생. 계명대학교 국어국문학과 졸업. 2000년 《문학과사회》에 중편 〈펭귄뉴스〉를 발표하며 작품활동을 시작했다. 기발한 상상력과 아날로그 감수성이 돋보이는 작품으로 대중의 많은 사랑을 받고 있다. 소설집 《펭귄뉴스》, 《악기들의 도서관》, 《1F/B1》, 《가짜 팔로 하는 포옹》 장편소설 《좀비들》, 《미스터 모노레일》, 《당신의 그림자는 모노레일》이 있다. 김유정문학상, 젊은작가상 대상, 오늘의 젊은 예술가상, 동인문학상 등을 수상했다.

땅이 주는 선물

다니자키 유이

내게 중국 방문은 이번이 두 번째이다. 첫 번째 중국 방문은 1999년 스무 살 대학생 때였다.

그 후 16년 동안 중국에 가지 못했지만, 첫 번째 중국 여행은 내게 중요한 의미를 갖는다. 한 달 반을 목적지도 없이 값싼 여관을 전전하는 배낭여행이었다. 한두 마디의 중국어와 필담으로 소통하던 여행이었다.

상해, 소주, 항주 그리고 덜컹거리는 침대열차를 며칠씩 타고 청두成都로 갔다. 그리고 윈난성雲南省의 쿤밍昆明과 징훙景洪을 돌아보고 다시 청두로 가서 그곳에서 티벳 자치구로 갔다.

일본에서 구입한 항공권으로 귀국해야 할 날, 나는 라싸에 있었다. 일본으로 돌아가고 싶지 않아 항공권에 찍힌 날짜를 무시하고 계속 중국에 머물렀다. 그 정도로 중국이 마음에 들었던 것인지, 아니면 사춘기에 흔히 볼 수 있는 것처럼 인도든 동남아시아든 어디든 그랬을지 모르겠다. 어쨌든 내게는 그곳이 중국 대륙이었다. 전화로 가족과 친구들로부터 실컷 야단맞은 뒤, 목덜미를 잡히다시피 비행기를 타고 일본으로 돌아왔다. 속상한 마음에 눈물이 멈추질 않았다.

서두가 길어졌으나, 문학 창작의 영감을 어떻게 얻느냐는 주제와 방금 이야기한 여행은 깊은 관련이 있다. 이 여행에서 돌아온 뒤 5년 후, 나는 소설의 첫 부분을 썼다. 2년 정도 그대로 방치해 두었다가 다시 뒷부분을 쓴 소설로 신인상을 받아 소설가로 등단한 것이다. 시간의 흐름이 다르고 나이 세는 방법이 독특한, 여자들이 유독 많이 사는 마을 이야기다.

왜 그런 마을의 이야기를 쓰려 했냐는 질문을 받을 때가 있으나, 이유는 나도 잘 모르겠다. 잠들어 있을 때 꿈이 자연스럽게 찾아들듯이, 그 마을이 내게 다가왔던 것 같다. 그 무렵 나는 잠에 빠져 있을 때가 많았고 꿈에서 본 것들을 속속 옮겨 적었기 때문에, 이 작품도 마찬가지로 무의식의 이미지였다고 생각한다. 꿈을 분석하듯이 스스로 소설 첫 부분을 분석하자면, 아마도 어린 시절의 기억이 투영된 것 같다. 우리집은 당시 일본에서는 대가족이었고 친척들이 자주 와 있어서 누가 누군지 혼돈스러웠다. 소설의 배경인 불가사의한 마을은 내가 스무 살 때 중국 여행길에서 만난 풍경과도 닮아 있다.

윈난성 남단에 있는 타이족 자치주 시쌍판나西双版纳. 징훙景洪에서 버스로 한 시간 남짓 거리에 있는 멍혼勐混에 일요장을 구경하러 갔었다. 여성들이 바닥에 앉아 농산품이나 공예품을 팔고 있었는데, 천으로 만든 수제품들이 아름다웠다. 먹물을 들인 천에 화려한 색의 실로 수를 놓거나 거울이나 조개껍질, 수제 비즈를 달기도 했다. 그때 본 천의 이미지가 작품에 크게 반영되었던 것 같다.

컨디션이 좋지 못해 가지는 못했는데, 쿤밍 근교의 리장麗江에는 아직 모계 사회를 유지하는 부족이 있다는 얘기를 들었다. 주혼走婚(walking marriage)이란 형식으로 혼인이 이루어지고 일처다부인 경우도 있다고 한다. 집 안쪽에 여자들이 모이는 넓은 조모祖母 방이 있고, 그림 같은 상형문자가 전해져 오고 있다. 그런 그리움 같기도 하고 불가사의하기도 한 마을이 여행길에서 꿈처럼 기억에 새겨졌던 것 같다. 그리고 그 꿈을 반추하듯 앞서 이야기한 소설을 썼다.

좋아하는 작가는 많지만 가장 영향을 받은 작가를 묻는다면, 가르시아 마르케스라 대답해야 할 것이다. 자신이 나서 자란 고장이나 보아온 풍경을 소설적 허구로 치환할 수 있다는 것을 가르쳐 준 작가이다. 내게 장소란 매우 중요한 요소이다. 작품에 따라서는 인물이나 사건, 그 무엇보다도 장소가 정해지지 않으면 글을 쓸 수가 없는 경우가 있다. 장소 속에 인물이 있고, 그 인물의 행동과 감정 그리고 운명마저도 그 풍토에 의해 자연스럽게 정해진다. 내게는 그런 식으로 소설을 쓰는 쪽이 이야기가 자연스럽게 전개되는 것 같다.

이번에 중국어로 번역된 단편소설은 대만의 쥬펀九份이란 곳에서 영감을 얻었다. 이 소설을 고를 때는 상당한 용기가 필요했다. 중국어로 번역되면 대만 사람들 즉 쥬펀 사람들도 읽을 수 있을 텐데, 쥬펀 사람들이 우리 고장은 이런 곳이 아니라고 화를 낼지도 모르겠다. 변명은 아니지만, 이곳은 쥬펀 그 자체가 아니다. Jiufen이란 알파벳으로 표기한 것도 바로 그 때문이다.

나는 소설을 쓰기도 하지만, 영어로 된 소설을 일본어로 번역하기도 한다. 알파벳으로 쓰인 영어 문장과 일본어 문장이 머릿속에 있는데, 실제로 출력해 기록되는 것은 일본어뿐이다. 그것이 왠지 아깝다고 할까, 머릿속에 있는 알파벳을 좀 더 살리고 싶은 생각이 들어 이런 표기를 하게 되었다. 이 소설의 원문인 일본어에는 한자와 히라가나와 알파벳이 섞여 있다. 일본어에는 가타카나도 있지만 그 표기는 의도적으로 사용하지 않았다.

일본어의 언어적 역사를 살펴보면, 중국어뿐 아니라 서구 언어 등을 받아들인 다양한 언어의 혼합체란 인상을 갖게 된다. 재작년 아이오와 대학의 창작 프로그램에 참가하기 위해 미국에 체류했을 때, 그곳의 학생들이 가타카나를 외우기 위해 고생하는 것을 보고 재미있다는 생각을 했다. 가타카나로 된 단어들은 영어를 일본어로 받아들이면서 더욱 복잡해졌는데, 그것을 영어 화자가 고생하며 배우고 있었기 때문이다.

이야기가 또 빗나가고 말았다. Jiufen이란 알파벳 표기에는 그러한 생각 외에, 이곳이 실재하는 쥬펀과는 다른 곳이라는 전제가 깔려 있다. 이 단편은 앞서 이야기한 원난성의 이미지를 가진 데뷔작과 같은 구조이나, 동시에 새로운 시도의 작품이기도 하다. 이 단편을 시작으로 나는 아시아의 여러 지역을 모델로 한 연작 소설을 집필 중이다. 모델이라는 표현은 어쩌면 정확하지가 않다. 보다 어울리는 단어를 찾는다면 '미러 이미지'라고 해야 할까. '거울 속의 아시아'라고 할 수 있는 연작이다. 이 단편 다음에는 티벳을 방불케 하는 소설, 다음에는 교토 -내가 고향을 떠난 이래 사는 곳- 그리고 다음은 동아시아는 아니지만 남인도의 코친, 그리고 지금은 말레이시아를 연상케 하는 무대의 작품을 집필 중이다.

이러한 일련의 시도로 무엇이 보일지는 아직 모르겠다. 그러나 동아시아를 중심으로 한 아시아의 다양한 지역이 내 창작 의욕을 불러일으키고 있음은 분명하다. 이탈로 칼비노는 마르코 폴로가 본 동방이란 설정의 《보이지 않는 도시들》이란 작품을 썼다. 마르그리트 유르스나르의 단편집 《동방기담》도 마찬가지다. 두 작품 모두 너무도 사랑하는 소설이다. 또 내게 중요한 작가 중 하나인 호르헤 루이스 보르헤스는 가공의 지리지를 여러 편 썼으나, 동아시아에 관한 작품은 그다지 많지 않다. 내 시도 역시 일종의 오리엔탈리즘인지도 모르나, 서두에 이야기한 바와 같이 그것은 이들 지역이나 장소가 자신이 나서 자란 곳과 통하는 무엇인가를, 지금은 잃어버린 그리운 무엇인가를 상기시키기 때문이고, 이를 바탕으로 한 경의와 애착 등이 나로 하여금 이러한 작품들을 쓰게 한다고 생각한다. 무엇보다 나 자신 오리엔트 주민의 하나이다.

특정 지역과 그곳의 독특한 습관이나 문화 그리고 언어들. 여행을 할 때 나는 내가 가진 언어들을 일시적으로 버려둔다. 일본어를 봉인하고 중국어나 영어 등 그 지역의 언어를 사용하려고 한다. 당연히 어설프기 때문에, 이제 막 말을 배우기 시작한 아이와 같은 기분이 든다.

중국을 여행했던 16년 전, 사실 나는 아이와 마찬가지였다. 말을 모르는 내게 사람들은 아이를 대하듯이 친절했다. 나는 무력했고 그 무력함 속에서 감각도 기억도 어린 시절로 돌아간 듯했다. 오래된 집에는 증조할머니와 할머니, 어머니가 계셨다. 어머니는 장녀이고 아버지는 데릴사위, 자식들도 여자뿐이었다. 그런 집에서 도화지 가득 크레용으로 색칠을 하고 그림을 그렸던 기억. 대단히 진지하게 놀았던 때와 같은 감각이 아시아를 여행하고, 아시아에 대한 글을 쓸 때 되살아난다. 땅은 분명 내게 작품의 영감을 준다.

따라서 어떻게 문학 창작의 영감을 얻을 것인가라는 질문에 대해서는 —우선 맛있는 음식을 먹고, 푹 자고, 좋은 친구들을 사귀려 노력하는 데로 귀결된다. 재앙은 원치 않아도 찾아오고, 인간은 어디까지나 인간이니까.

다니자키 유이 谷崎由依 1978년 후쿠이현 출생. 교토대학대학원 문학연구과 석사 과정 수료. 2007년 《흩날리는 마을》로 문학계 신인상을 수상하며 의욕적으로 소설을 발표함과 동시에 키란 데사이, 제니퍼 이건 등의 작품 번역 활동도 하고 있다.

산수山水에 있는 '영감'

레이핑양雷平陽

평소 사람들이 흔히 말하는 영감은 어떤 영험한 빛이 나타나거나 신들린 듯이 글을 쓰게 되는 순간을 말하는 것 같다. 하지만 내게는 이런 것들이 모두 믿을 수 없는 것들이다. 나는 한 번도 이런 것들을 맹신한 적이 없다. 심지어 줄곧 이런 것들과 멀리 떨어진 길을 걸어 왔다.

 내가 이해하는 '영감'은 강렬하면서도 끊어지지 않고 계속 이어지는 창작 충동으로서, 영혼 내부에서 흘러나오는 깨달음과 감정 감회라고 할 수 있다. 나의 시 쓰기 과정에서, 특히 초기에는 '시로써 사람들을 놀라게 하지 못하면 죽어서도 그만두지 않겠다'는 망념을 갖고 있었다. 야심만만한 다른 시인들과 마찬가지로 나도 항상 자신의 작품이 석가모니나 예수, 공자, 이백, 소동파 등과 비견되고 단테나 톨스토이, 보르헤스 등과 어깨를 나란히 할 수 있기를 기대하면서 줄곧 힘든 사유에 집중해 왔다. 그러면서 머릿속으로는 문학의 여신이 내게 큰 힘을 줄 것이라고 믿었다. 하지만 독서를 게을리 하고 주변의 세계에 대한 관심과 인식, 체감이 전혀 없는 소년의 글쓰기가 얼마나 창백하고 무력한지 현실이 증명해주었다. 내가 구상해 낸 기묘한 생각과 상상은 대부분 아주 짧은 시간에 언어의 일장춘몽으로 변해버렸다. 신은 그를 돌봐주지 않았다. 그는 헛된 상상에 빠져 공상주의 하인으로 전락해버렸다.

이어서 산수山水가 나를 구해주었고, 나의 글쓰기에 지대한 힘을 제공해주었다. 1991년 여름, 나는 머리 가득 미친 듯한 환상과 신경질적인 눈빛으로 고향을 떠나, 귀신에 홀린 듯 쿤밍昆明으로 가서 어느 건축회사에서 일을 시작했다. 쿤밍 서쪽 근교의 산 위에 자리잡고 있는 회사로, 두 개의 철로가 지나고 윈난성의 첫 번째 고속도로가 지나는 지점이기도 했다. 철로의 양쪽으로는 정신병원과 결핵 요양병원, 마약 중독자 재활원 및 끝이 보이지 않는 강재 적재소 등이 이어져 있고 고속도로 맞은편에는 쿤밍서교화장터昆明西郊殯儀館가 있었다. 할 일이 없을 때면 나는 종종 혼자서 여러 병원을 돌아다니면서 나보다 더 신경질적인 사람들과 친구가 되어 술을 퍼마시곤 했다. 그러다가 술에 취하면 철로를 따라 무작정 걸었다. 때로는 술을 한 병 들고 산꼭대기에 올라가 앉아 멀리 있는 화장터 굴뚝을 바라보기도 했다. 굴뚝에서 하얀 연기가 피어오르면 나는 또 한 사람이 천국으로 갔음을 알고 혼자 술 한 모금을 들이키곤 했다. 건축 회사에서 나의 업무는 상급 기관에서 주관하는 소규모 신문에 실릴 뉴스 기사를 작성하는 것이었다. 그런데 건축 회사의 뉴스란 건축 공사의 착공과 준공, 빠른 시공 등에 관한 것이 고작이었다. 당시만 해도 중국의 대지는 조용한 편이었고 공사가 많지 않았기 때문에 시장의 경쟁이 전에 없이 치열한 양상을 보였다. 이런 건축 시장을 묘사할 때 사람들이 가장 많이 쓰는 표현이 '중은 많은데 나눠줄 죽이 적다'는 것이었다. 이런 상황에서는 그렇게 많은 건설 대군을 먹여 살릴 방법이 없었다. 결국 내가 일하고 있던 국영 건설 회사는 쿤밍에서 기반을 잡기가 어려워 다른 지역인 윈난의 시장을 개척하는 수밖에 없었다. 당시 회사 사장의 말에 따르면 쭈무랑마봉(에베레스트봉) 위에 호텔을 짓는 공사라도 우리 회사로서는 입찰에 참가해야 하고 반드시 호텔을 지어야 하는 실정이었다. 이에 따라 회사의 건축 공사장도 윈난성 각지에 널리 분포하게 되었다. 이런 공사장 관련 뉴스 기사를 쓰기 위해 나는 하는 수없이 버스나 건축자재를 실어 나르는 회사 트럭을 타고 윈난의 산과 바다 사이를 쉴 새 없이 뛰어다녀야 했다. 그리고 각 건설 현장을 찾아가 인터뷰를 하는 과정에서 하층 떠돌이 건축노동자들을 많이 알게 되었고, 그들의 슬픔과 고통, 소망을 알게 되었다. 당시의 건축 공사는 지금처럼 멋있고 화려한 대도시의 건물을 짓는 것이 아니라 저수지나 댐을 짓는 공사가 대부분이었고, 이런 공사는 종종 깊은 산속 물살이 거센 지역이나 거친 들판에서 이루어졌다.

산수와 거친 들판이 우리를 향해 다가왔고 그런 환경 속에서 우리는 자신을 일으켜 세웠다. 특히 나중에는 산업 문명의 조류가 중국 전체를 석권하면서 도처에 물신 숭배의 쓰나미와 건축 폭력이 휩쓸었다. 나는 그때 산수와 광야의 거대한 몸뚱이 위에서 이런 것에 맞서는 엄숙함과 경건함을 느낄 수 있었다. 모두가 아는 바와 같이 윈난에는 스무 개가 넘는 소수민족이 살고 있다. 그들은 산수 속에서 편안히 지내면서 자신들의 뜻을 펼치고 있고, 풍성하면서도 다원화된 문명을 창조하고 있다. 이들에게서 가장 두드러지게 나타는 공통성이 바로 만물에 영혼이 있다고 믿는 것이다. 그들은 여전히 천지간의 모든 생명이 그들에게 불후의 영혼을 부여하고 있다고 믿으면서 이들을 경외하고 있다. 그들은 한편으로 새로운 세상을 추구하고자 하는 바람이 있지만, 다른 한편으로는 육신의 내면에 있는 자비심을 굳세게 지키고 있었다. 이처럼 문화 생태는 '산수를 덕^德에 비견하는' 중국 전통의 기^氣의 맥락과 서로 통하고 있었다. 이것이 내게는 문학적 이상의 재건을 의미했고, 당연히 나 자신이 음유시인의 길을 선택했음을 의미했다. 누구에게나 입을 열어 말을 하거나 침묵할 수 있는 이유와 권리가 있다. 숲속에서 혼자 노래를 불러도 좋고, 벼랑 끝에 서서 벙어리가 되어도 좋았다. 내가 자신을 위해 선택한 길은 '자기 방축^{放逐}'에 가까운 길이었다. 향토에 뿌리를 내리고 있는 수많은 현대 중국 시인들과 다른 점이 있다면, 그들은 이미 먼 옛 이야기가 된 공허한 시골의 목가에 탐닉하고 있는 반면, 나는 '범행 현장'처럼 현대적이고 풍요한 황야에 두 발을 딛고 서 있는 것을 좋아한다. 이는 이미 더 이상 글쓰기의 영감이 지배하는 문학 활동이 아니다. 나는 온 몸과 마음으로 매 순간 발생하는 생사존망의 사건과 도덕의 충돌, 사상의 갈등과 대면해야 한다. 글쓰기에서 내가 강조하고 싶은 것은, 시의 피가 붉어야 하고 시인의 목에 낭랑하게 멀리 울려 퍼질 수 있는 작은 나팔이 장착되어야 한다는 것이다.

　　최근 몇 년 동안 나는 《윈난 황혼의 질서^{雲南黃昏的秩序}》를 비롯하여 《나의 윈난 혈통^{我的雲南血統}》, 《윈난기^{雲南記}》, 《출윈난기^{出雲南記}》, 《천상유락^{天上攸樂}》, 《지눠산^{基諾山}》 등 윈난 관련 소재로 가득 채워진 작품집들을 출판했고, 얼마 전에는 《산수과^{山水課}》라는 시집을 펴내기도 했다. 《윈난기》 서문에서 나는 '종이 위의 황야'를 쓰고 싶었다고 말했고,

《지눠산》 서문에서는 어떻게 하면 '현실'을 '시 속의 현실'로 변화시킬 수 있는지를 강조했다. 이 양자 사이에는 내재적인 점진 관계가 존재하고 있다. 산업화를 통해 윈난의 산수가 번영하는 동시에 인문 정신이 전면적으로 상실되고 수많은 형제 소수민족의 모어母語 문화가 대대적으로 붕괴되었으며, 개인들의 천국이 동질화, 요괴화되어 가고 있는 것을 직접 보고 경험했기 때문이다. 아름답고 우아하기 그지없는 진사강金砂江과 난창강瀾滄江 그리고 이름 모를 수많은 강줄기가 하나하나 허리가 잘린 데 이어 오염되어 버리고, 신령들이 사는 수많은 산과 열대우림이 배타적인 경제 작물로 인해 거의 모두 사라져 버렸다. 가장 받아들이기 어려운 일은, 인구가 적고 규모가 작은 소수민족들의 대대로 전해 내려오던 자생 문화들이 곧 철저하게 한족漢族 문화에 동화될 위기에 처해 있고, 무력하게 멸문의 재난을 기다리고 있다는 것이다. 나는 꽤 오랜 시간 여러 차례 시솽반나西雙版納의 지눠산과 난눠산南糯山, 부랑산布朗山에서 지눠족과 부랑족 등 소수민족과 함께 생활한 적이 있었다. 그들의 문화는 상당 부분 구비 전승에 의존하고 있어, 고속도로의 개통과 경제 작물의 강력한 침범 및 점거로 인해 자민족 문화의 전승에 대한 사람들의 관심과 열망이 이미 크게 약화되고 말았다. 수많은 무사巫師가 도제를 받아들이지도 못하고 있는 실정이다. 이들 무사들은 실질적인 문화의 전승자들이기 때문에 도제가 없다는 것은 그들 세대가 세상을 뜨면 곧 문화의 전승이 사라진다는 것을 의미한다. 나는 시집 《출원난기》 서문에서 내가 직접 경험한 일을 서술한 바 있다. 2013년 7월, 내가 7년 만에 다시 지눠산으로 돌아갔을 때였다. 처음에는 제줘산杰卓山에서 쓰제줘미司杰卓密로 향하는 열대우림의 길을 다시 걸어볼 생각이었다.

서사시 같은 지눠족 사람들의 정신의 계보에 따르면, 그들의 조상은 일찍이 하늘의 계시 같은 '인귀분가人鬼分家(인간과 귀신이 지역을 나누어 분가함)의 동맹'을 맺었다. 그리하여 제쥐산은 인간의 생활이 되었고, 쓰제쥐미는 귀신의 세계, 즉 천당이 되었다. 이런 길을 걷는 데는 사실 인간 세상에서 이상국으로 간다는 상징성을 지니고 있었다. 가장 가슴이 아팠던 것은 7년 전만 해도 길 양쪽에 온갖 식물이 무성했고 수많은 곤충이 날아다녔으며, 인간과 귀신이 뒤섞여 있어 마치 태초의 세계 같았는데 불과 7년이 지난 오늘, 과거의 세계가 철저하게 뒤집혀버렸다는 사실이다. 열대우림은 더 이상 존재하지 않았고 대신 미친 듯이 온통 녹색의 고무나무만 들어차 있었다. 나는 이상국가에 대한 인간의 집요한 추구를 한 번도 반대한 적이 없지만, 인간 세상에서 천국으로 가는 길섶에 오로지 고무나무만 심을 수 있다는 사실이 믿어지지 않았다. 지눠인들은 이 길 양쪽의 거친 들판은, 천당에도 가지 못하고 다시 인간 세계로 돌아올 수도 없는 외로운 혼령과 들귀신의 영토였는데 이제는 물신 숭배자들의 영역이 되었다고 말한다. ……이러한 문화와 도덕의 범죄 현장은 이미 우리 시대만의 일이 아니다. 때문에 시의 존엄을 지켜야 한다. 내가 하고 싶은 것은 창백하고 무력한 시의 공간을 계속 확장하는 것도 아니고, 자위하듯이 시의 자명함과 고고함을 지키는 것도 아니다. 시는 날카로워야 하고 피의 냄새가 나야 하며 슬픔과 분노가 수반되어야 한다.

솔직히 말하자면 내 이상 속의 시는 우아하고 고귀한 것이었고, 일상적이거나 통속적이지 않은 것이어야 했다. 그러나 지금까지 원난 산수의 강의실 같은 건축 회사에서 20여 년 동안 일하면서 산수의 수업에서 현실 생활이 내게 준 떨림과 위협이 영감에 의존하는 내 글쓰기 태도를 철저하게 대체했을 뿐만 아니라 나를 산수를 무기로 산업문명에 저항하는, 숙명적으로 실패할 수밖에 없는 정신의 전쟁으로 이끌었다. 이 전쟁에서는 대항의 상대가 시대가 아니라, 거대하고 기세등등하지만 부상당한 문명이었다. 문명은 내 시 속의 만가輓歌와 슬픈 울음처럼 비극적 색채를 띠고 있다. 내가 혼자 매일 포화 속으로 달려가고 혼자 거칠게 울부짖는 것은 이 산수를 죽도록 사랑하기 때문이다. 지독하고 무섭게 아무것도 돌아보지 않고 사랑하기 때문이다.

레이핑양 雷平阳　1966년 윈난 출생, 윈난성 문학원 부원장. 《윈난기》, 《지뉘산》 등 시집 10여 권을 펴냈고, 《인민 문학》 올해의 시인, 《시간》 올해의 대상, 《시월》 문학상, 중국어 미디어 시가상, 루쉰 문학상 등을 수상하였다.

'영감'을 찾아서

모옌^{莫言}

30여 년 전 처음으로 글쓰기를 배울 때, 영감을 찾기 위해 여러 차례 한밤중에 집을 나서 강 언덕을 따라 달빛을 맞으며 곧장 앞을 향해 걷곤 했다. 그러다가 닭이 날이 샌 것을 알리는 소리를 듣고서야 집으로 돌아갔다.

소년 시절에는 담이 너무 작아 밤이 되면 감히 집 밖에 나가지 못했고 낮에도 혼자서는 농작물이 무성한 밭으로 들어가지 못했다. 다른 아이들은 풀을 잔뜩 베어 집으로 가져갔지만 나는 영원히 광주리 하나를 채우지 못했다. 어머니는 내가 담이 작은 것을 아시고는 도대체 뭐가 무섭다는 거냐고 여러 차례 따져 물으셨다. 나는 나 자신도 뭐가 무서운지 잘 모르겠지만 어쨌든 그냥 무섭다고 대답했다. 혼자 길을 걸을 때면 항상 등 뒤에 뭔가가 따라오고 있는 듯한 느낌이 들었고, 혼자 밭 옆을 지나갈 때면 안에서 언제든지 뭔가 툭 튀어나올 것만 같았다. 큰 나무 아래를 지날 때면 위에서 갑자기 뭔가 떨어질 것만 같았고 무덤 앞을 지나갈 때도 안에서 뭔가 튀어나올 것 같았다. 강 가운데서 소용돌이가 이는 것을 볼 때면 그 안에 뭔가 괴이한 것이 숨겨져 있을 것만 같았다. ……나는 어머니께 나도 확실히 내가 뭘 무서워하는지 모르겠지만, 무서운 것은 사실이라고 말했다. 어머니는 세상의 모든 것이 사람을 무서워한다고 말씀하셨다. 독사나 맹수도 사람을 무서워하고 요괴나 귀신도 사람을 무서워하기 때문에 사람은 무서워할 만한 것이 없다는 것이었다. 나는 어머니의 말씀이 맞다고 믿었지만 그래도 여전히 무서웠다. 나중에 나는 군인이 되었다. 밤에 보초를 설 때면 품에 기관총을 안고 있었고 탄창에는 서른 발의 탄알이 들어 있었는데도 여전히 두려움을 느꼈다. 혼자 초소에 서있을 때면 항상 목 뒷덜미가 서늘해지면서 누군가가 내 목에 대고 입김을 불고 있는 듯한 느낌이 들었다. 휙 하고 재빨리 몸을 둘려 보면 아무 것도 보이지 않았다.

그러나 나는 문학 때문에 담이 커지기 시작했다. 어느 해인가, 집에서 휴가를 보내고 있었다. 한밤중까지 자다가 깨면 창틈으로 달빛이 쏟아지는 것이 보였다. 그제야 자리에서 일어나 옷을 주워 입고 조용히 문을 나서 후통^{胡同}을 따라 하천 제방에 올랐다. 밝은 달이 머리 위에서 빛나고 마을은 온통 고요하기만 했다. 강물은 은빛으로 빛나고 만물이 적막하기만 했다. 나는 마을을 벗어나 들판으로 들어섰다. 왼쪽에는 강물이 흐르고 있고 오른쪽에는 드넓은 옥수수밭과 수수밭이 펼쳐져 있었다. 모든 사람이 잠들었는데 나만 혼자 깨어 있었다. 나는 문득 큰 횡재를 한 것 같은 기분이 들었다. 이 드넓은 들판과 무성한 작물, 넓디넓은 하늘과 찬란하게 빛나는 달빛이 전부 나를 위해 준비된 것 같았다. 내가 아주 위대하다는 생각이 들었다. 나는 달밤에 홀로 걷는 것이 문학을 위한 것임을 알고 있었다. 나는 문학가는 반드시 남들과 다른 사람이어야 한다는 것을 알고 있었다. 수많은 문학가가 일찍이 보통 사람들이 하지 못하거나 하고 싶어 하지 않는 일들을 했다는 것도 알고 있었다. 나는 내가 달밤에 혼자 걷는 것 자체가 이미 범부와 속인들과의 거리를 벌리는 일이라고 생각했다. 물론 보통 사람들의 눈에는 나의 이런 황당하고 부조리한 행동이 우습게만 느껴졌을 것이다.

나는 고개를 들어 달을 바라보다가 다시 고개를 숙여 작은 풀들을 살펴보았다. 강물소리에 귀를 기울이기도 했다. 수수밭에 들어가 수수가 자라는 소리를 듣기도 했고 땅바닥에 엎드려 대지의 전율을 느끼면서 흙냄새를 맡기도 했다. 나는 많은 것을 얻었다는 느낌이 들었지만 도대체 무엇을 얻었는지는 알 수 없었다.

이렇게 나는 여러 차례 연이어 한밤중에 문을 나섰다가 동이 틀 무렵에야 돌아오곤 했다. 부모님과 아내는 이런 사실을 알고 있었지만 두 사람 모두 내게 아무것도 묻지 않았다. 그저 딱 한 번 어머님께서 집사람에게 내가 어려서부터 담이 작아 날만 어두워졌다 하면 감히 문 밖에 나가지 못했었는데, 이제는 담이 커진 것 같다고 말씀하시는 것을 들은 적은 있다.

나는 문학에 어떤 기능이 있느냐는 질문에 대답한 적이 무수히 많지만 우리 어머니 말씀이 생각났던 적은 한 번도 없다. 지금 문득 생각이 났으니 빨리 말해둬야 할 것 같다. 만일 또 누군가 문학이 어떤 기능을 갖고 있느냐고 묻는다면 나는 서슴없이 문학이 담을 크게 해준다고 대답할 것이다.

진정한 담대함은 사실 눈 하나 깜박하지 않고 사람을 죽일 수 있는 잔인함도 아니고 죽음 앞에서 태연자약할 수 있는 여유도 아니며, 나라의 금고를 털면서 얼굴색 하나 변하지 않고 심장이 조금도 떨리지 않는 무모함도 아니다. 진정한 담대함이란 독립적인 사유 상태를 고수하면서 큰 흐름에 따르지 않고 여론에 좌우되지 않으면서 양심이 이끄는 대로 말하고 행동하는 정신이다.

그 몇 번의 달밤에 아무런 영감도 얻지 못한 것이 당연한 일이겠지만 영감을 찾은 것 같은 느낌은 체험할 수 있었다. 물론 그 몇 번의 달밤에 느꼈던 모든 것이 나중에는 전부 내 영감의 기초가 되었다.

내가 처음 영감의 엄습을 느낀 것은 1984년 겨울 〈투명한 홍당무透明的紅蘿卜〉를 쓸 때였다. 당시 나는 해방군예술대학에서 공부하고 있었다. 어느 날 아침 기상 나팔소리가 울리기 전에 나는 드넓은 무밭을 보게 되었다. 무밭 한 가운데에는 풀을 엮어 만든 울타리가 하나 있었다. 붉은 해가 떠오르자 하늘과 땅 사이가 온통 휘황찬란한 빛으로 가득 찼고, 해가 떠오르는 곳에서 빨간 옷을 입은 풍만한 여인 하나가 걸어 나왔다. 그녀의 손에는 작살이 하나 들려 있었고, 작살에는 반짝 반짝 빛나면서 속이 거의 투명에 가까운 홍당무가 꽂혀 있었다…….

이 꿈속의 풍경은 나를 몹시 격동시켰다. 나는 일어나 앉아 펜을 들고는 미친 듯이 글을 써내려가 불과 한 주 만에 초고를 완성했다. 당연한 일이겠지만 꿈속에서 본 한 가지 풍경만으로는 소설이 이루어질 수 없었다. 물론 이런 풍경 또한 근거 없이 생겨난 것은 아니었다.

꿈속의 풍경은 내 과거의 생활과도 연결되어 있고 당시의 생활과도 연결되어 있었다. 꿈속 풍경이 나의 기억을 일깨워주었다. 꿈속 풍경 덕분에 유년시절에 교량 공사장에서 한 철공 장인의 도제로 일했던 것이 생각났고, 또 생산대生産隊에서 홍당무 하나를 몰래 뽑다가 붙잡혀 군중 앞에서 비판 투쟁을 당했던 아픈 과거가 생각났다.

〈투명한 홍당무〉를 완성하고 얼마 지나지 않아 나는 가와바타 야스나리^{川端康成}의 소설 《설국^{雪國}》에서 이런 구절을 읽게 되었다. "힘이 세고 덩치가 큰 검정 아키타 개 한 마리가 연못가 디딤돌 위에 웅크리고 앉아 한참 동안 뜨거운 물을 핥고 있었다." 내 눈 앞에는 곧바로 이런 상황이 생생한 화면으로 펼쳐졌다. 거리는 온통 하얀 눈에 뒤덮여 있고 길가의 습지에서는 뜨거운 수증기가 뭉게뭉게 피어오르는 가운데, 검고 커다란 개 한 마리가 새빨간 혀를 내밀고 '후룩후룩' 뜨거운 물을 핥고 있는 것이었다. 이 구절은 하나의 장면으로 그치는 것이 아니라 하나의 선율이자 음조이며, 서사의 각도이자 소설의 서두였다. 나는 곧장 나의 고향 가오미^{高密} 둥베이샹^{東北鄕}의 이야기를 연상했고 이런 구절을 써내려갔다. "가오미 둥베이샹에서는 원래 하얗고 온순하며 덩치가 큰 개가 나왔었지만, 몇 대를 이어가다가 더 이상 순종이 나오기 힘들게 되었다." 이 구절이 바로 내 가장 유명한 단편소설 〈백구와 그네^{白狗秋千架}〉의 서두 부분이다. 소설의 첫 부분 몇 마디가 소설 전체의 음조를 확정하면 그 다음부터는 글쓰기가 물 흐르듯 자연스럽게 흘러가게 된다. 마치 모든 것이 이미 다 쓰여 있고 나는 이를 기록하기만 하면 되는 것 같다.

사실 가오미 둥베이샹에는 애당초 '하얗고 온순하며 덩치가 큰 개'가 존재하지 않았다. 이는 가와바타 야스나리의 검은 개에서 얻은 영감의 산물일 뿐이다.

당시에 나는 자주 서점에 가서 책을 사곤 했다. 어떤 책은 글의 수준이 아주 형편없는데도 샀다. 아무리 형편없는 책이라 해도 그 안에서 항상 멋진 구절을 찾을 수 있고, 그 한 구절이 나의 영감을 불러일으켜 또 한 편의 소설을 탄생시킬 수 있다는 것이 나의 생각이었다.

신문의 뉴스에서 영감을 얻은 적도 있다. 예컨대 장편소설《티엔탕 마을 마늘종 노래 天堂蒜薹之歌》는 산둥 山東의 어느 현에서 발생한 실제 사건에서 영감을 얻은 것이고, 중편 소설〈붉은 메뚜기 紅蝗〉의 맨 처음 영감은 한 친구가 쓴 허위 뉴스에서 비롯된 것이었다.

또한 나는 우연히 마주치게 된 사건에서 영감을 얻기도 한다. 예컨대 베이징 지수이탄 積水潭 지하철역에서 한 여인이 쌍둥이에게 젖을 먹이는 모습을 보고서 이를 바탕으로 장편소설《풍유비둔 豊乳肥臀》을 구상하게 되었고, 어느 사원의 벽화에서 우연히 보게 된〈육도윤회도 六道輪廻圖〉에서 장편소설《생사피로 生死疲勞》의 주제와 구도를 잡을 수 있었다.

이처럼 영감을 얻는 방식은 너무나 다양하고 기괴하다. 사람마다 각기 다른 데다 억지로 구할 수 있는 것이 아니라 우연히 얻어지는 것이다. 과거에 내가 영감을 찾기 위해 한밤중에 일어나 들판을 돌아다녔던 것 같은 행동은 기본적으로 아주 멍청한 짓이었다. 이 일은 지금도 나의 고향에서 사람들 사이에 웃음거리로 회자되고 있다. 들리는 얘기에 의하면 문학에 뜻을 둔 젊은이 하나가 나를 흉내 내 한밤중에 일어나 영감을 찾아 나섰다가 야간순찰 중인 경찰의 검문을 받아 하마터면 도둑으로 몰릴 뻔 했다고 한다. 이 일 자체가 한 편의 소설이라 할 수 있을 것 같다.

영감이라는 것은 확실히 존재하지만 어떤 방식으로 얻은 영감이든지 한 편의 작품이 되기 위해서는 방대한 작업과 다량의 재료가 필요하다.

또한 영감은 작품을 구상하는 단계에만 나타나는 것이 아니라 글을 쓰는 과정에서도 나타난다. 심지어 이런 글쓰기 과정에서의 영감이 더 큰 중요성을 갖는다. 멋진 구절과 생동감 넘치는 대화, 깊고 긴 의미를 갖는 디테일 등 어느 것 하나 영감의 화려한 조명을 필요로 하지 않는 것이 없다.

훌륭한 작품은 필시 영감의 빛이 드리워진 작품이다. 평범한 작품은 영감이 결여된 작품이라고 할 수 있다. 영감이 떠오르기를 바란다면 생활 속으로 깊이 파고 들어가지 않으면 안 된다. 자주 영감이 떠오르기를 원한다면 책과 신문을 많이 읽어야 한다. 영감이 끊이지 않기를 바란다면 비만을 예방할 때 하는 것처럼 '입을 다물고 다리를 많이 움직여야 한다.' 이런 의미에서 말하자면 한밤중에 들판에 나가 돌아다니는 것도 괜찮은 방법이라고 할 수 있을 것이다.

모옌 莫言 1956년, 산둥 출생. 중국작가협회 부주석. 1981년부터 작품을 발표하기 시작했다. 주요 작품은 이미 30여 개 외국어로 번역 소개되었다. 주요 작품으로는 《홍까오량 가족》, 《탄상싱》, 《인생은 고달파》, 《개구리》 등 11 편의 장편소설이 있고, 《투명한 당근》, 《환락》 등 20여 편의 중편소설, 《백구와 그네》, 《빙설 미인》 등 80여 편의 단편소설이 있다. 그리고 또 《패왕별희》, 《우리들의 형가》 등 연극, 영화, 드라마 시나리오를 쓰기도 했다. 일본 후쿠오카 아시아 문화 대상, 이탈리아 노니로 문학상, 프랑스 루얼 파타이아 문학상, 미국 노르만 중국어 문학상, 마오뚠 문학상, 한국 만해 대상, 노벨문학상 등 많은 국내외 문학상을 수상했다. 그리고 2009년 7월에 독일 바바리아 예술과학원 석학으로 선정되기도 했다.

내 기억의 광산

성커이^{盛可以}

13년 동안 소설을 썼지만 아직 죽어도 여한이 없을 정도로 만족스러운 작품은 써내지 못했다. 생각할수록 부끄러운 일이 아닐 수 없다. 아Q라면 이렇게 말할 것이다. 만족스럽지 못한 게 더 좋아. 그래야 열심히 글을 쓸 의욕이 생기고 사는 것도 재미있는 법이지. 정말로 죽어도 여한이 없을 정도도 만족스러운 작품을 써내면 그 이후의 세월을 어떻게 할 거야? 아Q는 항상 사람들을 위로할 줄 아는 것 같다. 우리의 삶이 영원히 꿈과 희망을 잃지 말아야 한다면 아Q의 말도 일리가 있을 것이다. 하지만 구체적인 글쓰기의 상황에는 이와 다른 점이 있을 것이다. 작가가 끊임없이 글을 쓰는 데는 글쓰기 자체의 매력이 있기 때문일 것이다. 그렇지 않다면 시인들의 글쓰기를 어떻게 이해할 수 있겠는가? 사회적 지위도 없고 경제적 효과도 기대할 수 없는 데다 시집을 출판하는 것은 더더욱 드문 현실에서 시가 시인에게 주는 유일한 보답은 시뿐이다. 시인 장자오^{張棗}는 글쓰기가 사회에서 완전히 독립된 순수한 미학적 과정이라고 말한 적이 있다. 글쓰기는 어떤 필요에 의해서도 좌우되지 않는다는 것이다. 나도 이 말에 찬동한다. 그의 이 한 마디 안에 글쓰기 과정의 모든 감정이 포함되어 있다고 할 수 있다.

아주 빨리 시간을 흘려보낼 수 있는 일이 두 가지 있다. 하나는 카드놀이를 하는 것이고, 다른 하나는 소설을 쓰는 것이다. 양자의 공통점은 둘 다 손에 '카드'를 쥐고 있어야 하고 기술이 가장 중요하다는 데에 있다. 소설에서는 인간과 세계에 대해 거리낌 없는 시험과 탐색, 해부와 조작… 등이 이루어진다. 이것이 바로 허구의 매력이다. 우리의 삶은 흐르는 물과 같아서 가벼운 움직임만으로도 SNS 메시지처럼 무수한 사건이 발생하고 굴절되며 묻히고 잊힌다. 사람들은 항상 고통을 당하고 있고 우연한 사건들과 마주치고 있고 변화하고 있다. 소설은 바로 이런 주름살들을 펴주고 감춰져 있거나 희미한 것들을 발굴해주며 진실 혹은 갖가지 가능성을 찾아준다. 이것이 바로 어떤 뉴스의 단서가 트루먼 커포티를 자극하여 사람들의 가슴 깊은 곳을 울리는 작품 《냉혈》을 쓰게 만들고, 제임스 케인에게 명작 《포스트맨은 벨을 두 번 울린다》를 쓸 수 있는 영감을 주게 된 배경이다. 알베르 까뮈도 《포스트맨은 벨을 두 번 울린다》 같은 작품이 없었다면 자신의 《이방인》도 세상에 나오지 못했을 것이라고 밝힌 바 있다. 확실하게 말할 수 있는 것은 소설의 원재료가 도처에 널려 있다는 것이다. 신변의 어느 구석에서나 거리에도 소설의 인물들이 걸어 다니고 있을 수 있고, 식사하는 자리에서 누군가가 던진 한 마디가 소설의 서막을 열 수도 있다. 심지어 한 순간의 꿈을 기초로 소설을 쓸 수도 있다. 나 자신도 이런 경험을 한 적이 있다.

오랫동안 글을 쓰다 보면 관성적으로 현실과 허구가 한데 어우러진 혼돈의 상태에 처할 수 있고, 새해를 알리는 종소리에 무관심해 질 수도 있다. 하지만 2월의 봄바람이 얼굴을 스치는 날카로움을 자세히 느낄 수 있을 것이고, 유리병이 깨지는 소리를 듣고서 유리 조각들이 산산조각 나 연기처럼 흩어지는 모습과 방향을 상상할 수도 있을 것이다. 글쓰기라는 일은 그림자가 형체를 따르는 것처럼 일종의 습관이 되고 생활방식이 된다. 보다 중요한 것은 글쓰기가 시종일관 내가 가장 좋아하는 일이 되었다는 사실이다. 사물에 대해 민감해야 호기심을 잃지 않을 수 있고 머릿속의 이야기를 써내는 행위에 대해 지속적인 열정을 유지할 수 있다. 이러한 열정이 모든 것을 이끌기만 하면 다른 것들은 알아서 다음 자리로 물러선다. 나는 죽음만이 나의 글쓰기 행위를 멈출 수 있다는 사실을 잘 알고 있다.

내 과거의 글쓰기는 경솔하고 거친 표현이 많았다(글쓰기를 대략적으로 회상해보면 경솔하고 거친 처리방식을 발견하게 된다). 지나치게 산만하고 즉흥적인 표현이 적지 않아 일부 작품들에 대해서는 부끄러움과 난감함을 피할 수 없다. 이런 작품들을 깡그리 없애버리고 싶지만, 인터넷 시대에는 자신의 역사를 지울 방법이 없다. 또한 인터넷 상에서는 무수한 사이트에서 수준 낮은 소설이건 훌륭한 소설이건 저작권 허락을 받지 않고 도용되고 있어 더더욱 그러하다(저작권을 침해하면서까지 무수한 사이트에서 수준 낮은 소설들과 훌륭한 소설들이 함께 도용되고 있기 때문에 전혀 방법이 없다). 작가 아이阿乙는 자신이 과거에 썼던 일부 유치한 작품에 대해 수치감을 느낀다고 말한 적이 있다. 나는 그의 감정을 충분히 이해할 수 있다. 그가 소설 쓰는 방법을 깨달았지만 이미 때가 늦어 후회해도 소용이 없다. 그가 할 수 있는 유일한 일은 더 신중하게, 더 인내심을 갖고 마치 먹이를 찾아

방금 동굴을 나선 짐승처럼 민감하게 주위를 경계하고 사방의 냄새를 맡고 유심히 살핌으로써, 경솔하게 단번에 위험한 상황으로 뛰어들어가지 않는 것뿐이다.

최근 몇 년 동안 나는 글쓰기 경험의 수많은 실패를 통해 내가 쓴 모든 작품의 결함을 잘 알고 있고, 각각의 작품을 쓰게 된 인연과 시점을 잘 기억하고 있다. 사실 나는 '영감'이라는 말을 좋아하지 않는다. 마르케스는 '영감'이라는 단어가 이미 낭만주의 작가들에 의해 형편없는 명성을 얻게 되었다고 지적한 바 있다. 그의 대략적인 말뜻은 영감이라는 것이 마르그리트 뒤라스나 장아이링張愛玲 같은 일부 젊은 작가들에 의해 겉치레로 활용되었다는 것으로 해석될 수 있을 것 같다. 나는 이른바 '영감'에 대해 편견을 가지고 있다. 영감이란 아주 경박한 소녀가 사람들에게 복숭아꽃을 던지는 것과 같다. 꽃송이가 너무 가벼워 실질적으로 필요한 곳에 떨어지기 어렵기 때문이다. 영감은 시나 산문에 더 적합하다. 장욱張旭이 '술에 취해 미친 듯이 초서를 써대고', 이백李白이 '술 한 말에 시 백 편을 짓는' 것처럼 술은 시인들에게 영감을 불러일으키는 데 유리하다. 이에 비해 구성이 복잡하고 우회적으로 서술하는 장편소설의 경우에는 억지로 영감을 끌어들인다 해도 한 점의 작은 '불꽃'에 지나지 않을 것이다. 하지만 부정할 수 없는 것은 이 한 점의 불꽃으로도 들판 전체를 태울 수 있다는 사실이다. 예컨대 카프카의 《변신》맨 첫 부분은 이렇게 시작된다. "어느 날 아침, 잠을 자고 있던 그레고르는 뒤숭숭한 꿈자리에서 깨어나자마자 자신이 침대 속에 한 마리 흉측한 벌레로 변해 있는 것을 발견했다. 각질로 된 갑옷처럼 딱딱한 등을 밑으로 하고 위를 쳐다보며 누워 있던 그가……" 이 부분이 마르케스에게 결정적 영감을 주어 카프카의 한 점 '불꽃'이 마르케스를 통해 '마술적 리얼리즘'이라는 '큰불'로 발전하게 된 것이다.

영감은 천부적인 자질이나 재능과는 관계가 없다. 영감은 작가의 사상이 숙성되는 과정으로서 잠재의식 속에서 싹을 틔운다. 대부분의 경우 작가들은 경험이 풍부한 광부처럼 어느 곳을 파야 할지 알고 있다. 내 문학의 광산은 유년시절과 고향이다. 이른바 고향이라는 것은 내가 태어난 마을과 소도시에 다름 아니다. 고향과 관련하여 구체적으로 언급할 만한 것을 들라고 하면 나는 별로 할 말이 없다. 굳이 거론하자면 약 백년 전의 좌익작가인 예즈葉紫와 《폭풍취우暴风骤雨》의 작가로 잘 알려진 저우리보周立波 그리고 그보다 훨씬 이른 시기의 인물로 증국번曾國藩, 이홍장李鴻章, 좌종당左宗棠과 더불어 이른바 '사대명신'으로 불렸던 호임익胡林翼 등을 들 수 있는 정도다. 하지만 이런 인물들은 내 글쓰기와 아무 관련도 없다. 아무런 도움도 받을 수 없는 극단의 곤경도 일종의 비료가 될 수 있다면, 나는 그런 자양으로 작가가 되었다고 할 수 있다. 가난하고 낙후된 곳에서 태어나 민중의 삶이 막막한 잿빛 바탕에서 글을 써야만 하는 운명이라 펜을 들면 고향의 인물들이 자연스럽게 종이 위에 뛰어오른다. 다시 말해서 글을 쓰기 전에 이미 감성적 태도가 형성되는 것이다. 이런 태도는 영원히 초월할 수도 없고 벗어날 수도 없을 것 같다.

유년의 인상 속에 남은 기이한 인물들이 상상력을 자극하기도 한다. 예컨대 거리에서 노래를 부르던 아름다운 외모의 여성 정신병자나 성격이 괴팍한 마을의 절름발이, 갑자기 미쳐버린 새색시…… 같은 사람들은 도대체 어떤 일을 겪었고 어떻게 살았으며 무슨 생각을 했었는지 나는 자세히 알지 못한다. 그저 부분적인 사실의 편린들을 알고 있을 뿐이지만 굳이 흐릿한 부분들을 검증하지는 않는다. 대신 추측과 허구로 이처럼 흐릿한 영역을 처리하고, 상상력으로 사실을 구성하는 것은 가장 재미있는 일일 것이다. 나는 거의 매번 고향에 갈 때마다 고향 사람들의 수다와 한담 속에서 내 문학작품의 인물과 사건을 얻는다. 예컨대 장편소설 《베이메이北妹》의 인연도, 언젠가 고향에 내려갔을 때 고향 사람들의 한담 속에서 키가 작지만 섹시하고 풍만한 몸매를 가진 한 아가씨에 관한 이야기를 들으면서 시작된 것이다. 이 아가씨는 마을을 휘젓고 다니다가 나중에는 형부와 잠자리를 같이하면서 문제를 일으켜 마을을 떠나고 말았다. 이 이야기를 듣고 나는 특별한 자극을 받았고, 섹시하고 육감적인 한 여자가 도처로 굴러다니는 모습을 상상하기 시작했다. 신선하면서도 맵고 뜨거운 그녀가 어떤 동물들을 만나고 자신의 입을 물어뜯고 자신을 먹으려 덤벼드는 동물들을 어떻게 대처하는지 상상했다. 그리하여 나는 그녀를 계속 굴러다니게 했다. 시골 마을에서 현성縣城으로, 현성에서 다시 현대화된 대도시로, 이 직업에서 또 다른 직업으로, 한 남자에게서 또 다른 남자에게로 계속 굴러다니게 했다. 그리고 나도 카메라를 메고 그녀를 따라 함께 굴러다녔다. 때문에 《베이메이》에는 특별한 글쓰기의 기교도 없고 이야기의 틀도 없다. 그저 육감적인 한 여자가 계속 길 위를 굴러다니는 것뿐이다. 나는 한 번도 이런 아가씨들을 인터뷰하겠다는 생각을 가져보지 않았다. 나는 나의 상상력이 그녀들의 대답보다 훨씬 더 풍부하고 복잡하며, 더 진실할 것이라고 믿었다. 나는 그녀들의 생활의 부분, 그녀들의 일상, 신문에 보도되거나 내 귓가에서 일어난 그녀들의 사건을 실제로 목격했다. 하지만 내 상상 속에서는 그보다 훨씬 더 많은 일이 발생할 수 있었다.

2008년, 나는 《죽음의 푸가^{死亡賦格}》를 쓰기 시작했다. 이 소설에서는 남자 주인공이 어느 수역에서 실종된다. 이 일망무제한 호수는 다름 아닌 둥팅후^{洞庭湖}다. 나는 둥팅후의 아름다움과 험악함을 쓰고 싶었지만 내가 둥팅후를 본 것은 열 살 전후의 일로 딱 한 번이었다. 누렇고 탁한 물과 풍랑과 말고는 별다른 인상이 없었다. 어떤 사람은 내게 먼저 둥팅후에 가서 두루 살펴보면서 현지답사를 해보라고 권했지만 나는 별로 흥미가 없었다. 첫째는 실제 풍경이 나의 상상력을 제약할 것이 걱정되었기 때문이고, 둘째는 거대한 모험은 완전히 마음속에서 나올 수 있는 것인 만큼 굳이 팔백 리나 되는 둥팅후의 실제 풍경을 살펴볼 필요 없이, 내 머릿속의 아름다움과 폭풍이 실제 풍경을 능가한다고 판단했기 때문이다. 하지만 상상력 또한 그 어떤 인상에 기초한다는 것 또한 의심의 여지가 없는 사실이다. 나는 기억 속에서 유년시절의 둥팅후에 대한 짧은 인상을 확대했고 둥팅후의 누렇고 혼탁한 물과 풍랑을 확대했다. 수십 년 전에 한 번 보았던 것이 여전히 아주 중요한 역할을 하고 있는 셈이었다.

어렸을 때의 사물에 대한 인상과 인지는 정말 놀랍다. 예컨대 어렸을 때는 작은 강이 더없이 넓어 보였고, 강 건너편 가옥들의 형체는 아득히 멀게만 느껴졌었다. 동네 가게로 가는 수백 미터의 길은 닿기 어려울 정도로 멀기만 했다……. 때문에 유년시절로 돌아가는 것만으로도 자동적으로 생소화^{生疎化}라는 문학적 효과를 얻을 수 있었다. 유년시절은 영원히 다 캐낼 수 없는 '마법의 산'인 동시에 '허무의 산'이다. 나는 자신이 그 산에서 무엇을 파냈고 왜 그들의 이야기를 썼는지, 뭐라고 말했는지 확실히 단정하지 못한다. 어쩌면 그저 마음속의 분노와 억압, 고통을 쏟아낸 것에 불과한지도 모른다. 예컨대 2015년에 출판한 장편소설 《야만의 생장野蠻生長》도 여전히 유년시절의 인상에 기초한 상상의 산물이다. 이 소설에서는 한 가족을 묘사하고 있다. 나무의 가지가 사방으로 확장되면서 뻗어나가는 것처럼 소설의 인물들도 사방으로 뻗어 나가다가, 결국에는 한 무더기 마른 나뭇가지와 시든 잎으로 귀속하고 만다. 이 소설에서 나는 트렁크와 옷장을 전부 뒤집어 털듯이 다시 한 번 유년시절의 기억을 모조리 꺼내놓았다. 그 가운데 하나가 어린 시절 보았던 민간의 설서인說書人(저잣거리를 비롯하여 사람들이 많이 오가는 곳에서 고대 소설이나 설화를 노래를 곁들여 이야기해주고 돈을 받는 사람)에 대한 기억이었다. 설서인이 땅바닥에 앉아 이야기하는 목소리와 언어는 평이하여 이해하기 쉬웠다. 대여섯 살 어린애인 나도 푹 빠져들 수 있을 정도였다. 그래서 나는 토속 사투리를 선택하여, 기존에 사용되고 있어 '가져다 쓰기만 하면 되는' 언어로 이 가족의 이야기를 풀어갔다.

이전에는 글을 쓸 때 소설 자체보다는 어휘와 문구에 더 신경을 썼다. 지나치게 눈에 띄는 언어와 정교한 비유를 추구하면서 이런 것들이 바로 문학적 재능이라고 여겼다. 병적인 상태에 집착했던 것이다. 물론 과거의 서사 언어를 부정하고 싶지는 않다. 단지 지금은 과거의 문제와 지나치게 조탁적인 수사에 싫증이 나서 비교적 간결하고 소박한 글로 전이했을 뿐이다. 13년 동안 글을 쓴 사람으로서 이러한 변화는 인지상정에 크게 거슬리지 않는 일일 것이다.

지금 나는 충만한 열정으로 새로운 이야기를 만들고 있는데, 수백 자밖에 안 되는 뉴스에서 비롯된 이야기다. 하지만 나는 다른 작가들처럼 직접 가서 인터뷰나 현지 조사를 하고 싶지는 않다. 사실 내가 펜을 들고 글을 쓰기 시작하는 순간부터 내 작품은 이 뉴스와 아무런 혈연 관계를 갖지 않기 때문이다. 재미있는 사실은 이 이야기들의 뿌리가 여전히 고향에서 시작되고, 여전히 그 아득하고 흐릿한 기억의 '광산'에서 발원한다는 것이다.

성커이 盛可以　1973년, 후난 출생. 그의 작품은 영어, 독일어, 프랑스어, 러시아어, 일본어, 한국어 등 여러 언어로 번역되었다. 작품은 언어 스타일이 맹렬하고, 발음 테스트에 큰 관심을 가지고 예민하게 관찰하고, 냉혹한 글쓰기로 정평이 나 있다. 뉴욕타임스는 그녀를 '국제 문단에서 서서히 떠오르는 샛별'로, 영국 펭귄출판사에서는 '용감하고 재능 있는 작가'로 평가하였다. 주요 소설 및 소설집으로 《베이메이》, 《도덕송》, 《죽음의 푸가》, 《야만적인 성장》, 《방 하나를 너에게 빌려줄게》 등이 있다.

영감의 나래와 함께
날다

쑤쑤^{素素}

내 개인 경험에 따르면 '영감'을 토론의 주제로 삼는 것은 이번이 처음이고, 영감을 주제로 세 나라 작가들이 함께 토론하는 것은 더더욱 처음 있는 일이다.

언제부터인가 중국의 수많은 작가는 영감이 무엇인지, 영감이 글쓰기에 대해 어떤 의미를 갖는지 잘 알면서도 이에 대한 담론을 피하거나 심지어 최대한 그 의미를 희석하고 축소하는 경향을 보여왔다. 이는 아마도 영감을 중시하는 것이 글쓰기에 들이는 노력을 경시하는 것과 같다는 생각의 소치일 것이다. 바로 이런 이유로 '영감'이라는 단어가 내 앞에 놓이고 이를 찾았던 경험을 말하라고 하니 아무래도 낯선 느낌을 피할 수 없다.

하지만 나는 이 주제가 무척 마음에 든다. 이 주제와 관련하여 나는 두 가지 개인적 심득을 얘기하고 싶다.

첫째는 영감을 애써 찾을 필요가 없다는 것이다. 영감은 우리의 몸속에 숨어 있다. 영감은 하늘을 날고 싶어 안달이 난 비둘기와 같아서 호각 소리가 울리기만 하면 곧장 파란 하늘로 치솟아 오른다. 영감은 우리의 생명 속에 깊이 뿌리를 내리고 있다. 영감은 싹이 트기를 기다리는 씨앗과 같아서 충분한 햇빛과 우로를 내려주기만 하면 곧장 하늘을 찌를 듯한 거목으로 자라난다. 문제의 핵심은 호각 소리를 들어야 하고 햇볕과 단비에 충분히 젖어야 한다는 데에 있다. 영감은 촉매를 필요로 하기 때문이다. 이 모든 것을 얻기 위해서는 자신의 모든 감각 기관을 자유와 개방의 상태에 놓아야 한다. 특히 영혼이 항상 숫처녀의 민감함을 유지하게 하고, 약속한 듯이 찾아오는 영감이 창작에 뜻밖의 기쁨을 가져다줄 수 있게 해야 한다.

한 철학자는 개연성과 동정심이 인류 문명의 발전을 추진하는 두 개의 수레바퀴라고 말한 바 있다. 확실히 예로부터 오늘에 이르기까지 인류의 단계적인 발전은 전부 개연성과 동정심에서 벗어날 수 없다. 동정심은 인류의 가장 기본적인 정감으로서 생명과 생명 사이의 상호 지지라고 할 수 있다. 덕분에 인류는 함께 손을 잡고 앞으로 나아가 오늘에 이를 수 있었던 것이다. 개연성에는 불확실성과 가능성의 의미가 포함되어 있고 회의와 미혹의 의미도 담겨 있다. 이러한 의심을 동반한 개연성과 회의 정신이 영감이라는 방식으로 창조의 계기를 제공하는 것이다. 바로 이 영감 때문에 무수한 기적과 신화가 탄생될 수 있었다. 예컨대 이 세상에 강과 바다가 있기 때문에 각양각색의 다리와 배가 생겨날 수 있었고, 길고 긴 길들이 있기 때문에 다양한 형태의 자동차와 비행기가 탄생했으며, 이 지구가 너무나 크고 멀기 때문에 인터넷이 생겨난 것이다.

물론 인류 문명의 진보에만 영감이 필요한 것이 아니다. 예술 창작은 더 많은 영감을 필요로 한다. 예컨대 이 세상에 아름다운 바람 소리와 새들의 지저귐이 있었기 때문에 음악이 생겨났고, 사랑과 향수가 있었기 때문에 문학이 있게 되었다. 뿐만 아니라 일반 서민의 일상 생활에도 영감의 불꽃이 필요하다. 예컨대 일반 가정주부가 야채 시장에서 감자와 마늘종, 토마토를 보는 순간 이미 영감이 그녀의 정교한 손을 지배하여 가족에게 풍성한 저녁 식사를 준비하게 하는 것이다.

요컨대 영감은 가장 일반적인 생명 현상이라고 할 수 있다. 이 세상 모든 사람이 영감의 담지체인 동시에 발생 기관인 것이다. 하지만 작가에게는 영감이 더 없이 중요하다. 한 작가가 원초적인 창작 능력을 갖추고 있는지를 판단하려면 그가 소리와 맛, 감촉과 마음의 움직임에 대한 느낌을 어떻게 사용하고 어떻게 이를 통해 세상의 모든 사건과 사물을 대하는지, 그리고 이들에 대해 어떤 슬픔과 연민의 감정을 갖는지를 살펴보면 된다.

오늘날 이 소란스럽고 불안한 시대에 작가의 감각은 늘 각종 유혹의 대상이 되고, 작가의 의지 또한 갖가지 곤혹스런 도전을 받고 있으며, 작가에게 가장 중요한 영감의 세포도 필연적으로 정도를 달리하여 마모와 손상을 당하고 있다는 사실을 인정하지 않을 수 없다. 예컨대 어떤 사람은 중국의 국산 텔레비전 프로그램과 드라마 극본, 소설의 90퍼센트 이상이 모방과 표절의 혐의가 있다고 단언한다. 대중을 현혹시키는 낭설로 들릴지도 모르지만 이 말은 반박의 여지가 없는 분명한 사실이다. 나는 작가로서 가장 큰 슬픔은 원초적 창작 능력의 상실이라고 생각한다.

아인슈타인은 상상력이 지식보다 중요하다고 말한 바 있다. 작가의 원초적 창작 능력은 상상력에 의해 결정되고 상상력은 새싹처럼 여린 영감에서 비롯된다. 작가가 영감을 잃는다면 남의 글을 베끼는 수밖에 없을 것이다. 바로 이런 이유 때문에 나는 문학 창작의 영감을 찾는 첫 번째 길이 바로 창작의 주체에게 도움을 구하는 것이라고 생각한다. 작가 자신이 모든 생명 감각을 영원히 순정하고 신선한 상태로 유지해야만 창작의 영감이 끊임없이 솟아나올 수 있을 것이다.

둘째는 영감이 결코 쉽게 얻어지는 것이 아니라는 점이다. 작가의 영기靈氣, 즉 정신은 천부적인 것이다. 영기는 햇빛과 공기, 물처럼 작가의 생리적 기초이자 생명의 원천이 된다. 한편 작가들의 영감에는 후천적인 요소가 첨가된다. 영기와 감각 사이에는 물과 풀이 아름답고 풍성한 처녀지가 존재한다. 다름 아니라 몸 밖에 있는 현실 혹은 역사다. 요컨대 영감에는 두 개의 원산지가 있다고 할 수 있다. 하나는 생명이고, 다른 하나는 삶의 현장이다. 삶이 영기와 감각을 하나의 완전한 단어로 결합시켜준다. 작가와 삶이 근거리에서 서로를 응시하고 호응하는 가운데 훌륭한 작품이 탄생되는 것이다.

중국에는 매우 익숙하지만 정확하다고는 할 수 없는 속담이 한 가지 있다. 성공은 99퍼센트의 땀과 1퍼센트의 천재성으로 이루어진다는 말이다. 땀을 흘려 노력한다고 해서 반드시 영감을 얻을 수 있는 것은 아니지만, 영감은 반드시 땀을 흘리는 노력으로만 얻을 수 있다. 한 전문가는 영감은 의문에서 깨달음으로 전환되는 일종의 특수한 심리 상태라고 말한 바 있다. 사실은 이러한 전환과정이 바로 땀 흘리는 노력의 과정이다. 다시 말해서 영감은 외부에서 찾아야 하고 찾는 방향과 공간은 다차원적이라고 할 수 있다. 사회도 영감이 존재하는 공간이 될 수 있고 자연과 인간의 영혼도 영감의 소재가 될 수 있는 것이다.

1990년대에 중국의 수많은 작가가 서부 지역을 향해 갔고, 또한 적지 않은 작가가 폐허와 역사 유적을 찾아 발길을 향했다. 그때 나는 지금 내가 살고 있는 동북東北 지역으로 눈길을 돌렸고, 1996년 봄에 나는 자신을 향해 도전장을 내밀었다. 여성의 감각으로 웅성雄性의 동북 지역을 그리려는 것이었다. 나는 석 달 정도 우선 역사 자료 속에 깊이 파묻혔다. 사실 독서는 영감을 찾는 좋은 방법이었다. 나는 이를 '앉아서 책 읽기'라고 명명했다. 이어서 나는 거대한 동북 지역을 반년 동안이나 돌아다녔다. 돌아다니는 것 역시 영감을 찾는 방법이었다. 나는 이를 '걸으면서 책 읽기'라고 명명했다. 이런 책 읽기와 돌아다니기가 내게 끊이지 않는 창작의 열정을 제공해주었다. 물론 나는 역사학자처럼 구석구석 샅샅이 살피는 것이 아니라 내게 가장 많은 영감을 주는 주제들을 선택했다. 내 눈에는 세 가지 주제가 동북 지역의 가장 알찬 부분들이었다.

첫째는 동북의 토착사土著史이다. 이 땅에서는 강인한 기마 민족이 무수히 배출되었다. 그들은 천성적으로 싸움을 좋아하고 욕망이 끝이 없었다. 때문에 동북 지역은 늘 통제가 되지 않는 역동적인 지역이었다. 나는 매번 기마 병력이 동북 지방을 떠나 중원에 입성할 때마다 지역 정치가 단번에 국가 정치로 격상되고 주변 문화가 주류 문화로 전환되었던 사실에 주목했다. 물론 기마 병력은 예외 없이 중원의 함정에 빠져 몰락했다. 이는 어쩌면 일종의 숙명인지도 모른다. 말을 타고 활을 쏘는 자들은 그 비장함을 동북의 하늘에 새겼다. 이러한 양성의 동북 토착 문화를 마주하여 내게는 할 얘기가 너무나 많다.

둘째는 동북의 풍속사^{風俗史}다. 토착과 이민, 식민이 한데 뒤섞여 독특한 동북 문화와 동북의 풍정^{風情}을 형성했다. 토착민은 화장^{火墻}(난방을 위해 벽 속에 화도^{火道}를 설치한 벽)과 구들을 발명했고, 식민자들은 도금 열풍을 가져왔으며, 이민자들은 줄곧 연화락^{蓮花落}(몇몇 사람이 간단히 분장하고 대나무 판을 치면서 노래하는 민간 예술)을 노래하면서 산하이관^{山海關} 동쪽으로 들어왔다. 이들은 나중에 고향의 음악을 토대로 이인전^{二人轉}(판후^{板胡}나 수어나^{嗩吶}로 반주하면서 두 사람이 춤추며 노래를 주고받는 민간 예술)과 앙가^{秧歌}(중국 북방의 농촌 지역에서 널리 유행하는 민간 가무의 일종으로 징이나 북으로 반주를 한다. 일부 지역에서는 일정한 줄거리를 연출하기도 한다)를 창조해냈다. ……벌목 문화와 인삼 문화, 비적 문화, 빙설 문화, 외래 문화 등이 한데 어우러져 동북 지역을 이 언 땅 위의 유일무이한 문화로 자리 잡게 했다. 그 문화적 재야성^{在野性}은 쉽게 식별할 수 있을 뿐만 아니라 모방이 불가능하다. 이러한 온도를 지닌 원향^{原鄉}의 기억을 마주하여 내게는 할 얘기가 너무나 많다.

셋째는 동북 산천사^{山川史}다. 동북은 우선 지역적 개념이다. 동북 지역은 동북아의 핵심적 위치에 자리 잡고 있다. 창바이산^{長白山}과 헤이룽장^{黑龍江}, 산장^{三江} 평원, 드넓은 삼림과 갈대의 바다, 습지와 거대한 황무지 등이 거대한 기세로 나를 향해 덮쳐오면 나는 동북의 거대함과 풍부함에 몸을 떤다. 하지만 이 오랜 푸르름이 점점 빛을 잃고 끝이 보이지 않던 유전과 탄광이 고갈되어 갈 때, 나는 깊은 슬픔에 잠긴다. 그리고 이처럼 망망한 황야와 삼림을 마주하여 내게는 할 얘기가 너무나 많다.

거대한 동북 지역과 문화의 독특함이 내게 드넓은 영감이 질주할 수 있는 공간을 제공했고 덕분에 장편 산문《혼잣말로 동북을 말하다^{獨語東北}》를 써냈으며, 이 작품으로 제3회 루쉰문학상을 수상했다. 나는 모든 것을 나 자신이 자발적으로 찾아 나섰기 때문이라고 생각한다. 그래서 그 가릴 수 없는 역사의 기억과 삶의 활력이 내게 이처럼 사심 없고 풍부한 보답을 준 것이다.

중국의 산문계에서 가장 유행하는 단어가 '현장주의^{現場主義}'이다. 이른바 '현장'이란 영감이 감지되거나 점화될 수 있는 현장을 말한다. 내게는 거대한 동북 지역이 바로 영감을 자극하고 영감을 포착할 수 있는 현장이었다. 나의 감각 기관이 아무리 민감하고 발달되어 있다 하더라도, 내가 동북이라는 이 유일무이한 현장에 있지 않았다면 나의 영감과 상상력도 극치에 이르지 못했을 것이다.

옛 사람들은 "뭔가를 얻는 것은 한 순간이지만 그것이 쌓이는 것은 평소의 긴 시간이다."라고 말한 바 있다. 사실 모든 창작은 현장에서 비롯된다. 몇 해 전에 나는 호주의 시드니에 갔다가 한 가지 얘기를 들었다. 시드니 오페라 하우스를 설계한 사람은 덴마크의 건축가였다. 그는 시드니 오페라 하우스를 위해 무수히 그린 설계도를 전부 찢어 던져버렸다. 시종 마음에 드는 것이 없었기 때문이다. 그러던 어느 날 아침, 호텔에서 아침 식사를 하다가 잘라놓은 귤 조각을 보고는 갑자기 꽉 막혔던 생각이 뚫리게 되었다. 이리하여 귤 조각의 꽃봉오리 같기도 하고 돛단배 같기도 한 우아한 곡선이 시드니 오페라 하우스의 고전적인 외형의 조형을 이루게 되었다. 영감의 도래는 이처럼 신비하고 예측이 불가능하다. 사라지는 것도 감쪽같다.

하지만 현장에 있고 영감이 도래했다 하더라도 반드시 궁극적인 목표를 이룰 수 있는 것은 아니다. 실제로 영감은 그저 직감 사유의 결과물일 뿐이라 영감을 얻은 뒤에는 이성 사유를 향해 나아가 직감과 이성이 유기적으로 결합하여 미묘한 승화와 초월을 이룰 수 있어야 한다. 그래야만 문학이 마땅히 도달해야 할 경지에 이를 수 있는 것이다. 이탈리아 여성 작가 오리아나 팔라치는 작가는 반드시 사상을 제공할 수 있어야 한다고 말한다. 사상을 제공하지 못하는 작가들은 문학계의 울타리 안에 무수히 존재한다. 하지만 이들의 작품은 독자의 주목을 받지 못할 뿐만 아니라 문학적인 인정도 받지 못한다.

이 세상에 작가는 헤아릴 수없이 많고 작품도 소털처럼 많다. 대大 작가와 소小 작가의 구별이 있고, 불후의 작품과 금세 사라져버리는 작품의 구별이 있다는 것은 영감에도 여러 단계와 차원이 있다는 것을 의미한다. 영감의 차원성은 작가의 천부적 상상력에 의해 결정되기도 하고, 삶에 대한 작가의 인지력에 의해 결정되기도 한다.

쑤쑤 素素 1955년, 랴오닝 출생. 랴오닝성 작가협회 부주석, 다롄시 작가협회 주석, 다롄시 문학예술계연합회 부주석, 《다롄일보》 편집자, 다롄대학 인문학원 및 다롄공업대학 외국어학원 객원 교수. 주요 산문집으로 《부처님의 눈》, 《홀로 둥베이를 말하다》, 《영원한 관둥》, 《흔들리는 빛, 부서지는 그림자》, 《뤼순의 옛 이야기》 등이 있다. 전국산문대회에서 대상, 빙신冰心 산문상, 루쉰 문학상 산문상, 중국여성문학상, 제9회 골드 애플 문학예술부문 공로상 등을 수상했다.

소설의 영감과
완성

아이^{阿乙}

'문학 창작의 영감을 어떻게 찾을 것인가' 하는 주제는 하나의 도전이 아닐 수 없다. 나는 이 문제를 깊이 있게 생각해본 적이 거의 없다. 내가 아직 철이 덜 들어 영감을 자연스런 현상으로 생각한 것인지도 모른다. 나는 영감을 얻는다는 것이 그리 어려운 일이라고 생각해본 적이 없다. 내게는 자신만의 관심 분야가 있어서 일상 생활이나 독서의 과정에서 어떤 사물이 이러한 관심 분야에 접촉하면 자연스럽게 영감이 떠올랐다. 예컨대 《미국의 8대 조작 및 오심 사건》(스탠리 커틀러 저, 류모^{刘某} 역, 1997)을 읽으면서 17쪽에 나오는 한 대목이 내게 커다란 자극을 주었다. 이는 전형적인 관료주의적 양다리 걸치기로서, 1946년 미국 사법부 국가안전국 국장으로 있던 엘리프에 관한 얘기다. 그는 2차 세계대전 기간에 도쿄 라디오 방송국에서 근무했던 미국 국적의 일본계 아가씨의 기소 여부를 결정하면서 이런 의견을 제시했다. "기존 문서와 증인 대부분의 증언에 따르면 그녀의 방송 활동은 무고한 것으로서 적을 돕거나 비호한 행위로 볼 수 없다. 하지만 새로운 상황이 발생하면 다시 심의할 수 있다." 새로운 상황이 발생하면 다시 심의할 수 있다는 이 마지막 한 마디가 안전하고 확실하며 능란한 그의 위인과 처세를 잘 말해주고 있다. 한 마디로 말해서 그는 양다리를 걸치고 있는 것이다. 나는 이를 계기로 과거의 한 동료를 생각하게 되었다. 그는 평생 단정적인 표현을 쓴 적이 한 번도 없다. 하루 종일 하는 말들이 전부 '아마도' '혹은' '어쩌면' '만약' '물론' '그러나' 같은 어휘들 사이를 맴돌았다. 그 누구에게도 미움을 사지 않으려는 전략이다. 나는 그가 어휘에 온몸이 묶인 사람으로서, 지나치게 소심하고 신중한 데다 처세의 지혜에 통달해 있다고 생각했다. 그의 이런 태도는 얼마든지 범죄 행위의 공범이 될 수도 있지만, 선량한 사람들과 더불어 좋은 일에 참여할 수도 있을 것이다. 하지만 본질적으로 말하자면 선을 행하는 것이든 악을 행하든 것이든 둘 다 그의 목적이 아니다. 그는 그저 일찌감치 퇴로를 만들어놓으려는 것뿐이다. 정반대의 쌍방에 각각 한 표씩 던지는 셈이다. 아마 나는 이런 사람을 소재로 작품을 쓰게 될지도 모른다. 나도 어느 정도는 이런 사람에 속하기 때문이다. 우리는 모두 많든 적든 이런 성향을 지니고 있다.

오늘 여기서 이렇게 강연을 하고 있지만 나는 어려서부터 강연을 두려워했다. 모두들 보고 계시겠지만 지금 나는 얼굴이 빨개져 있고, 감히 여러분들을 똑바로 쳐다보지도 못하고 있다. 게다가 말까지 더듬고 있다. 이는 일종의 대인공포증이다. 어렸을 때도 나는 무대에 오르는 것을 가급적 피했고, 심지어 남들 앞에 나서기가 두려워 상을 받는 것마저 거부한 적도 있다. 댄스홀에서 사람들에게 이끌려 홀 한가운데로 나가 환한 불빛 아래서 춤추는 것도 두려웠다.

때문에 지금까지 친구들에 이끌려 댄스홀에 간 적이 열 번을 넘지 않는다. 한번은 디스코 클럽에 간 적이 있었다. 모두들 신나게 놀았지만 나는 혼자 손전등에 비춰진 청개구리처럼 멍하니 앉아 있었다. 어느 날 나는 이 또한 영감이라는 생각을 갖게 되었다. 문학에는 반드시 나 같은 사람이 존재해야 한다는 생각을 하게 된 것이다. 그리하여 나는 단편소설을 한 편 완성했다. 그 소설에는 이런 구절이 있다.

"모두들 돌아가세요. 강좌가 취소되었습니다." 강의장에서 온 아줌마가 말했다.
  강연을 준비하느라 심신이 지쳐 있던 뤼^r 선생은 금세 편안한 표정이었다. 꽁꽁 얼어붙었던 피가 다시 소생하고 몸에서는 열기가 솟아 나왔다. 형장으로 끌려간 도스토옙스키가 사병들의 거총 직전에 차르 황제의 특별사면령을 받은 것 같았다. 하지만 이와 거의 동시에 치욕에 따른 분노가 솟아올랐다. 어쩌면 못난 사람들이 위기에서 벗어난 뒤에 더 쉽게 내게 되는 용기인지도 몰랐다. 그가 더듬거리며 물었다. "그럼 내게 오라고 통지한 이유가 뭐요? 연구원들에게 시간이 얼마나 소중한지 알기나 하는 거요? 당신들이 무슨 짓을 했는지 아느냐 말이오?"

  누가 한 말인지 기억이 나진 않지만 세상에 글로 써내지 못할 일은 없다는 말이 있다. 영감은 이처럼 많아서 때로는 이에 대응하기가 쉽지 않다. 당나귀가 두 개의 건초 더미 사이에서 어떤 것을 선택해야 할지 몰라 초조하고 불안한 모습을 보이는 것과 같다. 또 다른 사람이 했던 말이 기억난다. 어쩌면 중국 작가로서 이 자리에 있는 분일지도 모른다. 대체로 영감의 상실을 두려워하지 말라는 취지의 말이었다. 쉽게 잃어버리는 것은 영감이라고 할 수 없고 몇 달이 지나, 심지어 몇 년이 지나서도 굳세게 우리의 뇌를 맴도는 것이 있다면, 그런 것이야말로 글로 써내지 않으면 안 되는 숙명적 주제라는 것이다. 나는 이러한 견해에 전적으로 공감하고 찬동한다. 대부분의 영감은 빨리 왔다가 또 빨리 사라지지만, 그 가운데 한두 가지는 무서운 짐승처럼 우리의 뱃속에서 몰래 자라나 참을 수 없을 정도로 우리를 괴롭히게 된다. 올해에 출판된 내 소설《그 다음에는, 뭘 해야 하지?》는 2006년 봄에 읽었던 간단한 뉴스 보도에서 비롯되었다. 한 남자아이가 여자아이를 살해한 사건이었다. 나는 이 사건 역시 무수한 흉악범죄 사건 가운데 하나로 그다지 보기 드문 일은 아니라고 생각했다. 그러나 일고여덟 달이 지나면서 나는 마음속으로 남자아이의 어머니와 여자아이의 어머니, 검사와 변호사, 이웃과 학교친구들 등의 인물들을 창조해내게 되었다. 당사자의 대인 관계도 선명하게 짜여졌다. 심지어 나 자신이 그들을 잘 알고 있다는 느낌이 들었다. 2007년 설에는 고향에 내려가지 않고 베이징에 남아 열흘 내내 글쓰기에 몰두했다. 이어서 5·1 노동절과 국경절의 장기 휴가 기간에도 계속 써내려갔지만 다 완성하지 못했다. 글쓰기의 시간이 일관되지 못하다 보니 시종 열정을 유지하기가 어려웠고, 결국 이 일은 잠시 접어두게 되었다. 그러다가 2010년 여름, 나는 또다시 이 일을 생각해냈다. 며칠 동안 슬픔과 분노에 잠겨 있었다. 이는 가난한 사람들이 경제적인 문제로 아이를 낳지 못하는 것 같은 답답함이었다. 이에 나는 다시 작품을 써내기로 뜻을 세웠고, 매주

주말에 글쓰기에 몰입하여 마침내 그 해 마지막 날에 작품을 완성할 수 있었다. 최종 원고 분량은 6만 자가 채 되지 않았다. 글을 쓰는 내 친구 하나는 장편소설 한 편을 탈고할 때마다 한 바탕 대성통곡을 한다고 한다. 나도 이 작품을 완성한 날 창문 앞으로 다가가 한바탕 울려고 시도해보았으나 눈언저리가 너무나 건조했다. 하지만 그 순간 나는 더 할 수 없는 부자였다. 그 순간에는 누군가 내게 왕의 자리를 물려준다 해도 받아들이지 않을 것 같았다. 한 동안의 시간이 흐르면서 내 몸에서 창조의 신광神光이 사라졌고 작품에 대해 일련의 부정적인 평가를 받게 되었다. 몹시 낙담했다. 나중에는 부정적인 평가가 갈수록 많아졌고 나 자신도 그 소설이 별로 좋은 작품이 아니라고 느끼게 되었다. 내게는 완벽주의자의 성향이 있어서 항상 자신의 작품이 충분히 훌륭하지 않다고 생각했다. 어쩌면 이는 어려서 아버지한테 너무 많이 얻어맞다보니 자신이 하는 일은 모두 아버지를 만족시키지 못한다는 강박관념의 결과인지도 모른다. 이는 병적인 심리 상태임에 틀림이 없다. 나는 종종 글을 쓰기 전에 이번 작품은 대작이 될 것이라는 생각을 하지만, 일단 완성된 뒤에는 오히려 중학생들 작문만도 못하다는 느낌이 들곤 한다.

나는 내 모든 작품의 결점을 잘 알고 있다.

글을 쓸 때, 영감은 모든 것의 시작으로서 누에알만 한 흑점에 불과하다. 하지만 작품이 완성될 때쯤 되면 이 흑점은 반드시 밀폐된 자기만족과 합리성 및 합법성을 지닌 거대한 세계가 되어야 한다. 영감을 찾는 것은 쉽지만 이를 완성하는 것은 어렵다. 영감은 근대 10종 경기가 모든 참가 선수를 시험하는 것처럼, 작가가 글쓰기의 모든 영역에서 고른 능력을 발휘할 것을 요구한다.《소설 감상小说鉴赏》

이라는 책에서는 소설의 세 가지 기본 요소가 플롯과 인물, 주제라고 가르치고 있다. 하지만 나는 여기에 구성과 언어, 시각, 태도, 상상력, 감정, 운명 등이 추가되어야 한다고 생각한다. 이러한 요소들은 더 세분할 수도 있다. 예컨대 플롯의 설정에 있어서 청대의 김성탄金聖嘆은 《수호지水滸傳》의 창작 기법을 협서법夾敍法과 초사회선법草蛇灰線法, 대락묵법大落墨法, 금침니자법錦針泥刺法, 배면보분법背面輔粉法, 농인법弄引法, 달미법獺尾法, 대범법正犯法, 약범법略犯法, 극부성법極不省法, 극성법極省法, 욕합고종법欲合故縱法, 횡운단산법橫雲斷山法, 난교속현법鸞膠續弦法 등 열네 가지로 정리했다. 나로서는 이런 기법들에 대해 어떤 해석도 내리지 못한다. 그저 한두 가지만 대략적으로 이해하고 있을 뿐이다. 2004년부터 지금까지 나는 줄곧 글쓰기의 독학생으로서 혼자서 조금씩 배우고 연습했다. 나는 경찰학교를 졸업했지만 선생님이나 동료에게서 가르침을 받은 적이 없다. 모든 훈련을 스스로의 모색에 의존해야 했다. 심지어 그 가운데 언어에 대한 요구는 《뉴스 보도와 글쓰기》(미국 멜빈 맨처 저, 잔장展江 등 옮김)라는 책을 통해 배웠다. 이 책에서는 뉴스 용어가 정확하고 간결해야 한다고 설명하고 있다. 우리가 들어서 알고 있는 바와 같이 한 글자로 표현할 수 있는 것은 절대로 두 글자로 쓰지 말아야 한다. 한 동안 나는 미니멀리즘의 의미가 어휘 사용에서의 인색함을 추구하는 것이라고 이해했다. 그래서 글을 쓸 때마다 열 번 넘게 수정하곤 했다. 하지만 이런 작업은 그저 '일찍이'란 의미의 '증경曾經'을 같은 의미의 '증曾'으로, '안 된다면'이라는 의미의 '여과불능如果不能'을 그냥 '여불능如不能'으로 간단히 수정하는 것에 지나지 않았다. 지금까지도 나는 미니멀리즘이 무슨 뜻인지 잘 모른다. 또한 이 책에서는 기자들에게 동사를 많이 쓸 것을 요구하고 있다. 일반 독자들이 글에서 보다 많은 동작을 볼 수 있기를 바라기 때문이라고 한다. 이는 내게도 하나의 철칙으로 자리를 잡았었다. 최근에야 나는 아라이^{阿來}나 차이춘야^{柴春芽}, 뤄이쥔^{駱以軍} 같은 작가들의 작품을 통해 동사를 잘 구사하는 것이 결코 빛나는 일이 아니고, 진정으로 작가의 능력을 시험할 수 있는 최종적인 항목은 오히려 명사라는 사실을 알게 되었다. 명사야말로 세상에 대한 열애와 점유의 정도를 의미하기 때문이다. 하지만 이 부분에서 나는 커다란 결핍을 경험하고 있다. 내가 아는 나무는 그냥 나무이고 풀은 그냥 풀이며 새는 그냥 새일 뿐이다. 이런 사물들을 구체적으로 어떻게 불러야 하는지, 독수리는 몇 가지 종류가 있고 유채꽃은 어느 달에 만개하는지 등을 전혀 알지 못하는 것이다.

《뉴스 보도와 글쓰기》라는 책은 내게 또 하나의 기본 원칙을 말해주고 있다. 글을 쓰기 전에 반드시 자신에게 무엇을 쓰려고 하는지 물어보라는 것이다. 이 말은 쓸데없는 말이긴 하지만 대단히 유용하다. 글을 쓰면서도 자신이 뭘 쓰는지 모를 때가 많기 때문이다. 나중에는 글을 쓰기 전에 한 마디 명제를 설정하게 되었다. 이 명제가 작품 전체의 임무를 개괄하는 것이다. 예컨대 《그 다음에는, 뭘 해야 하지?》를 쓸 때의 명제는 "경찰과 완전범죄 게임을 하기 위해 한 젊은이가 자신의 동창생을 죽인다."였다.

중국의 시나리오 작가인 루웨이^{蘆葦}는 《패왕별희》라는 작품을 쓴 바 있다. 그는 한 매체와 인터뷰에서 이 작품을 쓰기 위해 사전에 수많은 경극 작품을 연구하고 수많은 전문가를 찾아가 자문을 구했으며, 마침내 작품을 쓰기로 결정한 다음에는 또 라오서^{老舍}의 희곡 《찻집^{茶館}》을 읽음으로써 베이징 방언을 사용한 대화체의 느낌을 체득했다고 밝혔다. 그의 이런 설명은 내게도 커다란 자극으로 다가왔다. 범죄사건을 소재로 한 소설을 즐겨 쓰다 보니, 나는 항상 '형법'과 '형사소송법'을 반복적으로 읽곤 한다. 첫째는 글을 쓰는 과정에서 범할 수 있는 상식의 오류를 범하지 않기 위해서이고, 둘째는 언어 감각을 단련하기 위해서다. 한때 나는 법률 언어가 가장 아름다워 한 자만 더해도 허튼 소리가 되고, 한 자만 모자라도 큰 결점이 생긴다고 생각했다. 금년에 중국의 형사소송법 조항을 수정하기 위한 토론이 있었다. 그 가운데 한 조항의 원문은 "피해자와 범죄혐의자의 부분적인 특정과 상해 정황, 생리 상태 등을 확정하기 위해 인신에 대해 검사를 진행할 수 있고 지문이나 혈액, 소변 등 생물학적 표본을 채집할 수 있다."였다. 처음 이 조문을 읽었을 때는 잘못된 부분은 없지만 왠지 정확하지 못한 것 같다는 느낌이 들었다. 나중에 이 조문은 "지문 정보와 혈액, 소변 등 생물학적 표본을 채집할 수 있다."로 수정되었다. 이러한 수정의 장점은 '우둔한 사람이 칼로 남의 지문을 벗겨내는 것'을 예방할 수 있다는 것이다. 하지만 요즘 나는 법률 언어가 정교하고 정확하기는 하지만 너무 생경하고 건조하다는 생각을 갖게 되었다. 이에 나는 두세 달의 시간을 투자해서 시를 읽기 시작했다. 시는 정말 훌륭하고 대담했다. 예컨대 스마오성施茂盛이 새의 움직임에 관해 쓴 시에는 '푸른 제방을 이용하여 산책한다用綠堤散步'는 구절이 있다. 여기서 '이용用'이라는 시어가 너무나 훌륭하게 느껴졌다. 또한 타이완의 한 시인은 '대로가 도시로부터 미친 듯이 달려온다大路從城市狂奔而來'는 표현을 썼다. 대단히 거칠고 대담한 사유지만 더없이 적합했다. 물론 소설은 이러한 언어로 쓸 수가 없다. 하지만 시의 정보를 받아들이는 것이 어감을 단련하는

데 큰 도움이 된다. 내가 방금 예로 든 두 시구는 기교적인 느낌이 두드러지지만, 대부분의 시어는 언어와 영혼의 긴밀한 결합을 실현하고 있어 시어를 읽는 것이 시인의 영혼을 보는 것과 같다.

예전에 나는 소설을 쓸 때 대화의 처리가 무척 서툴렀고 현실 생활에서처럼 쓸데없는 말이 가득했다. 나중에 이런 결점을 해결해줄 수 있는 스승을 찾았다. 다름 아닌 헤밍웨이였다. 그의 단편소설 〈프랜시스 매콤버의 짧고 행복한 생애〉는 이런 이야기를 담고 있다. 미국인 매콤버가 아내를 데리고 사냥을 나가면서 백인 직업 사냥꾼 윌슨을 경호원으로 고용한다. 한번은 사자 사냥을 나갔다가 매콤버가 중요한 순간에 겁을 먹고 도망치자, 그의 아내는 남편의 나약함에 분노하여 용감한 윌슨과 사랑을 나누게 된다. 두 번째 사냥에서는 매콤버가 마음을 독하게 먹고 자신의 용감함을 증명하기로 결심한다. 그는 부상당한 들소를 끝까지 추격할 뿐만 아니라 목숨이 위태로운 순간에도 도망치지 않았지만 아내가 잘못 쏜 총에 맞아 죽고 만다. 소설의 결말은 이렇다.

그(윌슨)는 운전사를 불러 시신 위에 담요를 덥은 다음, 그 곁을 지키라고 지시했다. 이어서 그는 자동차 앞으로 다가갔다. 여인은 차 한 구석에 앉아 울고 있었다.

"아주 멋지게 해치웠어요." 그가 아무렇지도 않은 듯한 어투로 말했다.

"그는 조만간 당신 곁을 떠날 운명이었어요."

"그만해요." 그녀가 말했다.

"물론이지요. 이건 사고였어요." 그가 말했다. "나도 잘 알고 있어요."
"그만 하라고요." 그녀가 말했다.
"너무 걱정하지 말아요." 그가 말했다. "아무래도 일련의 불쾌한 일들을 피할 수는 없겠지만 제가 사진 몇 장을 제공할 수 있어요. 검시할 때 이 사진들이 아주 유용하게 쓰일 수 있을 겁니다. 그리고 총을 든 사람 두 명과 운전수가 증인이 되어줄 거예요. 당신은 완전히 이 사건에서 빠져나올 수 있다고요."
"그만 해요." 그녀가 말했다.
"아직 처리할 일이 많아요." 그가 말했다. "호숫가로 트럭을 한 대 보내 무선 전신을 보내야 할 것 같아요. 우리 세 사람을 나이로비로 데려다줄 비행기를 보내 달라고 해야 하거든요. 왜 독약을 쓰지 않았어요? 영국 여자들은 다들 그렇게 하는데 말이에요."
"그만. 그만 하란 말이에요. 그만 하라고." 여자가 거칠게 울부짖었다.
윌슨은 아무런 표정도 없는 파란 두 눈으로 그녀를 쳐다보았다.
"이제 내 일은 다 끝난 것 같군요." 그가 말했다. "방금 화가 좀 났었어요. 내가 벌써 당신 남편이 마음에 들기 시작했으니 말이에요."
"아, 제발 그만 좀 하라고요." 그녀가 말했다. "제발, 말 좀 하지 말아요."
"그게 좀 낫군요." 윌슨이 말했다. "제발이란 말이 들어가니 훨씬 듣기 좋네요. 이제 입을 다물도록 하겠소."

헤밍웨이도 쓸데없는 말을 많이 늘어 놓는 것 같다. 여자에게 "그만해요"라는 말을 다섯 번이나 반복하게 했으니 말이다. 하지만 이런 말이 되풀이 될 때마다 독자들은 그녀의 미묘한 감정 변화를 읽어낼 수 있다. 감정이 강화되는 데다 변화를 동반하기 때문이다. 윌슨의 대답 역시 절묘하다. 여자가 마지막으로 "제발 그만해요"라고 말하고 나서야, 줄곧 미적지근한 태도를 보이던 그가 비로소 그녀의 말을 들어주기로 마음먹고는 "제발이란 말이 들어가니 훨씬 듣기 좋네요. 이제 입을 다물도록 하겠소."라고 말한다. 이 대목은 핵폭탄처럼 크기는 작지만 독자에게 엄청난 효과를 나타낸다. 이것이 바로 압축의 매력이다. 나는 이 부분에서 모든 대화가 인물의 성격과 감정, 스타일 및 줄거리의 전개를 압축하고 있다고 생각한다. 일부 작가들은 의론議論을 좋아하지 않는다. 헤밍웨이가 이처럼 간단하게 대화와 동작을 서술할 때, 사실 그는 이미 자기 내면의 하고 싶은 말들을 압축하여 집어넣고 있는 것이다. 스탕달도 인간의 심리를 묘사할 때, 직접적으로 의론을 전개하기보다는 주인공의 동작을 더 고려한다.

따라서 나도 글쓰기의 원칙을 수립하려고 노력하고 있다. 어떤 말 한 마디가 인물의 성격을 암시하지도 못하고 스토리 전개에도 영향을 미치지 못하며, 주제와도 아무런 관련이 없다면 그런 말은 존재할 필요가 없는 것이다.

시각 면에서 나는 밀란 쿤데라에게 복종하는 편이다. 그는 하늘이 낳은 신으로 그의 각도는 공중에서 펜 아래의 민중을 내려다보는 것이다. 인물관계의 설정에서 그가 고수하는 원칙은 소원함이다. 다른 사람과 일정한 거리를 두고 있지 않은 인물이 없고 영원히 같은 마음이 없는 것이다. 나는 오랫동안 그의 이런 시각을 차용해 왔다. 내 소설집《새가 나를 보았다鳥看見了我》에서 새가 바로 이처럼 내려다보는 시각이다. 하지만 쿤데라의 조롱과 풍자의 태도는 배제하는 방법을 배울 필요가 있다. 글쓰기의 태도에서 나는 알렉상드르 뒤마와 알베르 카뮈의 가르침에서 도움을 많이 받았다.《이방인》의 첫 구절 "오늘 어머니가 죽었다. 어쩌면 어제일지도 모른다."에는 얼음처럼 차가운 솔직함이 담겨 있다.《춘희》에서 아르망이 애인의 시신을 관에서 꺼내는 장면을 목도하는 장면도 기억난다. "두 인부 중의 하나가 백포를 뜯기 시작했다. 그가 한쪽을 손으로 잡고 백포를 잡아당기자 이내 마가리트의 얼굴이 드러났다. 보기에도 두렵고 입으로 말하기에도 처참한 모습이었다. 두 눈은 이미 두 개의 구멍에 지나지 않았다. 입술은 흔적도 없이 사라졌고, 흰 이빨은 앙다물고 있었다. 길고 검은 머리카락이 바짝 마른 채 관자놀이에 달라붙어 녹색으로 변한 뺨의 오목한 곳을 조금 덮고 있었다. 하지만 이처럼 완전히 변해버린 모습에도 지난날 수없이 보았던 그 하얀 장밋빛 밝은 얼굴이 엿보였다." 내가 이 소설을 읽은 것은 열 여덟아홉 살 무렵이었다. 이 구절을 읽기 전까지만 해도 나는 죽음이 아름다운 일이라고 생각했었다. 무라카미 하루키가 상실을 묘사한 것처럼 그렇게 원망스럽고, 그렇게 서글프며, 그렇게 아름답고, 커피숍에서의 커피 한 잔처럼 그렇게 우아한 것으로 생각했던 것이다. 이 구절을 읽기 전까지는 그랬다. 나는 내게 적나라한 시범을 보여준 뒤마에게 감사한다. 이때부터 나는 글쓰기 태도에 대한 이해는 승화시키지 말고 추락시키는 것이었다. 자신을 감추거나 자기 도취의 상태에 빠지지 말고, 현실을 직시하며 자신이 믿지 못하는 것은 쓰지 않는 것이었다. 나는 이제껏 엄마에게 한 번도 사랑한다고 말하지 못했기 때문에 소설에서도 "엄마 사랑해요."라는 말을 쓸 수가 없었다.

프란츠 카프카는 내게 영혼의 불안을 가르쳐주었고 상상력을 가르쳐 주었다. 후안 룰포는 내게 야릇한 분위기와 함께 소설에 대해 고심하여 건축하는 태도를 가르쳐 주었다. 도스토예프스키는 내게 거대한 심리묘사 능력과 시대의 인물 군상을 개괄하는 방법을 가르쳐 주었다. 하지만 나는 이 모든 것을 제대로 배워내지 못했다. 어쩌면 이런 것들은 배워서 따라 할 수 있는 것이 아닌지도 모른다. 고속도로 옆의 간판도 내게 가르침을 주고 있다. 예컨대 40~50리마다 '좋으면 또 와好再來'라는 이름의 음식점이나 여관이 있다. 나는 이런 업소들이 왜 그런 이름을 지었을까 생각해보았다. 첫째는 대부분의 업소 주인들이 이름을 짓는 방법을 모르기 때문이고, 둘째는 모험을 원치 않기 때문이다. 이미 성공을 실천한 선례들이 그들에게서 반복해서 사용되고 있는 것이다.

내 모든 학습과 모방, 모든 기교의 실험은 인간은 왜 살아 있는가 하는 한 가지 중요한 주제를 위한 것이다. 이는 인간은 무엇을 위해 사는가 하는 문제로 이해될 수도 있고 인간은 왜 살아야 하는가 하는 문제로 이해될 수도 있을 것이다. 내가 쓰는 것들은 전부 비참한 사례들이다. 이는 내가 나 자신에게 가르쳐준 것이다.

아이 阿乙　1976년, 쟝시 출생. 《티엔난》 문학 격월간의 집행 주간 역임. 현재 베이징 모티에 도서유한공사 《추앙신콩지엔》의 문학 주간. 《인민문학》에서 선정한 "미래 작가 TOP 20"에 선정되었고, 제9회 중국어대중매체 문학대상 가장 잠재력 있는 신인상에 거명되었으며, 2011년 펑후앙 네트워크 올해의 좋은 책 베스트 10에 선정되었다. 영국의 《GRANTA》 등 해외 잡지에 소설을 발표하였다. 소설집 《잿빛 이야기》, 《새가 나를 보았다》, 《모범 청년》 등이 있고, 수필집 《과인》, 장편소설 《다음에 뭘 해야 할까》 등을 펴냈다. 푸쑹링 단편소설상, 중국어 미디어 대상—제일 잠재력이 있는 신인상 등을 수상하였다.

인간을
이해하는 도구

엔조 토 圓城塔

이제부터 영감에 대한 이야기를 해야 한다.

참으로 곤란한 문제인 것이 '자, 지금부터 영감이 떠오른다' 하는 것과 같은 일은 없기 때문이다. '이제 한 시간 내에 영감이 떠오를 것이다'라는 예견 또한 무리이다. 그런가 하면 '평생 한 번도 영감이 떠오른 적이 없다'라면 그것도 난감한 일이다. 적어도 작가로 일하기에는 적합하지 않을 듯하다. 직업인으로서는 일 년에 한 번 정도 영감이 떠오르는 것이 바람직하겠다. 물론 문학가에 한해 이야기하자면 평생에 한 번 번쩍할 수 있다면 이로써 충분하고, 실은 그만큼 영감을 얻었다는 사람 쪽이 훨씬 적다.

곤란한 일이란 건, 영감을 떠오르게 하는 직접적인 방법이 아직 없기 때문이다. 그렇다고 완전히 제어불능하다는 얘기도 아니다. 직업으로 존재하니 문학의 신이 주사위를 흔들어 '이번엔 이 녀석' 하는 식으로 영감을 내려 보내는 것은 아니다. 무언가가 거기에 존재하고 나름대로 이용하기도 하지만, 그 정체가 무엇인지 분명히 제시하기가 어렵다. 때문에 영감에 관한 이야기를 할 때는 결국 그런 정체를 알 수 없는 것에 관한 이야기를 하는 셈이 된다.

그밖에도 원리적인 문제가 있다.

예를 들어 영감을 제어하는 방법이 있다 치고, 그것을 전달하는 일이 가능한가 하는 문제다. 도사가 은밀히 건네주는 비법서 《영감비결》 같은 것을 펴내는 일은 가능할까. 나는 그런 류의 책을 받아본 기억이 없다. 하지만 가끔 다른 사람들은 그런 비법서를 은밀히 받아서 숨기고 있는 게 아닐까 하는 마음이 들 때도 있다. 모쪼록 갖고 계신 분들은 알려주시면 더없이 감사하겠다. 은밀하게 말이다

절차나 비결은 있지만 그것을 전달할 수 없는 것들이 지극히 당연히 존재한다. 전통적인 수공업이 그러하다. 기계화하는 것보다 사람의 손으로 만드는 쪽이 더 정확하고 신뢰할 수 있는 것들이 많다. 어디에나 있을 법한 할아버지 같은 사람이 금속판을 한번 매만지더니 측정 오차 범위의 미묘한 변형을 식별해내는 바로 그런 것 말이다. 병아리 감별사 기술 또한 마찬가지이다.

이런 류의 기술은 스승과 제자란 형태를 띠어야만 전수할 수 있는 것으로 알려져 있다. 아이러니하게도 오랜 시간의 기계적인 반복이 기계를 능가하는 정밀도를 만들어낸 것이다.

그렇다면 문학에 영감이라는 것이 존재한다 치고, 이를 스승과 제자란 관계를 통해 전수할 수 있을까. 가능할 수도 있고 불가능할 수도 있다. 이는 우리가 문학을 어떻게 파악하느냐 하는 문제로 귀결된다. 어쩌면 시의 작법이나 형식에 관한 이야기에 가까운 것이 될지도 모르겠다.

무엇인가를 만들어낼 때 최상의 기술을 추구해야 함은 당연한 이

야기이다. 지금 여기에서 문제가 되는 것은 기술을 최대한 연마했음에도 불구하고, 영감이 일어나지 않을 경우의 조치에 대해서이다. 실제로 나도 가끔 창작의 비결에 관한 질문을 받을 때가 있다.

"그런 것이 있다면 당장 내가 알고 싶다."고 대답하지만, 결국 가장 도움이 될 만한 조언은 다음과 같다.

'맛있는 음식을 먹고, 푹 자고, 혼자 고민하지 말고 믿을 만한 사람과 의논한다'

'곳간이 차야 비로소 예절을 알고 옷과 식량이 넉넉해야 영예로움과 욕됨을 안다(倉廩實則知禮節 衣食足則知榮辱)'란 말 그대로 평온하고 마음이 차분한 그런 환경이 필요하다.

여기서 이야기를 마쳐도 될 듯하다. 너무도 당연한 결론이지만, 건강에 유의하고 생활이 안정되어야 좋은 작업을 할 수 있다. 특별히 흥미롭지 않은 얘기이지만, 진리란 일반적으로 그다지 재미없는 모습을 하고 있기 마련이다.

그런데 성가신 점은 ―문학에 관한 이야기에서는 이러한 원칙이 적용되지 않는 경우가 있는 것 같다는 것이다. 대단히 대략적이고 난폭한 표현이나, 풍요로운 나라에서 풍요로운 문학 작품이 태어나느냐 하면, 딱히 그렇다고도 대답할 수 없다. 문학사에 커다란 영향을 남긴 19세기 말 제정 러시아가 풍요로운 국가였을까, 절대 그렇지가 않다.

나는 누군가가 병이 있었기 때문에, 가난했기 때문에, 고통 속에 있었기 때문에 훌륭한 작품을 쓸 수 있었다는 말을 그다지 믿지 않는다. 그 사람들은 병을 앓지 않고, 가난에 허덕이지 않고, 고통이 적었더라면 더 훌륭한 작품을 남겼을 거라 생각하며, 사람은 행복해야 한다 믿기 때문이다.

그러나 한편으로는 이런 생각도 해 본다.

가령 내가 위정자이거나 혹은 절대적인 힘을 갖고 있어 사람들의 생활 환경을 마음대로 설정할 수 있다고 하자. '영감을 최대화하는 사회'를 만들고자 한다면, 도대체 어떤 환경을 만들면 될까. 행성 전체가 늘 여름이고, 의식주에 불편함이 없고, 연못에는 술이 있고, 나뭇가지에 고기가 걸려 있다는 식으로는 결코 하지 않을 것이다 (약간 마음이 끌리기는 하지만).

내 자신을 되돌아보면 처음에는 생계를 위해 소설을 썼다. 지금 생활에 충분한 여건이 갖추어졌다 해도 소설을 쓸까 자문해 보면, 아마도 쓰지 않을 것 같다. 생활을 고민하지 않고 수명을 염려하지 않아도 된다면, 나는 평생 수학 공식을 들여다보며 살고 싶다.

그렇다면 영감에는 아마도 어떤 부하負荷가 필요하다는 이야기가 될 것 같다. 사람은 불행해도 안 되지만, 너무 행복해도 안 된다는 것일까?

하지만 생각해보면 부하가 필요한 것도 당연한 일이다. 우선 우주나 자연은 그 자체로서 갑자기 소설을 쓰거나 하지 않을 것이다. 이 세계 자체가 소설을 쓰고 있는지는 모르겠지만, 우리로서는 알 수가 없다. 소설을 쓰기 위해서는, 아마도 인간 정도의 크기와 인간 정도의 무언가가 요구되고, 인간이란 것이 우선 하나의 구속이고 부하이고 노고이다. 현재까지는 소설을 쓰는 종 인간 외에는 없다 — 예언을 하거나 꿈속에 나타나 이야기를 들려주는 존재에 대해서는 전해져 오고 있으며, 동물들도 거짓말을 한다는 사실은 알려져 있지만.

 그러니까 나는 인간이란 존재 자체가 소설이라는 것을 만들어내기에 충분한 부하이며, 영감을 생산하는 존재라 생각하고 있다.

 그렇다면 영감의 원리에 대해 알려고 하는 것은, 인간이라는 구속을 연구해 가는 것이 되겠다. 결국 영감에 대해 이야기하는 것이 어려운 것은, 우리가 아직도 인간에 대해 잘 알지 못하기 때문이다. 인간을 잘 모르기 때문에 영감 또한 이해하기 힘들다. 그럼 인간을 이해하기 위해서는 어떻게 하면 좋을까. 과학적인 사고, 경제적인 사고, 정치적인 사고 등 다양한 방법이 있겠지만, 어느 쪽을 택해야 이해하기 쉬운지는 알 수가 없다. 하지만 여기 인간을 이해하는데 매우 적합하다고 알려진 도구가 있으니, 바로 예로부터 문학이라 불리는 것이다.

 이야기가 어지간히 얽혀 버렸다.

 정리를 하자면, 영감에 관해 이야기를 할 만큼 인간은 인간에 대해 알지 못한다. 하지만 나는 그것을 이해하는 도구로 문학을 평가한다.

엔조 토 圓城塔　1972년 홋카이도 출생. 동북대학 이학부 졸업. 도쿄대학대학원 종합문화연구과 박사 과정 수료. 소설 《오브 더 베이스볼》, 《오유차담》, 《어릿광대의 나비》 등을 발표했으며 문학계신인상, 노지마 문예 신인상, 아쿠타가와상 등을 수상했다.

푸네스처럼 새롭게

이승우

1

문학 창작의 영감은 어디서 오는가, 하고 질문할 때, 우리는 은연중에 영감이, 어디인지는 모르지만 어쨌든 어디선가, 그러니까 외부에서 우리를 향해 오는 것이라는 생각을 바탕에 깔고 있는 셈이다. 문학 창작자를 매우 특별한 재능을 가진 선택된 신분의 사람이라고 이해했던 시대의 산물이다. 이때 우리를 향해 어디선가 오는 풍부한 영감은 선택 받은 신분에 대한 보증이면서 예술적 추앙의 근거로 작용한다. 모든 작품이 외부로부터 주어지는 영감에 의해서 탄생하는 것이라면, 많은 글과 좋은 글을 쓴 사람은 많고 좋은 영감의 '선별적' 방문을 받은 사람이니 특별하고 존경받아 마땅하고 추앙받을 만하다고 생각하는 것은 자연스럽다. 이때 영감은 작품의 가치를 담보하는 제1의, 어쩌면 유일한 조건이 된다. 그 시대의 작가들이 세간의 그런 통념을 이용하여 작가로서의 위세를 내세우기도 했겠지만,

그런 통념 때문에 마음을 졸이는 일도 없지 않았으리라는 추측이 가능한데, 가령 자기의 창작품이 외부로부터 받은 영감에 의해 쓰인 것으로 인정받기 위해 전전긍긍하는 작가들을 떠올려 볼 수 있다. 《젊은 소설가의 고백》이라는 최근의 산문집에서 움베르토 에코는 프랑스의 낭만주의 시인 라마르틴에 대한 일화를 소개하는데, 우리는 거기서 어디선가 '선별적으로' 오는 영감에 사로잡혀 있는 작가의 강박증을 읽을 수 있다. 라마르틴은 자기가 쓴 시들이 어떻게 태어났는지 자랑하기를 좋아했는데, 낭만파 시인답게, 어느 날 밤 숲길을 거닐고 있을 때 한 편의 시가 '완성된 형태로' 섬광처럼 떠올랐다는 식으로 말하곤 했다는 것이다. 그런데 라마르틴이 세상을 떠난 후 그의 서재에서 여러 해 동안 수없이 고쳐 쓴 흔적이 있는 방대한 분량의 원고들이 발견되었다. 이 예를 들면서 움베르토 에코는 영감이란 약삭빠른 작가들이 예술적으로 추앙받기 위해 하는 나쁜 말이라고 주석을 붙였는데, 그렇게까지 가혹하게 평하지 않더라도, 외부로부터 주어지는 신비스러운 기운을 받아 글을 쓰는 자가 작가라는 인식이 지배적인 상황에서 글을 쓰고 써야 하는 작가들의 고충을 엿볼 수 있는 대목이긴 한 것 같다.

움베르토 에코는 문학적 신비주의를 물리치기 위해 조금 위악적인 표현을 쓴 것 같다. 창작의 원천으로서의 동기나 착상이란 게 존재하지 않는다는 의미는 아마 아니었을 것이다. 그가 부정하려고 한 것은 영감 자체가 아니라 영감에 대한 어떤 이해일 것이다. 말하자면 우리 밖의 어딘가 다른 곳으로부터 훌륭한 문학 작품이 '완성된 형태로' 주어진다는 식의 신비주의적 영감론을 일종의 미신으로 치부하고 거부한 것으로 보인다. 그런 식의 영감에 대한 생각에 의

하면 작가는 그저 초자연적이고 신비스러운 힘의 언어를 받아 적은 필기구에 지나지 않는 것이 되기 때문이다.

경험에 기대 말하자면, 아직 무엇이 될지, 완성되면 어떤 모양일지 알 수 없지만, 소설 창작의 첫 단계에 소설이 될 것 같은 느낌을 주는 무언가가 있는 것은 사실이다. 소설이 될 것 같다는 느낌을 주는 어떤 것, 어떤 이미지, 어떤 경험, 어떤 생각, 어떤 감정, 그런 것을 어떻게 부정할 수 있을까. 그런 것 없이 어떻게 소설이 만들어질 수 있을까. 그 최초의 번뜩이는 순간에 작가는 가장 빛나고 영광스러운 경험을 한다. 그 순간의 경험이 힘들고 외로운 창작의 시간을 견디며 계속 글을 쓰도록 추동하는 힘이라고 할 수도 있다.

그리고 사실 이 최초의 순간의 강렬함이 중요한 것은 완성된 작품의 수준을 상당 부분 결정하기 때문이다. 나쁜 씨가 좋은 열매를 맺을 수 없는 것과 같은 이치가 소설 창작에도 적용된다. 좋은 씨가 농부의 미숙함이나 게으름으로 인해 잘 자라지 않는 일이 일어나기는 한다. 그러나 아무리 노련하고 부지런한 농부라도 나쁜 씨앗으로 좋은 열매를 거두기는 쉽지 않다. 불가능하지는 않지만 아주 많은 노력을 기울여야 하고, 아주 많은 노력에도 불구하고 만족스런 성과를 기대하기 힘들다.

착상의 순간이 완성된 형태로 주어지지 않지만, 그럴 리 없지만, 완성된 형태를 예감하게 하는 것은 맞다. 그것은 착상이 완성된 소설을 내장하고 있기 때문이다. 씨앗 속에 한 그루의 완전한 나무가 예감의 형태로 들어 있는 것에 비유할 수 있을까. 작가는 게으르거나 서툰 농부가 그런 것처럼 예감된(내장된) 완성태를 이끌어내지 못할 수도 있지만, 그런 예감 없이 어떤 완성태를 꿈꾸거나 추진하지도 않는다. 못한다.

2

영감을 다른 데서 '오는' 것이 아니라 우리 안에서 '불러일으켜지는' 것이라고 이해할 때 작가는 주어진 내용을 수동적으로 담는 그릇이나 필기구이기를 멈추고 비로소 창작자의 이름을 얻게 된다. 물론 이 경우에도 외부의 자극이 전적으로 무시되는 건 아니다. 세계는 다채롭고 무궁무진하고 쉼 없이 출렁이고 다양한 신호들을 끊임없이 쏟아낸다. 무수히 많은 다양한 신호들이 여기저기 떠돌아다니다 소멸한다. 그 스스로 누군가를 찾아가지 못한다. 지정된 수신인이 정해져 있다고 할 수 없다. 그러니까 정처 없는 신호들이다. 우리 중 누군가 외부로부터 신호를 받는다면, 그것은 그 신호가 그를 지정하고 찾아왔기 때문이 아니라 그가 떠도는 그 신호를 자기가 가진 어떤 메커니즘을 통해 붙잡았기 때문이다. 신호는 오지 않고 떠돈다. 신호는 맞아들여지는 것이 아니라 붙잡힌다. 그러니까 세계의 신호를 영감이라고 착각할 수는 없다. 외부의 자극을 부인할 필요는 없지만 그것을 자극 이상의 다른 것으로 오해할 이유도 없다. 세계의 공기 속에 떠도는 그 무수한 정처 없는 신호들 가운데 어떤 것을 포착하고 우리의 정신이 그것에 반응할 때 무슨 일인가가 일어난다. 그때 생기는 번뜩이는 섬광, 그것을 영감이라고 하면 안 될까. 그럴 때 밖에서 온 낯선 방문객이 아니라 떠도는 나그네를 맞이하는 규중심처閨中深處의 안주인에 초점을 맞출 수 있게 된다.

불러일으켜진 것은 불러일으키기 전에는 눈에 띄지 않는, 띨 수 없는 어떤 것이다. 불러일으켜지는 순간에야 비로소 모습을 드러내는 어떤 것, 불러일으키기까지는 누구도 그것이 존재한다는 사실을 자각하지 못한 어떤 것, 혹은 누구도 그것이 그런 모습일 거라고 상상하지 못한 어떤 것이다. 그렇기 때문에 그것은 항상 새롭다. 불러일으켜진다함은 낯선 시각과 구별된 인식이 출현한다는 뜻이다. 낯선 시각, 구별된 인식을 장전하지 않은 채 불러일으켜지는 경우란 없다. 밀란 쿤데라에 따르면, 작가의 윤리는 인식의 새로움과 관계되어 있다. 통속적이거나 외설스런 작품을 쓰는 작가가 부도덕한 것이 아니라 인식의 새로운 차원을 펼쳐 보이지 않는 작가야말로 부도덕하다. 불러일으켜진 것이 없이 글을 쓰는 작가를 지칭하는 말이겠다. 불러일으켜진 것이 없이 글을 쓸 때 작가는 부도덕한 작가가 된다. 구태의연하고 뻔하고 상식적인 생각만 늘어놓는 작가. 그런 작가의 비참함은 새롭고 구별된 인식의 차원을 불러내지 못한다는 데 있다. 그런데도 쓴다는 데 있다.

불러일으켜지는 것이 없어도 쓰는 것이 가능한가. 가능하다. 익숙한 근육으로 타성에 따라 '기술적으로' 글을 쓸 수 있다. 이 근육이 불수의근이 되면 의지와 상관없이 자율적으로 움직이고, 그러면 글이, 심지어 더 잘 써지기도 한다. 소설가로 산 경력이 오래된 작가에게 흔히 나타날 수 있는 위기의 문제이다. 기술적으로 숙달되었을 텐데 왜 문제작을 만들어내는 비율은 줄어드는가, 하는 의문에 대한 힌트이기도 하다. 소설 창작이란 노련해질 수 있는 영역이 아니고 경험의 축적에 의해 숙련될 수 있는 것도 아니다. 창작의 매순간마다 필요한 것은 소설이 될 것 같은 느낌을 주는, 그 최초의 빛나고 영광스러운 경험이다. 불러일으켜진 무엇인가가 없으면 작가로 산 경력이나 숙련된 기술이란 게 도무지 의미가 없는 것이다. 오히려 그것이 방해가 되기도 하는 것이다. 그러니까 진지한 작가는 글이 술술 잘 풀려 나가는 것 같은 느낌이 들 때, 자기를 의심하고 자기 글쓰기를 돌아보아야 한다. 혹시 익숙해진 근육으로 쓰고 있는 것이 아닌지. 무의식적이고 자동적인 글쓰기를 하고 있는 것은 아닌지. 불러일으켜진 것 없이, 없는데도 태연하게 쓰고 있는 것은 아닌지.

3

경력이나 나이가 영감, 즉 불러일으키는 능력의 쇠퇴에 대한 알리바이가 될 수 없다는 것은 분명하다. 생리적 시계의 중요성을 무시할 수 없기는 하지만(젊은 세포들의 활력 있는 움직임을, 그 순발력과 재치와 에너지를 어떻게 부정한단 말인가!), 영감이 젊은이들에게 주어진 특권이라고 말함으로써 이 문제를 회피하거나 합리화하려고 하지 말자. 나이가 들어도 비겁하지는 말아야 한다. 괴테는 죽기 직전 해인 1831년에 《파우스트》를 탈고했다. 그때 그의 나이 82세였다. 출판된 책에 실린 연보에 따르면 주제 사라마구는 73세에 《눈먼 자들의 도시》를 썼다. 《모든 이름들》은 75세에, 《동굴》은 78세에, 《눈뜬 자들의 도시》는 80이 넘어서 썼다. 이런 예들은 얼마든지 찾을 수 있을 것이다. 더구나 소설은 삶의 축적을 필요로 하는 장년의 장르이기도 하다. 그렇지만 작가로서의 경력이나 나이가 영감 넘치는 작품의 창작과 거리가 있는 것처럼 인식되는 현실을 부정하기 어려운 것도 사실이다.

영감을 얻는 기회가 줄어들고 불러일으키는 능력이 쇠퇴하는 것은 감동의 실종과 관련이 있는 것 같다. 어른이 되어 웬만한 일에 흥분하거나 크게 설레지 않게 된 것은 일상의 평온과 정신의 안정을 위해 유익하나 그밖에 다른 좋은 점이 있는지 의문이다. 해 아래 새로운 것이 없다는 진리를 구체적으로, 그러니까 체험적으로 터득하고 나면 만사가 시들해지게 마련이다. 지금 있는 것은 전에도 있던 것이고, 앞으로도 있을 것이다. 그러니 호들갑 떨 필요가 없는 것이다. 하나를 보면 열을 안다는 속담은 어떤가. 세상 이치라는 게 거기서 거기고 대단한 게 어딘가에 따로 있지도 않다는 생각이 숨어 있는 말이다. 속속들이 들여다보지 않아도 뻔하다는 것. 대개 이미 겪었고, 겪어서 알고 있고, 겪지 않았어도 대단한 게 없다는 걸 미루어 짐작할 수 있고, 그러니 설렐 까닭이 없고, 흥분할 이유도 없다. 우스워도 잘 웃지 않고 언짢아도 화를 잘 내지 않는다. 단조롭고 평화롭다. 그것이 더러는 현자의 표본인 것처럼 인식되기도 한다.

사람들의 기억은 대개 열 살에서 스무 살 사이의 일들에 집중해 있다고 심리학자들은 말한다. 왜 그런지 이런 현상을 이해하기 위해 그 기억들의 공통점은 무엇이며 나이를 먹어가면서 그런 종류의 기억이 드물어지는 이유가 무엇인지 연구한 심리학자들이 있었는데, 그들은 그때의 기억들이 온갖 종류의 '첫 경험'과 관련되어 있다는 사실을 발견했다. 가령 첫 키스나 초경이나 첫 데이트 같은 강렬한 경험들이 그 시기에 이루어진다는 것이다. 이 첫 경험의 기억들은 대개 섬광처럼 선명하게 박힌다. 또한 자신의 인생행로에 지침이 될 만한 중요한 일들(어떤 책, 스승, 친구와의 만남 같은)을 이 시기에 겪기도 한다. 반대로 나이 먹어서 경험한 것들은, 경험의 종류나 양과 상관없이, 대개 이전 것의 되풀이고, 인생행로를 바꿀 만큼 획기적인 사건도 아니라는 것이다(다우베 드라이스마, 《나이 들수록 왜 시간은 빨리 흐르는가》). 모든 것이 익숙하고 누구를 만나도 설레지 않고 무엇에 대해서도 기대하지 않는 경지에 이르면 세계는 빛을 잃고 삶은 사물처럼 무미건조해진다. 비슷한 경험이 반복되면 유형화하여 틀에 가두려는 유혹이 찾아온다. 유형화의 과정을 통해 비슷한 것은 같은 것으로 규정된다. 보르헤스의 소설 속 주인공인 기억의 천재 푸네스의 고충이 아마 여기 있었을 것이다.

"그는 1882년 4월 30일 오전에 남쪽 하늘에 떠 있던 구름의 모양을 기억하고 있었으며, 딱 한번 본 책의 대리석 무늬 장정과 그 구름을 기억 속에서 비교할 수도 있었다." 그에게 세상의 모든 구름은 개별적이다. 다 다르기 때문에 하나의 이름으로 부를 수 없는 것이었다. 예컨대 셰퍼드와 치와와처럼 크기와 모양이 각각 다른 개체를 똑같이 개로 개념화해서 부르는 것이 그에게는 이해할 수 없다. 푸네스는 일반화와 추상화를 통해 비슷한 것을 같은 것으로 규정하는 대신 비슷한 것을 각기 다른 것으로, 구체적으로 인식했다. 그에게는 모든 것이 순간마다 새로웠을 것이다.

그러나 그렇게 하기 위해 그는 혼신을 다해 그를 둘러싼 사물들과 현상들에 집중해야 했을 것이다. 어느 것 하나 건성으로 훑어보고 넘어갈 수 없었을 것이다. 외부의 소란에 참여하지 못하고, 발견한 것과 발견할 것에 몰두하느라 고독하고 고독했을 것이다. 늘 보던 것, 언제나 경험하는 것, 이미 알고 있는 것으로 간주되는 사물이나 현상에 대해서 집중력을 발휘하는 것은 불필요하다. 아니, 불가능하다. 누가 이미 알고 있는 것, 언제나 경험하는 것, 늘 보던 것을 아직 모르는 것, 한 번도 경험하지 않은 것, 처음 보는 것을 대하듯 집중하겠는가. 외부의 진면목을 발견하기 위해 필요한 것이 참여가 아니라 고독이라는 것은 역설이다. 고독에 대한 두려움 때문에 우리는 외부의 소란에 참여하고, 그래서 발견할 것을 발견하지 못하고, 늘 보던 것, 언제나 경험하는 것, 이미 알고 있는 것만 반복한다. 무언가 불러일으켜질 이유가 없는 사정이다. 고독을 이길 힘을 가지지 않고는 글을 쓸 수 없다는 마루야마 겐지의 말《소설가의 각오》도 이 점을 겨냥하고 있다. '이미' '언제나' '늘' 같은 부사들을 거느린 인식의 태도가 집중력을 떨어뜨리고 영감의 불러일으킴을 저해한다. 영감이 선호하는 단어는 '아직'이나 '처음'이다.

창작의 영감을 얻기 위해 책을 읽거나 음악을 듣거나 어딘가로 여행을 가거나 누군가를 만난다. 그러나 그 책이나 그 음악이나 그 어디나 그 누군가가 영감을 가지고 있다가 베풀듯 주는 게 아니다. 세계는 그런 식으로 영감을 던져주지 않는다. 무언가를 불러일으키지 않는 책이나 음악이나 여행지나 사람이 있다. 그것들이 아무것도 가지고 있지 않아서가 아니다. 물론 그런 책이나 음악이나 여행지나 사람이 전혀 없는 것은 아니다. 무언가를 더 많이 가지고 있는 책이나 음악이나 여행지나 사람이 없다고 할 수 없는 것처럼 무언가를 덜 가지고 있거나 아예 가지고 있지 않은 책이나 음악이나 여행지나 사람이 없다고 할 수도 없다. 그렇지만 책임을 전적으로 한쪽에 몰아서는 곤란하다. 아무런 영감도 받지 못한 것은 그것들이 아무 말도 하지 않기 때문이다, 다른 경우는 없다, 라고 말하려면 상당히 뻔뻔해져야 한다.

뻔뻔해지지 않기 위해 말하자면, 푸네스처럼 모든 것을 다르게, 처음 보는 것처럼 보는 눈을 가져야 한다. 푸네스를 따라하게 되면 어제 본 나무는 오늘 본 나무와 같은 나무가 아니다. 어제 본 얼굴도 오늘 본 얼굴과 같은 얼굴이 아니다. 완전히 새로운 나무이고 새로운 얼굴이다. 모든 것이 순간마다 새로울 것이다.

그러니까 요구되는 것은, 익숙해지지 않는 것, 섣불리 규정하고 넘겨짚고 관성에 넘어지지 않는 것. 벼르고 깨어 있는 것. 집중하는 것. 고독을 견디는 힘을 기르는 것. 모든 것을 지금 처음 접하는 것처럼 대하는 것. 모든 사람을 처음 만나는 사람처럼 만나고 모든 소식을 처음 듣는 것처럼 듣는 것. 해질 무렵의 하늘이나 특정한 방향으로 구부러진 나무의 자태나 골목길에 매달린 간판들이나 그 간판에 덮인 먼지들이나 책상 위에 놓인 커피 잔 바닥의 커피 찌꺼기나, 무엇이든 마치 이 세상에 태어나서 처음 보는 것처럼 경이로움을 가지고 보는 것. 그런 것.

이승우 소설가. 조선대학교 문예창작학과 교수. 1959년 전남 장흥 출생. 서울신학대학 졸업. 1981년 중편 《에리직톤의 초상》으로 《한국문학》 신인상을 수상하며 등단했다. 인간 심리의 저변에 자리하는 원죄의식과 불안을 형상화하는 데 탁월하며 언어의 가치 붕괴와 타락에 대한 환멸, 이의 극복 가능성에 대해 진지하게 고찰한다. 소설집 《구평목씨의 바퀴벌레》, 《목련공원》, 《오래된 일기》와 장편 《에리직톤의 초상》, 《생의 이면》, 《식물들의 사생활》, 《지상의 노래》, 산문집 《소설을 살다》 등이 있다. 대산문학상, 동서문학상, 현대문학상, 황순원문학상 등을 수상했다.

시심詩心은 어디에서 오고 어떻게 얻는가

정끝별

1. '오룩Ooruk'이라는 이름을 가진 최초의 시인

그 외로운 남자는 사냥을 나갔다가 아름다운 물개 여인들이 가죽을 벗어놓고 목욕을 하는 장면을 목격한다. 물개 가죽 하나를 숨겨 물개 여인과 결혼해 '오룩Ooruk'이라는 아들을 낳는다. 제 어미의 물개 가죽을 찾아주고 제 어미와 '물 속 나라'를 다녀온 오룩은 커서 훌륭한 고수鼓手이자 가수인 이야기꾼이 된다.

나는 이 이야기를 읽으면서 문학을 생각했다. 아니 시를 생각했다. 물개 여인과 외로운 사냥꾼의 사이에서 태어난 오룩이야말로 영혼과 몸, 이상과 현실, 본원적 고향과 구체적인 일상 사이에 위치하는 시인의 상징적 위치를 가늠케 하는 존재가 아닐는지. '물속 나라'를 한 번 갔다온 적이 있는, 그리고 가끔 새벽이면 큰 바위 옆에 배를 세우고는 암물개와 얘기하는, 마을 사람들에게 그 '물속 나라' 이야기를 들려주는, 이 오룩은 시인의 상징이다. 수많은 사람들이 잡으려 했지만 모두들 실패하기만 하는 그 '눈부신 물개, 신성한 물개'는 곧 모든 시인들이 찾아 헤매는 시의 정령일 것이다.

졸저(평론집) 《오룩의 노래》(2001) 서문의 일부분이다. '오룩'은 이누이트(에스키모) 전설 '사냥꾼과 물개 여인'에 나오는 물개 여인이 낳은 아들의 이름이다. '시적 영감'과 그 영감을 '어떻게 얻느냐'는 물음 앞에서 나는 오룩을 떠올렸다. 오룩의 이야기는 이러하다.

"너무 외로운 나머지 얼굴에 깊은 눈물 계곡이 패인"(나는 이 구절을 잊지 못한다, 외로울 거면 이 정도쯤은 외로워야 마땅하다! 시적 영감이 깃드는 존재론적인 자리다) 사냥꾼은 어느 날 아름다운 여인들이 물가에서 목욕하는 장면을 훔쳐보게 된다. 틀림없이 외로운 사냥꾼에게는 세상에서 가장 아름다운 풍경이었을 것이다. 목욕을 끝낸 여인들은 벗어놓은 물개 가죽을 입고, 하나 둘, 물속으로 들어간다. 외로운 사냥꾼이 물개 가죽 하나를 숨긴 건 이때였다. 그러니 물개 가죽을 입지 못한 여인 하나가 물가에 오롯이 남는 건 당연한 일! 사냥꾼과 물개 여인의 사랑은 이렇게 시작된다. 그리고 사랑을 약속한 기간은 칠 년!

사냥꾼과 물개 여인은 아들 하나를 낳고 그 이름을 오룩이라 한다(오룩, 바닷속 물개의 형상을 지닌 멋진 이름이다! 시는 형상과 뉘앙스로서의 고유명사와도 같은 자리, 그 모국어로부터 출발한다). 물개 여인은 어린 오룩에게 자기가 살았던 '물속 나라'의 이야기를 들려주곤 한다. 행복한 날들이었을 것이다. 그리고 약속한 칠 년이 지났다. 그러나 외롭고 외로웠던 사냥꾼에게 가족은 자신의 목숨 그 이상이었을 것이다. 사냥꾼은 그 가족을 위해 가죽을 돌려주지 않는다. 팔 년째가 되면서 물개 여인은 살결이 메말라 가고 허물이 벗겨지고 머리카락이 빠지고 체중이 줄고, 심지도 걷지도 못한 채 시력마저 잃어간다.

그러던 어느 날, 잠결에 오룩은 오룩, 오룩, 하며 자신을 부르는 소리를 듣고 그 소리를 따라 바닷가로 나아가다 물개 가죽에 걸려 넘어진다. 오룩은 그 물개 가죽이 엄마의 것임을 금방 알아차린다. 엄마에게서 나던 엄마 냄새가 배어 있었기 때문이다. 오룩이 그 가죽에 얼굴을 묻자 "어머니의 영혼이 갑작스런 여름바람처럼 그를 뚫고 지나간다"(아, 얼마나 아름다운 문장인가! 시적 영감은 이렇게 온몸을 뚫고 오는 것이 아니던가).

엄마에게 가죽을 주면 엄마가 가족을 떠날 것이란 걸 알면서도 오룩은 어쩔 수 없는 힘에 끌려 엄마에게 가죽을 준다. 오룩은 떠나지 말라고 간청했을 게고, 물개 여인 또한 저와 살을 나누고 제 살을 뚫고 나온 지금-여기의 가족과 함께 살고 싶었을 것이다. 그러나 물개 여인은 "그녀나 오룩이나 시간 그 자체보다 더 오래된 그 무엇인가가 그녀를 부르고 있음"(이 '부름'은 어디서 오는 걸까. '물속 나라'로 지칭되는 바로 저기-너머에서 울려오는 것일 게다! 시적 영감의 뿌리는 이쪽에 내리고 있어야 마땅하다)을 온몸으로 느낀다.

그리하여 물개 여인은 어린 오룩의 입에 '숨결'을 불어넣은 후, 오룩을 데리고 바다에 들어가 오룩에게 '물속 나라'를 보여준다. 그리고 헤어지면서 이렇게 당부한다. 나는 늘 오룩, 너와 함께 있을 거라고. 부지깽이나 칼, 조각품들처럼 내 손이 닿았던 걸 네가 만지면 오룩, 넌 노래하게 될 거라고. "네가 노래를 부를 수 있게 바람이 네 허파 속으로 스며들 거야"(바람이 허파 속으로 스며든다니, 그러면 노래를 부를 수 있게 된다니! 시적 영감은 이렇게 감염되고 내통하는 것이리라)라고. 이후 훌륭한 고수鼓手이자 가수이며 훌륭한 이야기꾼이 된 오룩은, 새벽이면 가끔 큰 바위 옆에 배를 세우고 암물개와 얘기하곤 했다고 한다.

2. 숨결, 영감靈感 그리고 시심詩心

오룩과 헤어지기 전, 물개 여인이 물속 나라를 보여주기 위해 오룩의 입에 불어넣었던 '숨결'에 대해 생각한다. 이 숨결로 인해 오룩은 바다 속에서도 숨을 쉴 수 있었고 모든 생명의 근원인 물속 나라를 볼 수 있었다. 이 숨결로 인해 노래 부를 수 있는 '바람'이 오룩의 '허파' 속으로 스며들게 되었다. 허파 속 바람과도 같았던 그 숨결은 도대체 어디서 온, 그 무엇이었을까?

　숨결은 영감inspiration이라는 말과 한 뿌리다. 영감이란 '신령스러운 예감이나 느낌' '창조적인 일의 계기가 되는 기발한 착상이나 자극'을 일컫는 말이다. 이 inspiration은 in(안)과 spirare(숨 쉬다)가 합성된 inspirare에서 비롯됐으며, 외부의 어떤 주체가 숨을 불어넣는다거나 안으로 숨을 들이마신다는 의미를 함의한다. spiritus(영혼, 용기, 활기, 숨)에서 파생된 spirare로부터 spirit(정신/심령, 천사/악마, 행운/저주), expire(끝나다, 숨을 거두다), respire(호흡하다, 들이쉬다/내쉬다) 등이 유래했으며, 이 단어들은 모두 삶과 죽음, 천사와 악마, 행운과 저주의 이중의 의미를 지닌다. 영감이 지닌 이중의 속성이다.

　'신의 입김' '뮤즈'라는 비유가 상징하듯 고대로부터 영감은 초월자의 힘에 의해 외부로부터 주어진다고 믿었다. 그러나 낭만주의 시대에 이르러서는 '천재'의 증표와도 같았으며 내부로부터 분출 혹은 유출되는 특성이 강조되었다. 들다/솟다, 얻다/주다, 밀려오다/떠오르다 등의 술어와 함께 쓰이는 데서도 알 수 있듯이, 영감은 저 바깥 어디에서 주어지는 것이기도 하고 이 안에서 샘솟기도 하는 것이다. 스며들고 번지는 울림·속삭임·비상·해체의 상태다. 날카롭고 뜨거운 감전·전율·집중·응집의 상태로 표현될 뿐만 아니라 때로는 불꽃, 번개, 빛, 음향, 신기루, 날개 등으로 비유되기도 한다. 영감이 가진 계시적이고 초월적인 속성을 강조할 경우, 계몽주의나 리얼리즘(사실주의)과는 멀어지고 신비주의나 낭만주의와는 가까워진다. 이데올로기와 이성과 테크놀로지가 융성해질수록 신성神性과 신비와 낭만을 근간으로 하는 영감의 입지점은 좁아지기 마련이다.

이 영감을 시에 한정시킬 경우 '시심詩心'이라 부를 수 있겠다. 영감은 다른 장르보다 시에서 더 중요하고 시의 장르적 특성과 맞닿아 있는 것이기에 유독 시에만 마음(영혼)이라는 글자를 붙여 썼던 것이리라. 우리의 국민시인 김소월은 '시혼詩魂'이라는 용어로 특화하기도 했다. 이런 시심의 원천으로 많은 사람은, 사랑과 자유에의 매혹, 자연(풍경)이나 시대(역사와 이데올로기)에 대한 지각, 책이나 사람들(예술가)과의 만남, 운명적인 상황이나 시선을 끄는 우연성, 심지어 술이나 담배(심지어 마약까지)에 대한 기호嗜好 등을 손꼽곤 한다.

'전광석화電光石火'처럼, '신의 계시'처럼 혹은 '그분'처럼, 순식간에 밀려오는 이 시심이야말로 세상 만물이 스스로 다가와서 하나의 언어가 되겠다는 자청自請에 가깝다. 자청해오는 언어는 시간의 강처럼 무궁하고 또 새롭다. 이 생멸의 시간을 언어화하려는 마음, 그것이 바로 시심이다. 그렇기에 우리는 시심이라는 말을 일상에서도 자주 사용하는 것이리라. 주지하다시피 기억을 기록하기 위해서만 시를 쓰는 것은 아니다. 우리를 기다리는 시간들을 위해서도 쓴다. 그러기에 세상 만물은 자신들의 이름을 불러주는 자신들의 시인을 찾기 위해 언어를 가진 우리와 관계 맺고 싶어 하는 것이리라. 시심이 뿌리를 내리고 있는 세계의 깊이, 시간의 깊이일 것이다. 그런 의미에서 오룩의 이야기는 곧 시심이 어디에서 오고 또 어떻게 얻는가에 대한 알레고리이다.

3. 시심을 어떻게 얻을 것인가

시의 기술적이고 형식적인 요소가 강조되었던 20세기 시와 시론에서 시심의 입지점이 좁아진 건 사실이다. 시적 영감은 점차 새로운 시 형식에 대한 실험성, 일상적 체험의 재구성력, 시적 의도를 구현해내는 시적 장치(device), 섬세하고 정교한 언어 구사력 따위의 시가 '만들어지는' 자리에 시심은 자신의 자리를 내주어야만 했기 때문이다. 그러나 21세기 초입에 들어선 오늘날 우리가 시에 관해 얘기할라치면, '불어넣어지고' '스며드는' '노래 부르게 하는' 시심과, 시가 '만들어지는' 부분과의 조화를 생각하지 않을 수 없다. 다시 때문에 오늘날의 시심이란 시의 '만들어지는' 부분과의 조화를 생각하지 않을 수 없다. 다시 오룩의 이야기로 돌아가, 그 이야기 속에서 시심을 얻을 수 있는 방법들에 대해 생각해보자.

'사냥꾼과 물개 여인'에서 유일하게 그리고 처음으로 등장하는 이름이 오룩이었다. 노래하는 최초의 시인에게 이름이 부여되었다는 사실에 주목해보자. 이 대목에서 최초의 언어인 제 모국어의 결(texture)과 느낌(nuance)으로부터 출발하라라는 첫 번째 강령을 이끌어 낸다면 과도한 의미부여일까? 시심은 모국어와 운명을 같이 한다. 언어라는 게, 그 기표와 기의의 결합이 자의적^{恣意的}이라는 점, 모국어 자체가 부족의 언어이자 방언이라는 점을 감안해보자면, 어차피 시는 의미나 해석이나 번역이 불가능한 지점에 자리한다. 의미, 해석, 번역에의 실패가 시의 예정된 운명이다. 그럼에도 불구하고, 아니 그렇기 때문에, 시심은 모국어의 발견으로부터 출발해야 한다. 시심은 모국어들의 연쇄와 결락에서부터 시작되어야 한다. 어떤 단어에는 그 언어 공동체만이 느낄 수 있는 의미의 두께가 있고 뉘앙스가 있다. 시어가 연결되면서 구축하는 음률은 우리의 몸과 마음이 기억하는 모국어의 운율이자 장단이자 가락이며, 우리 삶이자 역사가 되는 까닭이다. 시인은 가락에 의지해 의미의 질감을 구축한다. 물론 의미의 질감에 따라 다른 가락을 발견해내기도 할 것이다. 그런 의미에서 시는 우리 몸속의 가락을 언어로 표현해내는 일종의 악보와도 같다. 시인에 의해 선택되고 배치된 언어의 악보이자, 모국어로 만들어지는 하나의 놀라움이다(이를테면 '와락'이라는 단어의 결과 무늬, 그 뉘앙스와 의미는 우리만이 공유할 수 있다. 또한 이 '와락'이라는 단어가 '나락', '벼락', '한 자락'으로 전개되며 그 연쇄적 의미를 형성한다면 이것은 번역 불가능한 시의 축복이자 한계이기도 할 것이다. 졸시 〈와락〉 참조).

"얼굴에 깊은 눈물 계곡이 패인" 간절한 외로움과, "그녀나 오룩이나 시간 그 자체보다 더 오래 된", 안 보이는 그 간절한 것들로부터 시심은 온다. 간절함은 이루어질 수 없는 열망이기 이전에, 포기될 수 없는 열망이다. 간절함은 인간 너머를 생각하지 않고는 불가능한 열망의 끝까지 간다는 의미일 것이다. 특히 사회·정치적 격변기마다 휴머니즘의 부활과 그 가치를 재확인하고자 했던 시대 의식의 발산 또한 그러한 간절함의 중요한 요인이기도 했다. 그런 점에서 시는 기도에 가깝고 혁명에 가깝다. 기도에 가깝지만 인간과 시대에게로 향해야 하고, 혁명에 가깝지만 언어와 저기-너머로 향해야 한다. 그러므로 시심을 얻기 위해서는 간절하되 안 보이는 것들을 감각하라, 그리고 의심하고 물어라. 안 보이는 간절함에 천착하고 그 간절함에 대해 왜? 라고 물어야 한다. 그것이 사랑이든 시간이든 죽음이든, 유토피아든 신념이든, 돈이든 밥이든 사람이든, 새롭게 인식하고 감각하기 위해 새롭게 물어야 한다(이를테면 '묵묵부답'일 수밖에 없는 물음들일지라도 새로운 언어로 물어지는 물음은 그 자체가 이미 답이다. 졸시 〈묵묵부답〉 참조. 그 물음에 의지해 "많은 대답들이 있지만/ 우리는 물을 줄 모른다// 시는/ 시인의 맹인 지팡이// 그걸로 시인은 사물을 짚어 본다./ 인식하기 위하여"[라이너 쿤체, 〈시학〉]이라는 시처럼).

  끝으로, 시심을 얻기 위해서는 "갑작스런 여름 바람처럼 뚫고 지나가"고, 노래처럼 '바람이 허파 속으로 스며들' 수 있도록 모든 관계를 해체한 후 재배치하고 충돌하게 하라. 시심은 고착되고 상투화된 기존의 관계를 해체한 후 흩어진 것을 다시 모아 재배치하려는 지속적인 시도 그 자체다. 또한 이 '격변적'이고 '예기치 못한' 낯선 관계 속에서 구축되는 뜻밖의 발견이다. 임의적이고 우연적인 다른 사물, 다른 시공간, 다른 언어, 다른 이미지들 간의 결합은 역동적인 의미를 생성한다. 이는 서로 다른 두 축軸 사이에서 전이, 전환, 치환, 병치 등의 방식으로 이루어지는 비유의 핵심 원리이기도 하다. 그런 의미에서 모든 시는 관계적이고 독창적이다. 두 가지 인식이 더 이상 상충되지 않는 채 결합하게 된다는 점에서 관계적이고, 재배치된 관계가 예전에는 없는 새로운 것을 의미한다는 점에서 독창적이다 (이를테면 서로 무관해 보이는 '저글링하는 사람'과 '상주喪主'를, '팬티스타킹'과 '깍두기'가 충돌하도록 재배치한다면 우리의 관심은 증폭될 것이다. 졸시 〈저글링 하는 사람〉 참조).

4. 시의 힘, 시의 매혹

외로운 사냥꾼과 신성한 물개 여인 사이에서 태어난 오룩! 그는 '물속 나라'라는, 안 보이는 저기-너머에 대한 기억과 감각을 간직한 자다. 오룩이 최고의 노래꾼, 아니 최초의 시인이 될 수 있었던 것은 자신이 살고 있는 지상의 '지금-여기'에서 물속의 '저기-너머'를 노래할 수 있었기 때문이다. 시심은 그 사이를 오간다. 춥고 눈 덮인 지금-여기와, 안 보이는 저기-너머를 간절히 잇고자 하는 열망 그 자체다. 그러니 시심은 영혼과 몸, 이상과 현실, 본원적 고향과 구체적인 일상 사이에 있을 것이다. 그 사이에서 시인은 자신의 간절함에 대해 끊임없이 되물으면서, 모든 관계를 재배치하고 충돌시키면서, 모국어로 노래하는 자다. 그렇게 부단히, 성실히, 길어올린 '재능'과 '기회'와 '노력'의 총합이 바로 시일 것이다. 그래서 시는 안 보이는 것을 믿는 사람에게는 모든 것이기도 하고, 안 보이는 것을 믿지 못하는 사람에게는 아무 것도 아닌 것이기도 할 것이다.

지금도 여전히 새벽이면 창가에 쪼그리고 앉아 어두운 하늘을 바라보며 저기-너머와 교신을 꿈꾸는 오룩의 후예들이 있다. '눈부신 물개, 신성한 물개'로 상징되는 시심을 찾아 헤매는 사람들이다. 나는 그들을 시인이라 부르고 싶다. 아닌 게 아니라 그들의 시에서는 새벽의 냄새나 물속의 냄새가 배어나기도 한다. 그렇다면 시란, 지금-여기에서 저기-너머를 꿈꾸기에 '우리 삶이 이게 전부일 거라고 생각하지 못하는 자'들의 노래가 아닐까. 이토록 척박한 지금-여기의 현실에 뿌리를 박고 시간의 이빨을 견뎌내며 생명의 물줄기를 놓지 않는 자들의 노래가 아닐까. 시의 힘, 시의 매혹은 여기에 있을 것이다.

정끝별　시인. 평론가. 이화여자대학교 국어국문학과 교수. 1964년 전남 나주 출생. 이화여대 국문과 및 동 대학원 졸업. 1988년 《문학사상》 시부문 신인상을 통해 등단했다. 1994년 동아일보 신춘문예에 평론이 당선되며 시 쓰기와 평론 활동을 병행하고 있다. 일상 언어에 시적 감각을 새롭게 부여하면서 반복적인 일상적 삶에 숨겨져 있는 인간 존재의 의미를 깊이 있게 해석해내고 있다. 시집 《자작나무 내 인생》, 《흰 책》, 《삼천갑자 복사빛》, 《와락》, 《은는이가》와 시론·평론집 《패러디 시학》, 《천 개의 혀를 가진 시의 언어》, 《오룩의 노래》, 《파이의 시학》 등이 있다. 유심작품상, 소월시문학상 등을 수상했다.

내 모습을
깊이 생각하는 것

치노 유키코 茅野裕城子

대학생 때 나보다 훨씬 연상인 소설가와 사귄 적이 있다. 아직 소설이나 문학에 거의 관심이 없었던 나는 그의 책상 위에 두 개로 나뉜 원고지 더미를 언제나 신기한 눈빛으로 곁눈질하곤 했다. 일주일에 몇 번인가 그의 집을 방문했지만, 이미 씌어진 오른쪽 원고지와 앞으로 쓸 왼쪽 원고지 양이 극적으로 달라지는 일은 없었고, 매일 쓰는 양 또한 지극히 적은 분량이라는 것을 알게 되었다. 그는 유명한 소설가가 아니었고, 그때 내가 보았던 원고도 책으로 출간되었는지 어떤지 알 수가 없다. 그러나 요즘 들어 간혹 왼쪽에서 오른쪽으로 옮겨지던 그 원고지들을 떠올린다. 아침이면 애인이었던 삼류소설가는 커피를 마시고, 소설을 쓰기 시작하기 전에 우선 다른 사람들이 쓴 소설을 읽었다. 그것도 위대한 문학작품이 아닌 친구나 선배 작가의 최근작을. 왜 그런 작품들을 읽고 나서 글을 쓰는지 물어본 적이 있다. 지인 중 누군가가 쓴 최신작을 읽는 동안 저절로 영감이 떠오른다는 대답이 돌아왔다.

그 대답이 너무 안일하다는 생각을 했지만, 이제 와 생각해 보면 그것은 작품의 내용이 아니라 물질로서의 '지인의 신작'이란 문자들을 그날 자신의 창작을 위한 발판으로 삼았던 것이 아닐까 하는 선의의 해석을 해 줄 수도 있을 것 같다.

나도 소설을 쓰기 시작했으나 옛 애인에게 있던 영감의 도움닫기와 같던 것이 내게는 전혀 없다는 생각이 든다. 음악이라든지 영상이라든지 누군가의 작품이든 커피든 아무것도 없다. 굳이 말하자면 나 자신이 아닐까. 나는 매일 꽤 재미있는 꿈을 꾸기 때문에 눈뜨기 전의 꿈속 광경 등을 변형시키거나 접목시켜 내 글에 짜넣는 식의 영감을 얻는-현실로부터 도약하는 도구로 삼는다-경우는 있을지도 모르겠다.

소설은 상상력으로 짓는 건축과 같은 일일지도 모르나, 그래도 내 장재나 창호에는 대단히 구체적인 작가의 현실 생활이 이미지네이션으로 사용하는데, 이를 우연히 발견하는 즐거움 또한 있으리라. 예를 들어 무라카미 하루키의 《노르웨이의 숲》 첫 부분은 브루투스[Brutus]라는 남성잡지의 독일특집을 위해 베를린에 갔을 때, 루프트한자의 기내 모습 그대로라고 같이 동행했던 편집자에게 들은 적이 있다. 또 《해변의 카프카》에 등장하는 조니워커란 인물은 동명의 도쿄 미술상을 약간 변형시킨 것이라고 한다.

개인적으로는 나카가미 겐지의 《태양의 날개》를 읽으며 그러한 것을 체험했다. 나카가미가 이 소설 집필 당시 자주 드나들었고 나도 몇번인가 데려가 준 적이 있는 신주쿠의 니신조[西武門]란 오키나와 음식점에는 세 명의 할머니가 일하고 있었다. 그분들이 가게에서 주고 받던 대화나 분위기가 그대로 소설에 반영되어 있는 것을 발견하고 왠지 기뻤던 것을 기억한다. 작가는 그저 오키나와 소주 아와모리를 마시고 노래나 부르고 있던 것이 아니었다. 겉으로는 그렇게 보여도 그것은 영감을 발효하고 숙성시키는 시간과 공간이었던 셈이다.

그런데 나는 내 소설의 근거지가 되는 장소, 귀속되는 풍토 등이 아무것도 없다고 느낄 때가 자주 있다. 그것은 자랑스러운 일이 아닌지도 모르겠다. 가령 도쿄를 배경으로 작품을 써도 그것이 자신과 어떤 연관이 있느냐 묻는다면 제대로 대답하기가 쉽지 않다.

대신 여행을 하는 것, 어딘가의 틈 사이를 이동하는 것, 나라와 나라 사이를 오가는 것, 다른 언어의 스위치를 켜고 이야기하고 사고하는 것, 거기에서 또 다른 세계로 이동하는 것, 그렇게 함으로써 무언가를 느끼고 지금까지 보지 못한 나 자신의 모습에 대해 깊이 생각하는 것이 나의 '쓴다'는 행위이며, 내 창작은 그러한 뿌리 내리지 못한 이동에서 영감을 얻고 있는 것이라 생각한다.

치노 유키코 茅野裕城子　1955년, 도쿄 출생. 아오야마학원대학 문학부 졸업. 대학졸업 후, 남미와 북미, 유럽 등을 여행하고, 여행 수필 등을 집필하였다. 중국 대륙에 관심을 두고, 베이징대학 등에서 중국어와 중국 현대 문학을 배우고, 이후 중국어권의 작가들과 교류해 왔다. 민족적, 문화적 정체성의 흔들거림, 혹은 현대 여성들의 부유 감각을 그린 작품은, 유머로 채색된 가벼운 비평감과, 항상 소수자를 염두에 둔 사회에 대한 시선으로 구축되어 있다. 소설 《한소음의 달》, 대륙 유민》, 《시안의 석류》, 《바비서부터 시작되었다》, 《미드나이트·크라이시스》 등이 있으며 '스바루 문학상' 등을 수상했다.

일관성과 영감

히라노 게이치로^{平野啓一郎}

영감이란 아름다운 말이지만 나는 영감이란 말을 신비화하고 싶지 않다.

영감은 우연히 알게 된 여성과 비슷한 점이 있다. 그 매력에 깊이 빠져도 되는지 아니면 단순한 관계로 두는 편이 좋은지. 어설프게 만났다 농락만 당한 뒤에 헛되이 끝나는 일도 결코 드물지 않다.

다른 작가들과 마찬가지로 나는 매 작품 다른 테마와 다른 문체로 작품을 쓰고 있다. 동시에 데뷔작을 시작으로 언젠가 마지막 작품으로 막을 내릴 한편의 '전집'을 쓰고 있다는 의식도 있다. 내 관심의 핵은 기본적으로 변함이 없으며 '전집' 집필 과정을 통해 더욱 깊어져 갈 것이라 믿고 있다.

내가 영감을 얻는 때는 그러한 지속적인 창작 과정을 통해서이다.

그 예로 내가 작품에서 '아이덴티티'란 문제를 어떻게 다루었는지 되돌아 보려 한다. 그것은 이번에 중국에서 출간된《던—중력의 낙원》이란 소설이 완성되기까지의 과정이기도 하다.

데뷔작《일식》은 중세 말 유럽의 마녀 재판에 대한 이야기로 신과 인간의 관계, 공동체와 이단자의 관계가 중심이다. 페스트와 전쟁 등으로 신이 창조한 세계의 질서가 무너지는 모습을 목격한 사람들은 신과 합일을 기원하는 열광적인 신비주의에 경도되거나, 사회의 '악'의 존재를 찾아내 속죄신학에 근거해 이를 자신의 일로 자학적으로 인내하거나, 마녀 재판 등으로 적대시하며 자신들의 선함을 믿으려는 식으로 나뉜다. 이 작품은 거품 경제 이후 일본 사회의 폐쇄감을 반영한 것이다.

근대의 요람기인 19세기 중엽을 무대로 한 세 번째 작품《장송》은 '신은 죽었다'며 예술에 자신을 바치며 격동적인 현실을 살아가는 낭만주의 예술가 쇼팽과 들라크루아를 주인공으로 하고 있다. 순서가 바뀌었지만 두 번째 작품인《달》은 서양으로부터 '개인'이란 새로운 개념이 들어온 메이지 시대 청년의 번뇌와 고민을 그렸다. 주인공이 정치 운동에서 좌절하고 나서 찾아낸 '연애'는 당시로서는 새로운 개념이었다.

어떤 작품에서든 내 자신의 자아에 대한 문제, 즉 '나란 누구인가'라는 문제를 독서를 통해 체험한 세계에 의탁해 쓴 것이다.

현대의 아이덴티티 문제를 직접적으로 다룬 첫 작품은 중편《최후의《변신》[역주-《달》에 수록]이다.

이것은 카프카의《변신》이란 유명한 소설을 일본의 심각한 사회 문제인 '히키코모리'와 연관시켜 이해하려고 한 작품이다'. '히키코모리'란 회사도 학교도 가지 않을 뿐만 아니라 집에서 한 발자국도 나가지 않는 사람들로, 길게는 십 년 이상 사회와 접촉을 끊은 사람들이다. 대부분 부모가 그들을 보살핀다. 독자들은 카프카의 《변신》에서 사람이 벌레로 변신한다는 충격적인 이야기에만 주의가 쏠리겠지만, 주인공이 방에서 나오지 않고 가족이 그를 보살피는 일본의 히키코모리 같은 현상이 카프카의 소설에서 벌어지고 있는 것이다.

일본에서는 아직도 개인의 가치를 실현하는 유일한 수단은 직업이라고 생각하는 사람들이 많다. 그렇다면 직업을 잃은 인간은 사회에서 어떤 평가를 받으며, 본인는 그것을 어떻게 받아들일까.

직업은 분명 개개인의 애매모호한 '개성'에 명확한 모습을 부여하고, 사회는 그 모습을 통해 개개인을 인식한다. 하지만 그 직업이 '진정한 자신'의 모습과 합치되지는 않는다고 여기는 이들을 사회는 어떻게 생각하는가. 또 다른 얼굴이 있다고 여기는 걸까.

히키코모리가 된 주인공은 《변신》을 읽고 생각한다. 카프카는 낮에는 노동재해보험국 직원이지만, 그 가면 아래 '본래의 자신'을 감추고 있다. 사회는 그것을 미심쩍게 바라본다. 그래서 '벌레'에 비유한 것이 아닐까. 갑자기 회사에 출근하지도 못하고 사회적 자아를 잃어버린 자신의 모습이 《변신》의 주인공 잠자와 같다고.

이후 학교에서 밝은 모습을 보이는 주인공은 '본래의 자신'은 그렇지 않다는 생각을 늘 하며 지난날을 뒤돌아본다. 주인공은 이후 학교에서는 밝은 모습을 보이나 늘 '본래의 자신'은 그렇지 않다는 위화감을 갖고 있던 지난날을 돌이켜 본다. 그리고 다른 사람들에게 맞출 필요 없이 홀로 남겨져 고독한 방에서 '본래의 자신'을 찾으려 안간힘을 쓴다. 그는 모든 인간관계에서 표면적으로 연기하는 자신이 '가면'에 지나지 않는다고 부정하기 시작한다. 하지만 아무리 생각해 봐도 '본래의 자신'이 어떤 존재인지 알 수가 없다.

이 소설은 마지막까지 어떤 희망도 주지 않는다. 왜냐하면 '유일한 본래의 자신/무수한 표면적 가면'이라는 모델 자체가 문제가 있다고 생각하기 때문이다.

다음으로 〈얼굴이 없는 나체들〉은 인터넷과 관련된 자아에 대한 고찰을 시도한 작품이다.

일본에서는 자신이나 연인의 음란한 나체 사진을 얼굴을 가리고 인터넷에 올리는 마니아들이 있다. 나는 그들의 '수치심'이 흥미로웠다. 그들은 많은 사람의 주목을 받으면 쾌감을 느끼지만 알몸으로 거리를 누비지는 못할 것이다. 얼굴이 알려지지 않고 화면 속의 인물이 자신이란 사실을 모른다고 부끄러움 또한 느끼지 못하는 것일까.

〈얼굴이 없는 나체들〉은 만남 사이트에서 알게 된 남녀가 '얼굴 없는 나체'를 인터넷에 올리는 것에 빠져드는 이야기로, 지방에서 중학교 교사로 일하는 여주인공은 수수하고 성실한 인물이다. 플로베르의 《보바리 부인》에 나오는 의사의 정숙한 아내처럼 불륜으로 신세를 망치게 되는 인물이지만, 상대는 평범하면서도 굴절된 성욕의 화신과 같은 남자주인공을 설정했다.

그녀는 만남 사이트에서 알게 된 남자 앞에 있는 자신이나 인터넷에 올린 자신의 사진은 모두 '본래의 자신'이 아닌, 그저 연기에 불과한 '거짓된 자신'이라 생각한다. 현실에서는 고작 몇몇 사람과 피상적인 관계밖에 갖지 못하는 그녀지만 인터넷 상에서는 수만 명의 남자로부터 열광적인 지지를 얻는다. 그것이 기묘한 균형을 이루어 그녀는 지루한 현실 생활을 견뎌내지만 점점 어느쪽이 '본래의 자신'인지 알 수 없게 된다.

인터넷의 가상 공간과 현실 공간이란 이분법이 인간의 내면과 외면, 속과 겉에 대응된다는 생각은 언뜻 이해하기 쉽다. 하지만 소설을 끝낸 나는 상황이 조금 더 복잡해지면 이 모델로는 설명이 불가능하다는 것을 실감했다. 현실세계 속의 사람들은 다양한 모습을 보여주고, 인터넷 또한 공간의 성격에 따라 사람은 다양한 모습을 보여주기 때문이다.

현실과 인터넷 사이에 반드시 진실과 허구로 선을 그을 수는 없다. 페이스북의 실명주의로 오히려 양쪽이 서로 맞닿아 있는 하나의 세계라는 인식이 일본에서는 확대 되었다. 하지만 나는 오히려 더욱 세분화된 상황에 관심이 끌린다.

소설 〈페캉에서〉[역주-《당신이, 없었다, 당신》에 수록]에서는 아이덴티티 문제를 조금 다른 각도로 그려 보았다. 일본에는 손목을 긋거나 다량의 약물 복용 등 '자살 미수' 행위에 의존하는 사람들이 있다. 그들이 왜 그런 행동을 하는지 궁금했다.

그들은 절대로 확실한 자살 방법을 택하지 않는다. 이것은 어떤 차이가 있을까?

작품 속 등장 인물의 죽음에 대해 생각하며 내린 결론은, 그들의 자해 행위는 자신이 아닌 '자기상自己像(셀프 이미지)'을 죽이려 한다는 것이었다. 죽고 싶은 것이 아니라 지금의 자기 모습이 고통스러워 그 이미지를 부정하고 다른 자기상을 얻으려는 것이 아닐까. '지금의 자신'이 아닌 '다른 자신'이 되기 위한 것이라면 자해 행위는 아이덴티티의 정리라고도 할 수 있다.

거기에서 나는 자아를 중심에 두고 연기하는 복수의 가면이 있다는 모델을 버리고, 대인 관계나 장소에 따라 변하는 복수의 자아를 갖고 그 구성비율을 '개성'으로 삼는 새로운 인간관에 대해 생각했다.

지금까지의 작품들을 집대성한 장편 《결괴》를 거쳐 새로 쓴 것이 《던─중력의 낙원》이란 근미래 SF소설이다.

나는 이 소설에서 '나눌 수 없다'는 어원을 지닌 '개인^{individual}'에 대해 '나눌 수 있다'는 의미의 '분인^{分人}(dividual)'이라는 인간의 단위를 제창했다. 우리는 여러 얼굴을 가지고 있다. 그것들 모두가 '본래의 자신'으로 받아들여져야 한다는 생각이다.

한 사람 한 사람 누구에게나 개성이 있다. 따라서 어디까지나 '나는 나'라는 태도는 소통을 불가능하게 한다. 상대의 개성을 존중하기 위해서는 서로가 영향을 주고받으며, 상대에게 맞는 인격을 만들어 내야 한다.

우리는 그런 다양한 인격을 지니고 있다. 부모 앞에서의 나와 연인과 함께 있을 때의 나, 직장에서 일할 때의 나……. 이것들은 모두 동일하지 않다. 그 개개의 인격을 '개인'보다 작은 단위인 '분인'이라 부르기로 한다.

우리는 타자와의 관계 속에서만 새로운 분인을 만들어낼 수 있다. 그리고 한 인간이 지닌 분인의 구성 비율의 변화로 그 사람의 개성이 변화한다. 때문에 우리는 타인의 존재를 존중해야 한다.

내가 이런 생각을 하게 된 것은 아이덴티티에 대한 일관된 관심이라기보다 단적으로 나 자신의 고민 때문이다. 나는 책이나 사회현상에서 영감을 얻기도 하지만, 자신이 크게 공감하는 부분에 깊이 파고들었다. 그것이 관심을 구체적인 세계로 주제화해주었다.

히라노 게이치로 平野启一郎 1975년, 아이치 현 출생. 교토대학 법학부 졸업. 대학 재학 중이던 1998년, 《신쵸》에 처음으로 투고한 소설 〈일식〉으로 아쿠타가와 상을 수상하며 데뷔했다. 작품마다 다른 시대, 장소를 설정, 완전히 새로운 수법을 사용함으로써 왕성한 창작 활동이 한층 돋보인다. 주목할 만한 현대일본 문학으로서 프랑스, 한국, 대만, 러시아, 스웨덴 등에서 작품이 번역되었다. 소설 《일식》, 《장송》, 《센티멘털》, 《당신이, 없었다, 당신》, 《방울져 떨어지는 시계들의 파문》, 《달》, 《얼굴 없는 나체들》과 수필집 《모놀로그》 등이 있다. 예술선장 문부과학대신 신인상, 되마고 문학상 등을 수상했다.

행行의 인스파이어
—hybrid literary form

히라이데 다카시^{平出隆}

내 첫번째 시집 《옛날 여관旅籠屋》(1976년)은 '행行'에서 자유로운 이른바 자유시들로 이루어져 있다. 그때부터 '행'에 대한 관심이 있었으나 어떻게 행갈이를 해야 하는지, 어떤 방법들이 있는지 따위만 지나치게 고민하다 결국은 근대의 관습을 따르게 된 것이다. 그러나 지금 생각해보면 '행'을 어떻게 할 것인가에 대한 생각이 내가 창작을 하는 데 숨을 불어 넣어 준 것이 아닐까 싶다. 두 번째 시집 《호두의 전의를 위해서》(1982년)는 짧은 프래그먼트 fragment 111줄을 늘어놓은 것이다. 이러한 형식은 산문시의 일종으로 그다지 드문 경우는 아니다. 하지만 거기에는 '행'에 대해 언급하는 시론적인 프래그먼트도 포함된다. 또 내 나름대로 다양한 '시 형식'이나 '일반적인 시의 기술에는 없는 요소'를 집어넣으려 했고, 111이란 특별한 수로 수학적 구조를 부여하기도 했다.

세 번째 《젊은 접골사의 초상》(1984년)은 자연관찰자인 한 학자가 벌에 대해 다양하게 쓴 관찰기를 토대로 하고 있다. 몇몇 관찰 기록을 그대로 인용하였는데, 문장의 주격은 벌로 목적격은 인간으로 하였다. 즉 벌이 인간을 관찰하면서 이야기하는 구조로 바꾼 것이다. 이른바 동일한 문장에서 주체와 객체가 바뀌는 것이다. 여기에서 말하는 '접골'이란 기묘한 각도에서의 '문장'에 대한 시술을 의미한다'.

이 같은 실험적인 변환의 시도 과정에서 나는 이른바 탈-탈산문시$^{off-off-prose-poem}$라는 방향으로 나아갔다.

당시 나는 생활을 위해 출판사 소설 편집자로 일을 하고 있었다. 일찍 시인이 되었지만, 생업을 위해 소설가에게 새로운 작품을 쓰게 하는 일을 직업으로 삼았던 것이다

산문을 만들어내는 그들의 작업 현장에서 운문을 지어내는 나는 살그머니, 그러니까 약간 뒤쪽에 서서 관찰을 계속했다. 그 과정에서 포에지^{poésie}(詩情)는 시 형식 속에서만 일어나는 것이 아님을 확인했다.

소설 속 문장뿐 아니라 과학자의 논문이나 수필 속에서도(수필의 한 구절에서도) 때로 포에지가 일어난다. 이처럼 의식하지 않고 일어나는 것을 포이트리^{poetry}라 할 수 없으며, 시인들은 그것을 기껏 애매하고 어중간한 시로 보는 경향이 있다. 그러나 그 애매하고 어중간한 포에지를 놓치고 있는 것이 다름 아닌 현대 일본의 시인들이라는 사실을 나는 통절히 느꼈다. 왜냐하며 포에지는 한눈에 그 적대물인 '사실'과 '개념'의 협공에 의해 인식되는 경우도 있기 때문이다.

자유시의 진정한 자유는 자유시 형식에서 벗어나거나 이를 깨뜨리는 것에도 있다. 이렇게 해서 내 네 번째 시집 《집의 초록섬광$^{green\ flash}$》(1987년)은 '산문시'와 '소설적 산문'과 '자유시'를 따로 써서 각

각의 유기성과 골격을 해체시킨 다음, 일정한 질서에 따라 종류가 다른 프래그먼트를 조합시켜 보다 큰 구조체로 재구축했다.

그런데 다섯 번째 시집이 될 즈음에 나는 '시집'을 잃고 말았다. 그러니까 그 다음에 쓴 《왼손 일기 범례》(1993년)는 에세이라고 보는 사람도 있고, 소설이 아니냐는 사람도 있으며, 소설 이전의 산문이라 단정하는 사람도 있는, 음악성이 있는 그런 작품이다. 나는 이것을 '시집'이라 부르지 않고, 시집을 전문적으로 출판하지 않는 곳에서 책을 내기로 했다. 그래서 네 번째 시집 이후는 몇 번째 시집인지 헤아릴 수가 없게 되었다.

《엽서로 도널드 에번스에게》(2001년), 《고양이 손님》(2001년), 《이라코 세이하쿠伊良子淸白[역주-일본의 시인·의사]》(2003년)들은 모두 그런 흐름 속에 있다. 자유시를 모은 《번개물방울雷滴》(2011년)이 몇 번째 시집인지 꼽을 수 없게 되었지만, 나는 이 책을 편협한 일본의 시 저널리즘에 바칠 마음은 없다. 거기에 가담하지 않을 자세가 되어 있고 그곳에 내 벗은 없기 때문이다. 최근 이스라엘 작가 Marcela Malek Sulak를 중심으로 한 그룹의 요청에 내가 답하게 된 것은, Hybrid Literary Form을 탐구하는 그들의 활동에 참으로 오랜만에 문학적 신뢰와 믿음이 느껴졌기 때문이다. 그들은 《엽서로 도널드 에번스에게》의 기묘함, 다시 말해 애매하고 어중간한 것의 문학성을 재미있게 생각하고 작품집에 내 작품을 넣어 주었다.

《고양이 손님》은 일본의 근대가 낳은 '사소설' 형식을 띠고 있다. 사소설이란 단적으로 말해, 가능한 거짓말을 하지 않고 쓰는 소설이다. 픽션을 최대한 억제한 픽션이다. 그렇게 함으로서 작은 '나'를 커다란 우주 바닥에 수직으로, 그러나 아주 작은 서릿발이 서게 하려 한다. 때문에 《고양이 손님》을 읽은 서양 독자들은 '큰 이야기'가 없고, 동서 절충적인 '이문화'가 작품 속에 나타나는 것에 무의식적으로 당혹감을 보인다고 생각한다. 특히 정원에 나무를 심어 가꾸는 일이나 곤충, 일본 가옥의 배치에 대한 서술이 끊임없이 이어지는 것에 대해, 왜 빨리 '이야기'를 진행시키지 않고 이렇게 세세한 것들에 얽매여 지면을 할해하는지 어이없어 하는 것도 같다.

일본의 급속한 서구적 근대화가 만들어낸 '사소설'은 오늘날 거의 죽음에 가까운 형식이지만, 시 쪽에서 되돌아보면 결코 그렇지가 않다. 허구보다 사실을 쓰는 일을 중시하고, 사실 그 자체보다 씀으로써 떠오르는 사실의 포에지, 최소한으로 허구화된 사실의 서정성^{lyricism}을 중시한다. 또 사회에 대한 봉사가 아닌 자기 자신에 대한 봉사를 과제로 삼는 원칙은 적어도 사적인 성질[私性]의 강도를 높인다. 그것은 때로 '나'를 소멸시킬 만큼 강한데, 그 경우는 '비인칭' 차원으로까지 작자와 독자를 이끌고 간다.

이때 문장 기교의 최종적인 근거는 사실과 음악의 교류라 부를 수 있을 것이다. 내 사소설은 산문시의 그림자를 지니고 있어, 언어의 음악성을 추구하기 때문에 off-off-off-prose-poem일지도 모르겠다. 그러나 사소설이 많은 것을 동시에 실현하고 있다는 뜻은 아니다.

왜냐하면 형식의 중첩에는 역설이 입을 벌리고 있기 때문이다.

운문과 산문을 둘러싼 역설은 보들레르 이후에 산문시라는 키메라^{chimera} 형식을 만들어냈다. 그러나 산문시 또한 하나의 길들여진 형식에 빠질 위험에 놓여 있다. 이 역설에 발목이 잡히지 않도록 할 때, 나는 '모든 시는 산문이란 대양을 향한다'라고 직관한 노발리스

Novalis[역주-독일의 초기 낭만주의 시인]를 떠올린다. 또 산문을 지향하는 시의 사실적인 형상적 사고와 그 언어의 물질적 기반을 간파한 발터 벤야민을 염두해 왔다.

제재와 사실성의 극단적인 추구는 서사나 시의 형식적 근거를 희박하게 만든다. 그러나 형식은 소멸하지 않으므로, 모든 곳에 그러한 형식들간의 겹침이 발생한다.

어떤 작품이 위치하고자 하는 곳은 하나의 형식이 아닌 복수의 형식이 겹쳐지는 부분이다. 거기에 광학적 산란이 일어난다. 보통 작가는 한 장르만을 인식하고거기에 평온하게 머무를 수 있다. 그러나 지극히 의식적이라면 자신의 작품이 복수의 형식이며, 복수의 장르임을 지각하게 되고, 자신이 복수의 테리토리에 속해 있으며 동시에 어디에도 속해 있지 않다는 생각을 하기 시작한다.

《엽서로 도널드 에번스에게》는 작자 스스로도 정의할 수 없는 형식이 되었다. 일기이기도 하고, 편지이기도 하다. 특정 화가의 초상을 그려내려는 미술 비평이며, 이를 위한 필드 워크이기도 하다. 서간체 소설이라 부르는 사람도 있고, 기행 문학으로 보는 사람도 있을 것이다. 어떤 시인이 호의적으로 이를 시집이라 불러 주었지만, 나로서는 기뻐하며 수긍할 수만은 없다.

단지 분명히 이야기할 수 있는 것은 커다란 허구를 배제하고 사실을 기록하는 시^{poesy}란 사소설적 규칙을 따르고 있기 때문에, 이 작품에는 날짜와 장소 등에 꾸밈이 없다는 정도랄까. 날짜와 장소를 조작하지 않는 것은 《고양이 손님》에서와 마찬가지로 작품의 빛인 '규칙'이다.

그렇다면 나의 탐구의 결과 '행'은 어떤 모습이 되었을까. 처음에 이야기했듯이 시를 쓰고자 하는 사람으로서 '행'이라는 물질성이 우선 존재하고, 그 '행'이 내게 영감을 준다고 생각했다. 그리고 지금은 흘러가는 물결에 씻기고 혹은 흐름을 지나오면서 남아 있는 원소와 같은 것이 '행'처럼 보인다. 이 원소는 흐름과의 충격 때문인지, 흐름과는 전혀 다른 다양한 방향으로 빛을 발산시키며 존재한다.

그것은 마치 긴 세월 속의 어떤 하루처럼 빛을 발하며 존재한다. 또 그것은 지상의 어느 장소를 차지하려 하지 않는다.

시詩라는 왕국을 믿는 사람들이 있지만, 나는 그러한 영토에 대한 신뢰가 없다. 오히려 그 왕국을 신봉하는 사람들에게 대항하고, 그들의 정신에 숨어 있는 것들에 대한 싸움을 계속하고 있다고 할 수 있다. 그 싸움의 심화가 나를 더욱 이쪽으로, 산란하는 빛의 방향으로 향하게 한다.

히라이데 다카시 平出隆　1950년, 후쿠오카 현 모지(현 기타큐슈시) 출생. 히토츠바시대학 사회학부 졸업. 다마미술대학 교수. 대학재학 중에 《유리이카》에 시와 시론을 발표하며 데뷔했다. 1970년대의 시적 래디컬리즘 활동을 전개하였다. 시집 《집의 녹성광》, 《젊은 접골사의 초상》과 평론집 《파선의 행방》, 《다방통행로》, 산문집 《베이스볼의 시학》, 《백구 예찬》, 《산책의 그래피즘》, 《엽서로 도날드 에번즈에게》 등이 있다. 예술선장 문부대신 신인상, 요미우리 문학상, 기야마 쇼헤이 문학상, 기행문학 대상, 예술선장 문부과학대신상, 토손 기념역정상 등을 수상하였다.

中韓日 東亞細亞文學

문학과 가정 그리고 사회

유연하고 아름답게
—일·한 여성 소설의 현재

가와무라 미나토 ^{川村湊}

현재 일본에서 가장 활발한 작품활동을 하는 작가들은 여성 작가들이다. 쓰시마 유코, 기리노 나쓰오, 가쿠타 미쓰요를 비롯해 아카사카 마리, 와타야 리사, 가네하라 히토미, 아사부키 마리코 등 각 세대별 여성 작가들의 활약이 눈부시다.

중견작가 가쿠타 미쓰요는 최근작 《8일째 매미》나 《트리하우스》와 같은 장편에서 여성들의 자립과 범죄 문제 그리고 중국 동북부 지역과 옛 만주 지역에 살던 일본인(특히 여성)들의 생활 체험을 일본 근대사와 결부시켜 그려내고 있다.

《8일째 매미》는 세토내 해에 있는 작은 섬에서 유괴범인 여주인공과 유괴된 여자 아이가 함께 생활하는 이야기이다. 남자들의 이기적인 행동에 농락당한 여성들. 자립이 아닌 고독한 그녀들에게 손을 내미는 것은 어딘가 수상쩍은 종교 단체뿐이다. 《트리하우스》는 할머니와 손자의 기억을 통해 전쟁 전에 만주로 이주한 일본인의 역사를 그리고 있다. 또한 한 가족의 역사가 전쟁 전과 후 그리고 나라의 역사와 함께 흘러가는 모습을 그리고 있다.

쓰시마 유코의 《너무나도 야만적인》은 일본의 식민지였던 대만을 무대로 지나간 역사와 현재의 체험이 서로 겹쳐진다. 또한 이 작품은 작은 어머니와 조카의 관계, 모계가족이나 친족을 다룬 것도 특징적이다.

이들은 기존의 남성 중심 사회에 저항하는 페미니즘문학(비평) 운동을 뛰어넘어 가정이나 작은 '지역' 공동체에서 여성들의 자립과 이를 저해하려는 세력에 맞서 끊임없이 싸우고 있다.

아카사카 마리의 신작 《도쿄프리즌》은 일본의 전후사의 큰 초점이었던 도쿄 재판을 엄마와 딸의 관계를 통해 생각해 보는 소설로, 미국과 일본이라는 두 국가, 두 장소에 대한 고찰이기도 하다. 사회와 역사. 일본의 여성 작가들은 지금까지 가정과 학교, 회사라는 좁은 틀에 갇혀 있던 자신의 처지를 역이용하여, 개인에서 가족이나 작은 공동체를 거쳐 사회와 역사로 접근하는 데 성공했다. 이는 남성 작가들이 성취하지 못한 부분이다.

한국 여성 작가들의 상황에서도 이런 점이 나타나고 있다. 최근 한국에서 실시된 앙케트 조사에서 한국 작가 중 노벨문학상에 가장 어울리는 작가가 누구냐는 설문에 신경숙의 이름이 제일 먼저 거론되었다. 《외딴방》, 《엄마를 부탁해》 등의 작품으로 일본에도 알려진 오십대 초반의 여성 작가이다. 그녀의 작품은 영어로도 번역되어 미국에서 베스트셀러가 되었지만, 작품은 의외로 소박해 한국의 가족 관계, 집과 사회 제도 속에서 외롭게 살아가는 여성들을 다룬 작품이 많다.

시골에서 상경한 노모가 서울 지하철역에서 실종된다. 서울에 사는 아들딸들이 엄마를 찾기 위해 구석구석을 누비지만 헛수고이다……

《엄마를 부탁해》는 역설적이지만 자식들이 엄마를 잃어버리는 이야기이며, 작가는 '엄마'로부터의 자립과 졸업을 그리고 있는 것 같다. 그것은 한국 여성들이 또는 한국 사회가 '어머니'나 '집, '고향'으로부터 자립하고 자활해가는 과정을 보여준다. 현대적 대도시로 나온 아들딸에게 고향집이나 부모는 '돌아갈' 장소나 근거가 송두리째 사라져가고 있음을 암시하는지도 모른다. 신경숙은 '오랜만에 고향집에 돌아가 어머니와 함께 잠을 자며 이 작품을 구상하게 되었다'고 일본 독자들에서 얘기한 바 있다. 이는 고향이나 어머니란 존재의 상실이라기보다 여성의 자립적인 삶과 자활을 의미하는 것이리라.

같은 나이의 여성 작가 공지영도 베스트셀러 작가이다. 소설《우리들의 행복한 시간》과《도가니》는 한국에서 영화화되었을 만큼 유명하며, 사회적으로도 큰 영향을 끼쳤다. 하스이케 가오루가 일본어로 번역한《즐거운 나의 집》은 연애 경험이 많은 엄마와 딸의 이야기가 경쾌하고도 유연하게 그려졌다. 한국의 현대 사회를 살아가는 공지영 소설 속의 여주인공들은 신경숙의 작품보다 더 개방적이고 분방한 삶을 살고 있다.

그러나 한국인이 기대하는 노벨문학상 수상 선두에 있는 이는 시인 고은이다. 지난 몇 해 동안 노벨상 발표 시기가 되면 일본과 마찬가지로 '올해야말로' 하는 기대로 매스컴들이 시인의 집 주변에 모여들었다. 고은이 무라카미 하루키보다 수상 확률이 높다는 소문이 들리기도 한다. 그 외에 소설가 황석영도 노벨상 후보로 주목받고 있어, 역시 지지자들이나 팬들의 기대가 크다.

고은과 황석영은 과거에 민주화 운동을 이끈 작가들로 사회적 실천가, 운동가의 모습을 강하게 지니고 있는 이른바 사회파 남자 작가들이다. 이에 비해 신경숙, 공지영 등의 여성 작가들은 민주화와 고도 경제성장 이후의 현대 한국 사회에서 보이는 개인의 병폐나 사회문제를 드러내 보인다.

그녀들보다 젊은 삼십대 작가로 김애란이 있다. 《누가 해변에서 함부로 불꽃놀이를 하는가》 등 일본에 소개된 작품은 아직 적지만, 《달려라 아비》 등 젊은 세대의 새로운 감성과 기지가 돋보이는 문체로, 문단이나 젊은층의 큰 지지를 얻고 있다.

지금까지의 한국소설이 길고 엄숙한 사회소설이나 역사소설(조정래의 《태백산맥》, 이문열의 《사람의 아들》, 한수산의 《까마귀》 등)로 대표되었다면, 여성 작가들의 작품은 가정이나 사회의 한편에 묻혀 있던 여성의 고뇌나 고립, 꿈의 양상을 풍부한 감수성으로 섬세하게 그려낸 유연하고도 아름다운 '한류소설'이다. 이는 문학을 즐기는 이들이 학생이나 지식인 남성에서 젊은 여성층으로 옮겨졌다는 사실을 반영하고 있다. 일본의 에쿠니 가오리, 가쿠타 미쓰요, 요시모토 바나나, 미야베 미유키 같은 작가들의 작품이 번역되어 한국의 대형 서점에 진열되어 있는 것도 같은 현상으로 이해된다. 물론 무라카미 하루키나 히가시노 게이고, 요시다 슈이치 등의 작품도 많이 번역되어 있다.

일본과 한국에서는 사회변혁이나 역사를 재해석하는 작품을 쓰는 여성 작가들이 많이 있다. 물론 중국에서도 같은 현상이 일어나고 있다. 중국과 한국, 일본 작가들이 한자리에 모여 심포지엄을 개최한다는 것은 이러한 자신들의 상황과 환경을 인식하는 일이며, 공통의 과제에 대해 진지하게 토론하는 장을 만드는 일일 것이다.

가와무라 미나토 川村湊 1951년, 홋카이도 출생. 호세이대학 법학부 정치학과 졸업. 호세이대학 교수. 1975년부터 평론 활동을 시작하였다. 정력적인 문예평론을 전개하는 한편, 옛날 일본 식민지에서의 일본어 문학, 일본의 이민 사회에서의 일본어 문학 연구, 동아시아와 일본의 비교문화를 연구해 왔다. 1982년부터 3년간, 한국 부산의 동아대학에서 일어·일문학과 조교수를 맡기도 했다. 평론집 《전후 문학이란 무엇인가》, 《타항의 쇼와 문학》, 《언영과 타계》, 《전후 비평론》, 《만주 붕괴》, 《서울 도시 이야기》, 《일본의 이단 문학》, 《보타락 관음 신앙으로의 여행》, 《낭질정전 狼疾正傳—나카지마 아쯔시中島敦의 문학과 생애》 등을 펴냈다. 군조신인문학상 우수상, 히라바야시 타이코상, 이토 세이상, 요미우리 문학상 등을 수상했다.

송방

김애란

어머니와 아버지가 처음 만난 곳은 '송방'이었다. '송방'은 '가게'를 일컫는 충청도 말로 최근 어머니와 통화하며 나도 처음 알게 된 단어다. 생선가게면 생선가게, 이불가게면 이불가게지 '가게' 이름이 왜 그냥 '가게'냐고 묻자, 어머니는 처녀 적 기억을 더듬으며 드문드문 말을 이었다.

"그게…… 뭐든 다 파는 집이었거든."

술도 팔고, 공책도 팔고, 국수도 끓여주는 데다 비누며 소화제 등 없는 게 없는 곳이었다고. 주로 초등학교 앞에 자리했다는 설명을 근거로 짐작컨대 아마도 송방이란 문방구와 구멍가게, 분식집 기능을 한데 섞어놓은 곳이었던 것 같다. 지금으로 치면 삼각 김밥과 볼펜, 스타킹을 같이 파는 편의점 정도가 아니었을까. 물론 그보다는 훨씬 초라하고 계통 없는 곳이었겠지만 말이다. 아무튼 30여 년 전, 그러니까 1970년대 말, 한반도 서쪽의 어느 바닷가 마을에서, 아니 좀 더 정확하게 말하자면 송방의 한 온돌에서, 어머니와 아버지는 소개팅을 했다.

"뭐?"

'온돌'과 '소개팅'이라는 단어를 나란히 접한 내가 말꼬리를 올렸다. 주선자 둘, 당사자 둘, 청춘남녀 네 명이 좁은 온돌방에 앉아 어색한 만남을 가졌으리라 생각하니 내가 다 쑥스러워진 까닭이었다. 그건 뭐랄까. 마치 각 나라 작가들이 일본 전통 난로인 '고다츠' 주위에 앉아 담요를 덮고 귤을 까먹으며 진지하게 문학을 논하는 풍경과 비슷할 것 같았다. 누군가는 엉덩이가 따뜻해진 나머지 까다롭기로 유명한 노작가의 어깨에 기대어 자고, 또 어느 거장의 손에는 귤 물이 들어 있는, 그런 모습과.

그럼 그 '방'에서 넷이 무얼 했냐는 질문에 어머니는 '뽕을 쳤다'고 답했다. 나는 그건 또 무슨 말인가 싶어 어리둥절해 했다. 아무래도 오늘은 새[新] 말을 많이 배우는 날인가보다고. 아무렴, 모름지기 부모란 자식들에게 옛 말을 새 말처럼 알려주는 데 이골이 난 사람들이지 하고. 어머니는 얼핏 들어도 뭔가 고상한 대상을 가리키는 게 절대 아닐 것 같은 그 단어가 실은 '화투'의 한 종류라고 일러주었다.

"뭐?"

내 말끝은 '소개팅'이란 말을 들었을 때보다 조금 더 올라갔다. 아니 그럼 초면에 아버지랑 화투를 친 거냐고 묻자, 찻집도 극장도 없는 시골에서 할 일도 없고 심심해서 그랬단다. 서양의 원카드처럼 화투 일곱 장 갖고 노는, 먹을 거 내기 게임이었다고. 그래서 누가 이겼냐고 묻자, 어머니는 의기양양하게 답했다.

"내가."

그날의 작은 패배를 시작으로 아버지는 지금까지 사는 내내 어머니를 한 번도 이겨보지 못했다. 적어도 겉으로 보기에는, 그랬다. 그 뒤로 아버지와 어머니는 계속 소극적인 만남을 이어갔다. 두 사람이 언제 마음이 통하게 된 건지는 알 수 없다. 다만 어느 순간 사물을 갖고 노는 데 싫증이 났는지 '다른 놀이'를 찾은 모양인데, 그 '다른 놀이'라는 게 서로의 몸을 만지작거리며 밀담을 나눈 거였는가보다 추측할 뿐이다. 처음에는 수치심에 놀라, 나중에는 그 수치심을 자꾸 확인하고 싶어 몇 번이고 반복했을 무엇……. 그리고 그렇게 둘 사이를 오간 호흡 속에서, 허풍과 약속 안에서, 노동과 낙관 안에서 태어난 게 나다. 목소리 크고 일 잘 하는 어머니와 말 수 적고 노래 잘 하는 아버지 아래서 막내딸로, 좀 엉겁결에. 나는 다른 여느 아이들처럼 앉다, 기다, 걷다, 달릴 수 있게 되었고, 웃고, 울고, 종알거리다 어느 순간 무럭 자라 소설가가 되었다.

나는 고스톱이나 블랙잭, 마작 같은 것을 제대로 할 줄 모른다. 하지만 낱말 카드를 가지고서는 조금 놀 줄 안다. 어려서부터 이 말 저 말을 섞어 흔든 뒤 짝을 맞추고 펼쳐보는 걸 좋아한 까닭이다. 자음 14개, 모음 10개 이렇게 24장의 활자가 적힌 낱말 카드가 그 도구다. 나는 각 기호의 조합이 만들어내는 단어의 소리와 뜻, 온도와 질감을 살펴가며 한 문장을 만든다. 그리고 그 뒤에 다른 문장을, 또 그 다음 문장을 이어가며 이야기를 짓는다. 내 '가족'은 그 문장들 틈에서 불쑥 튀어나오곤 한다. 때로 '소재'의 얼굴로, 어느 때는 문체나 말투, 버릇 같은 형상을 하고 말이다. 하지만 내가 소설 안에서 '가족'을 만나 반가울 때 혹은 가족에게 빚지는 때는 따로 있다.

부모님은 태어나 내가 처음 만난 '타인'이었다. 완벽하지도 이상적이지도 않은. 완전할 리도 신비할 리도 없는 타인⋯⋯. 나는 이들로부터 앞으로 내가 살아가며 맺게 될 관계라든가 실망, 실패와 짜증 같은 것을 배웠다. 동시에 이상한 편안함이랄까 연민, 애정도 느꼈다. 내게 가족이란 관계를 연습하는 장소이자 복잡한 감정을 익히는 과정의 이름이었다. 그래서 나는 사물이 흐릿해 보일 때 안경을 쓰듯, 혹은 운동선수가 장대높이뛰기를 할 때 막대의 도움을 받듯, '사회'라든가 '타인'이라는 말이 너무 멀고 높아 보일 때 '가족'이란 장대를 이용해 그것들 가까이 가려 한다. '타인'이랄까 '이해', '고통'이랄까 '윤리'와 같이 어려운 단어와 마주할 때도 그렇다. 그때 '가족'은 추상명사를 추상명사로 부르지 않고, 보통명사를 보통명사로 부르지 않으려는 노력의 수단이자 바탕이 된다. 물론 이 장대는 곧잘 부러지는 데다 엉뚱한 방향으로 휘어 불안하기 짝이 없지만. 나는 그것이 없을 때보다 있을 때, 타인을 좀 더 잘 상상할 수 있다고 느낀다. 그리고 문학이 할 수 있는 좋은 일 중 하나는 그렇게 평편해진 말들을 두텁게 하고, 그 말이 가리키는 대상의 울퉁불퉁함과 깊이를 보여주는 데 있다 믿는다. 곤경에 처한 사람을 볼 때 '사회가 보살펴야 할' 당위를 가진 '약자'로 보는 게 아니라 독자적인 생명으로, 누군가의 부모이자 새끼, 혹은 개개인의 역사와 사연을 가진 소우주로 보는 것. 납작한 낱말 카드를 천천히 조심스럽게 구겨 주름과 부피를 내는 것. 그리하여 허파꽈리가 그러는 것처럼 말과 세상과의 접촉면을 최대한 늘여가는 일 말이다.

그렇지만 '타인'이라는 말 앞에서 나는 매번 쩔쩔맨다. '이해'라는 것, 생각만 해도 수고롭고 버거워 할 수만 있다면 '안 하며 살고 싶다' 생각할 때도 많다. 그런데 이상하게 그 '이해하지 못함'이 혹은 '이해할 수 없음'이 이따금 나를 또 다른 이야기의 세계로 인도해주는 걸 느낀다. 평생 크고 작은 사고를 낸 탓에 가족 안에서 입지가 약해진 아버지와 그 뒷감당을 해오느라 씩씩하다 못해 사나워진 내 어머니만 봐도 그렇다. 그 모든 일이 지나간 뒤, 자식들이 다 떠나간 자리에서, 두 사람이 요즘 밤마다 무엇을 하는지 보라. 나이 들어, 이제는 눈도 쳐지고 목소리도 작아진 내 부모는 저녁마다 서로 머리를 맞댄 채 '맞고'를 친다. 동네에서 벌어지는 건 판돈이 너무 큰 데다, 저녁마다 티브이를 보는 일 외에는 별로 할 일이 없어서다. 한때 아이들이 시끄럽게 뛰어놀던 거실에는 어둠과 침묵이 짙게 깔려 있고. 이제는 미움도 사랑도 희석된 채 이따금 서로를 연민으로 바라보는 두 사람만이 오도카니 남겨져 있다. 가스 값을 아끼느라 보일러를 틀지 않은 거실에 군용담요를 깔고 바싹 웅크린 채. 그런데 흥미로운 건 통화할 때마다 어머니가 자주 웃는다는 거다. 내가 왜 그러냐고 묻자 어머니는 '네 아버지가 자꾸 욕을 해서 그런다'고 했다. 화투판이라는 데가 원래 세상 어디가도 듣지 못할 말들이 오가는 장소란 걸 알지만, 점잖고 숫기 없는 우리 아버지가 그런다니 뜻밖이었다. 보다 이상한 건 어머니의 반응이었다. 어머니는 아버지에게 욕을 먹을 때마다 소녀처럼 깔깔대며 좋아했다. 마치 그렇게 하대 받아 좋다는 듯이, 꽤 오랫동안 당신이 나를 이렇게 대해주길 기다려왔다는 듯 말이다. 그 얘기를 들은 나는 '여전히 세상에는 이해할 수 없는 것투성이구나'라고 고개 저었다. 어쩌면 세상 많은 부부의 이부자리 속, 사정이라는 것 역시 이와 같지 않을까 하고. 그러니 송방에서 처음 '뽕'을 친 이래 30여 년 간, 살면서 한 번도 상대를 이겨보지 못한 사람은 사실 아버지가 아니라 어머니였을지도 모르리라.

그러니 이쯤에서 그만 나도 낱말카드를 손에서 잠시 내려놓고 부모님을 흉내 내 화투를 좀 해보려 한다. 어깨 너머로 배운 지식을 활용해 화투 점을 쳐보려 한다. 매화는 님, 벚꽃은 여행, 검은 싸리는 근심, 소나무는 소식이라든가. 내가 갖게 된 패는 세 장. 벚꽃과 모란, 그리고 국화이다. 그리고 각 카드에 상응하는 의미를 덧대 문장으로 꾸리면 이렇다.

'여행지에서 친구를 만나니 술 마실 일이 생긴다.'

점이란 게 원래 해석하기 나름이라지만, 아무래도 나는 이 패가 앞으로 내가 다급하게 해야 할 일을 예고하는 듯해, 넋을 잃고 먼 산을 본다.

―이 원고는 원래 2012년 '제3회 동아시아문학포럼' 발제용으로 작성되었습니다. 그 뒤 주최측의 사정으로 포럼이 몇 해 연기돼, 원고를 다른 매체(제37회 이상문학상수상집, 자전 에세이 〈카드놀이〉)에 먼저 발표한 적이 있습니다. 〈카드놀이〉는 〈송방〉에 살을 붙여 만든 원고입니다. 독자분들께 혼란을 드릴지 몰라 사정을 밝힙니다.

김애란 소설가. 1980년 인천 출생. 한국예술종합학교 연극원 극작과 졸업. 2002년 대산대학문학상 소설부문에 당선되어 등단했다. 탁월한 안목으로 우리의 삶을 헤아리며 주목 받지 못하는 것에 대한 애정을 담아내는 소설을 선보이고 있다. 소설집 《달려라, 아비》, 《침이 고인다》, 《비행운》과 장편소설 《두근두근 내 인생》 등이 있다. 한국일보문학상, 이효석문학상, 김유정문학상, 올해의 젊은 예술가상, 신동엽창작상, 젊은작가상대상, 이상문학상을 비롯해 프랑스에서 '주목 받지 못한 작가상'[Prix de l'inapercu]을 수상했다.

작은이모

김인숙

5월에 이모님이 돌아가셨다. 향년 94세셨다. 장수하신 셈이다. 그러나 그 말년이 그리 평화롭지는 못하셨다.

　세상을 뜨기 전 몇 해 동안 이모는 눈이 어두워져 거의 장님 같았다. 화장실에 갈 때조차도 손바닥으로 바닥을 짚어가며 기어가야 했는데, 때로는 엉뚱한 곳을 화장실로 착각할 때도 있었다. 어쩌면 아주 자주 그랬을지도 모른다. 이모를 모시고 살았던 이모의 큰아들, 나의 이종사촌은 장례식장에서 말을 아꼈다. 이모가 눈만 어두웠던 것은 아니다. 적어도 5년 이상 이모는 치매 노인으로 살았다. 온전하지 못한 정신이 슬픔으로만 가득 찼는지, 아무의 손이나 붙잡고 울었다. 이모를 마지막으로 찾아갔던 때, 내게도 그랬다. 엉금엉금 기어 나와 나를 알아보고, 그리곤 내 손을 잡고, 내가 그 집을 나설 때까지 줄곧 울기만 했다. 가봐야겠다는 내 손을 놓으려고 하지 않았다. 놓으려고 하기는커녕, '가지 마, 가지 마.' 어린아이처럼 더 소리를 높여 울었다.

이모는 내게 특별한 분이었다. 내가 네 살 때 아버지가 돌아가신 후, 어머니는 친가 쪽보다 외가 쪽 친척들에게 더 의지했다. 자연히 나와 내 형제들도 고모나 친삼촌보다는 이모들을 더 좋아했다. 어머니에게는 여러 명의 형제가 있었지만 그때 이미 다들 세상을 뜨고, 이모 두 분만이 남아 계셨다. 어쩐 일인지 두 분 다 자식을 낳지 못했다. 큰이모는 남편과 단둘이 살았고, 작은이모는 남편의 후처와 후처 소생의 자식들과 함께 살았다. 지난 5월에 돌아가신 이모가 바로 작은이모이다. 두 분 다 자기 몸으로 자식을 낳아본 적이 없어서인지, 나와 내 형제들에 대한 애정이 각별했다. 사는 게 괜찮았던 큰이모는 여러 가지 방식으로 물질적 도움을 주었고, 우리보다도 못살았던 작은이모는 직접 농사지은 푸성귀들을 쉼없이 가져왔다. 우리는 잘 사는 큰이모보다 못사는 작은이모를 더 좋아했다. 농사를 짓는 작은이모 집에 가서 여름방학을 나는 것을 좋아했고, 겨울방학도 마찬가지였다. 여름에는 산에서 나는 과일들을 따러 다녔고 겨울에는 얼음판이 된 논 위에서 온몸이 꽁꽁 얼어붙도록 썰매를 탔다. 서울에 있던 큰이모 집에서는 절대로 누릴 수 없었던 즐거움이었다. 시골사람인 작은이모가 서울의 큰이모보다 훨씬 더 다정했기 때문에 우리는 큰이모에게와는 달리 맘껏 어리광을 피울 수도 있었다.

작은이모의 남편, 즉 작은이모부가 돌아가신 건 내가 기억할 수도 없을 만큼 어렸을 때의 일이다. 작은이모부는 돌아가시면서 그의 후처와 그 후처에게서 얻은 세 명의 아들을 남겼다. 작은 이모부가 돌아가시기 전부터 그들은 한 집에서 살았다. 지금으로서는 상상도 할 수 없는 조합이겠으나, 과거의 한때, 그것은 그리 이상한 일도 아니었다. 작은이모부가 두 집 살림을 할 만큼 넉넉하게 살지 못했기 때문이다. 작은이모부가 돌아가신 후에도 그들은 함께 살았다. 작은이모가 본처였기 때문에 후처의 자식들은 전부 이모의 아들로 호적에 등재되었다. 이모의 아들들, 나의 이종사촌들은 친엄마도 엄마라고 부르고, 친엄마가 아닌 나의 이모에게도 엄마라고 불렀다. 우리가 그들 집에 자주 놀러갔던 것처럼 그들도 우리 집에 자주 놀러왔다. 엄마가 둘인 그들이 불편하게 여겨진 적도, 불편해 보인 적도 없었다. 그들은 내 어머니를 이모라고 불렀고, 우리는 그들의 친어머니를 '작은아줌마'라고 불렀다. 작은아줌마, 이모부의 후처였던 그분도 우리 집에 놀러오곤 했다. 우리가 그 집에 놀러가는 것을 성가셔 하기는커녕 항상 웃음으로 반겨주었다.

그분이 내 이모가 돌아가실 때까지 그 곁을 지켰다. 밥도 해서 떠먹여주고, 똥오줌도 받아냈다. 싸움도 많이 했다. 남편 없이 후처와 본처, 두 여인끼리만 산 세월이 40년이었다. 자식들이 모두 집을 떠나 있던 몇 년 동안은 단 두 분이서만 살기도 했다. 그러는 동안 서로 욕도 하고, 나가 죽으라고 험한 말도 퍼부었다. 이모가 작은 아줌마와 싸웠다며 내 어머니에게 전화를 걸어오는 날이면, 내 어머니는 혼자 눈물을 흘리곤 했다. 그렇더라도 결국 이모의 임종을 지킨 건, 그 작은아줌마였다.

한때 이모의 이야기를 소설로 써보는 건 어떨까 생각한 적이 있었다. 이모의 일생이란 게 얼마나 기구한 것인지 짐작할 수 있을 만큼 나이가 들었을 때의 일이었다. 내가 그것을 실제로 시도하지 않았던 것은, 그 이야기의 '소설적 재미'가 부족할 것이라고 판단해서가 아니라 내 소설이 여전히 그렇게 살아가고 있는 이모와 이모의 가족들을 욕보이게 하는 일일 수도 있다는 생각 때문이었다. 나는 이야기를 쓰는 사람이고, 이야기는 얼마든지 각색될 수 있다고 하더라도, 내게 그런 권리까지 있는 것은 아니다. 어쩌다 짧은 이야기로 이모에 관해 쓰게 될 때에도 나는 이모의 가족 관계에 대해서는 쓰지 않았다. 그러나 그 기묘한 가족 관계가 빠져버린 이모는, 이모가 아니었다. 이모를 마지막으로 뵈었을 때의 이야기를 신문에 짧은 글로 쓴 적이 있다. 그때도 나는 이모가 내 손을 붙잡고 '가지 마, 가지 마' 하면서 울던 장면을 썼는데, 독자들은 절대로 이모의 울음을 온전히 이해하지는 못할 것이라고 생각했다. 그것은 사실 너무나 오래된 울음이고, 너무나 긴 울음인 것이다. 이모는 일본 식민지 시대에 태어났고, 한국 전쟁을 겪었으며, 한국 사회가 요동을 치듯이 변화하는 동안 그 모든 시대를 묵묵히 살아냈다. 이모는 독재 정치라는 게 무엇인지도 몰랐고, 대학생들이 왜 데모를 하는지도 몰랐으며, 경제화라는 단어가 무슨 뜻인지도 몰랐다. 이모는 그저 살았을 뿐이다. 남편이 남긴 후처와, 그 후처의 소생인 자식들과 함께. 너무나 가난해서 매 끼니를 걱정하고, 자식들의 학비를 이리저리로 빌리러 다니면서. 봄이 되면 씨를 뿌리고, 여름이 되면 가뭄이나 장마를 걱정하고, 가을이면 폭락하는 쌀값을 걱정하면서. 이모는 아무것도 몰랐지만, 모든 세월의 증거이기도 했다. 자식을 못 낳는 아내 대신에 첩을 얻는 것이 당연했던 세월, 그 첩과 한 집에서 함께 사는 것이 이상하지 않았던 세월, 그럼에도 밤마다 홀로 이불 속에서 울음을 터뜨렸을 세월…. 시대가 변해 이모의 가난한 집 땅값이 올랐다. 그리고 엄마 둘을 모시고 사는 이모의 큰아들은 이재에 밝았다. 그들이 점점 더 부자가 되어가는 동안, 이모는 여전히 아무것도 알지 못했다. 땅값은 어떻게 오르는지, 그 땅을 언제 팔아야 돈이 되는지, 부자가 되면 자식들이 집을 떠나게 될지, 아니면 그렇지 않을지, 아무것도 알지 못했다.

이모는 당신 이름조차 쓸 줄 모르는 문맹이었다. 글씨만 모르는 게 아니라 세상 물정도 하나 모르는, 그저 씨 뿌리고 수확하는 것만을 아는 농사꾼일 뿐이었다. 그 이모가 돌아가신 것이다. 나는 이모의 영결식장에서 처음으로 이모의 이름을 알았다. 정은순. 세상에나. 이모가 그토록 고운 이름을 갖고 있었다니. 영결식장에 함께 갔었던 내 형제들 모두가 그 이름을 그때 처음 알았다. 이모 이름은 어쩌면 그렇게 이모하고 딱 어울리냐. 언니가 했던 말이다. 은순, 그 이름이 너무나 연약하게 여겨져서였을 것이다. 이모는 은가락지만큼도 빛을 내보지 못하고 세상을 떴다.

가정과 사회와 문학. 이것이 이 포럼의 주제이다. 이 포럼의 발제문에 이모의 이야기를 써도 될 것인가 고민했다. 혹시라도 이모를 욕보이게 될까를 여전히 걱정해서가 아니라, 이 짧은 글을 통해 이모를 다 말할 수는 없을 것이라고 생각했기 때문이다. 그러나 이 이야기 말고 나는 무엇을 쓸 수 있을 것인가. 이모의 영결식장이 북적북적했다. 이제 부자가 된 이모의 큰아들로 인해 조문객이 아주 많았기 때문이다. 절 한번을 하기 위해서 긴 줄을 서 있어야 할 지경이었다. 오래 아팠던 한 명의 어머니를 저 세상으로 보내는 이모의 큰아들이 씩씩했다. 그가 자신이 할 수 있는 모든 힘을 다해 '이모의 세월', '이모가 증거했던 한 세월', 혹은 '그 자신의 한 세월'을 보내고 있었던 것이다. 이모의 이야기를 써도 괜찮을지 모른다는 생각을 그때 했었다. 아니 써야 한다는 생각을 했다. 이모의 세월이 그냥 문학이었으므로. 한 마디도 더 덧붙일 것이 없이 그대로 문학이었으므로.

내 이야기를 조금 덧붙이자. 내 아이가 갓 돌이 지났을 무렵인가, 한 출판사로부터 육아일기를 써서 출판해보는 게 어떻겠냐는 제안을 받은 적이 있었다. 그 제안은 매우 매력적으로 들렸다. 다른 모든 엄마들이 그런 것처럼 나 역시 아이에게 흠뻑 빠져 있었고, 아이가 커가는 모습이 매일매일 새로운 발견 같았다. 그 경이로운 순간들, 아이에 대한 사랑으로 넘쳐나는 마음과 심지어는 그 연약하고 작은 생명에 대한 뭐라 말하기 어려운 공포까지…. 내 안에 이야기가 넘쳐날 거라고 생각했다. 계약을 맺기 전에 우선 한 편의 글을 시도해보았다. 무슨 이야기를 가장 먼저 쓸 것인가. 사랑한다는 말을 썼다. 예쁘다는 말도 썼다. 그러나 그게 끝이었다. 그 짧은 두 개의 문장 이외에 한 마디도 더 덧붙일 수 없다는 걸 깨달은 것은 그리 오랜 시간이 지나지 않아서였다. 도대체 무슨 사연을 더 덧붙일 수 있을 것인가. 적어도 내 아이에 관한 한은, 사랑한다는 말의 앞과 뒤에 붙을 모든 이야기들이 다 쓸데없는 사족처럼 여겨졌다. 나는 결국 출판사의 제안을 거절했다.

  엄마가 되기 전까지, 혹은 내 가정을 갖게 되기 전까지 세상은 내게 반쪽에 불과했다. 문학도 마찬가지이다. 어쩌다 보니 나는 스무 살 때부터 작가 생활을 시작해 아이를 갖기 전에 이미 몇 권의 책을 출판했었다. 당시의 내 소설들은 부조리한 사회와 부당한 역사에 대한 비분으로 가득 차 있었다. 분노, 고통, 뜨거운 사랑, 그런 단어들이 내 소설 속에 빈번하게 쓰였다. 아이가 생겼다고 해서 당시의 부조리했던 한국 사회에 대한 분노가 사라진 것은 아니었다. 그러나, 그 단어들에 대한 느낌이 달라졌다. 사랑한다는 말은 무엇이고, 외롭다는 말은 무엇이며, 절망 혹은 희망이라는 단어는 무엇인가. 그것들은 내 삶으로부터 나와야 했다. 지식, 혹은 의식으로부터가 아니라 삶, 그러니까 먹고, 자고, 싸는 일들로부터 말이다. 내 문학이 내 아이가 먹을 양식을 구하는 돈이 되어야 한다는 사실에 대해서도 나는 엄숙해졌다. 그것은 비참한 것도 아니고, 불순한 것도 아니었다. 돈을 버는 일은 먹고 자고 싸는 일과 똑같았다. 그러니까 엄숙하고 순결한 일이었다.

지금 내 아이가 스물네 살이 되었다. 아이를 스물네 살이 되도록 키워내기는 했지만, 내 일생의 기구함은 이모의 반도 따라가지 못할 것이다. 아니, 기구함이 아니라 찬란함이라고 말해야 할지도 모르겠다. 때때로 나는 내가 참 오래 살았다고 생각하기도 하지만, 또 정반대로 너무 짧게 살았다는 생각을 하기도 한다. 문학으로 숙성되기에는 너무 보잘것없는 삶이다. 내 인생의 갈피마다 스며 있는 이야기의 재미가 부족하다는 뜻만은 아니다. 삶을 바라보는 시선, 기쁨과 행복, 혹은 고독과 환멸까지 아직 나의 단어들은 항아리 속에서 덜 숙성된 된장이나 고추장 같다. 다행히도 문학은 작가의 모든 것이 다 완성된 후에야 비로소 출시될 수 있는 선언문은 아닌 듯하다. 문학은 내 삶의 매 순간이, 불완전하기 짝이 없는 매 순간이, 역시 불완전하기 짝이 없을 타인의 삶에 대해 조용히 건네는 말 걸기라고, 나는 생각한다. 질문도 아니고 대답도 아니며, 그것은 그저 말하기와 말 걸기일 뿐이다. 내 이모가 그랬듯이. 평생 그 누구에게도 질문해보지 못했고, 대답을 구하지도 못했으나 세월이 모든 것을 다 말해주게 된, 내 이모의 삶이 그랬듯이 말이다.

어떤 삶이 더 찬란하고 어떤 삶이 더 기구할 것인가. 누구에게나 삶은 찬란하고 기구하다. 문학이 있어서 다행이다. 선언하지도 않고, 섣불리 위로하려고 하지도 않고, 대답을 강요하지도 않는, 문학이 내 이모의 94년 삶 같이 있어줘서 다행이다.

그리하여 나는 오늘도 쓴다. 다행이다.

김인숙 소설가. 1963년 서울 출생. 연세대 신문방송학과 졸업. 1983년 조선일보 신춘문예에 소설이 당선되며 작품활동을 시작했다. 상업주의적이고 표피적인 현대사회를 살아가는 사람들의 고독과 고뇌를 능숙하게 그려내는 소설을 발표해왔다. 소설집 《칼날과 사랑》, 《유리구두》, 《그 여자의 자서전》, 《안녕, 엘레나》, 장편소설 《먼길》, 《소현》, 《미칠 수 있겠니》 등이 있다. 동인문학상, 대산문학상, 이수문학상, 이상문학상 등을 수상했다.

자신을 꼬리부터
먹어 치우는 뱀,
그 뱀의 꼬리

김진경

로자 룩셈부르크는 자본주의를 자신을 꼬리부터 먹어치우는 뱀에 비유한 바 있다. 영국의 자본주의가 비자본주의 인도를 먹고 성장한 것처럼 자본주의는 늘 비자본주의를 먹고 성장한다. 그런데 지구상에 더 이상 비자본주의 영역이 남아 있지 않게 되었을 때는 어떻게 되는가? 자본주의는 그때부터 자신을 꼬리부터 먹어치우기 시작할 것이다.

오늘날의 상황에서는 로자 룩셈부르크의 비유는 무슨 예언처럼 들리기도 한다. 지금이야말로 지구상에 더 이상 비자본주의 영역이 존재하지 않는다. 이제 자본주의는 자신의 꼬리를 먹어치우고 있다. 그리고 지금 막 자신의 몸통을 먹어치우려는 기세이다. 그런데 자본주의가 먹어치우는 자신의 꼬리는 과연 무엇일까? 나는 그 꼬리가 바로 가족이라고 생각한다.

1960년대 한국의 가족 형태에는 전통적 대가족의 모습이 많이 남아 있었다. 형제자매가 많았고, 설날이 되면 5촌 당숙은 물론 7촌, 9촌 아저씨, 아주머니에게 세배를 다닐 만큼 대가족의 유대가 남아 있었다.

이러한 전통적 대가족은 60~70년대 경제개발 과정에서 완전히 해체되었다. 경제개발 과정에서 농촌 대가족의 가장인 아버지는 대개 딸들은 도시의 공장으로 보내고 장남 혹은 아들 중 하나를 선발하여 대학에 보냈다. 대학에 보내진 아들은 소와 농토를 판 돈과 공장에 보내진 딸들의 지원으로 대학을 졸업할 수 있었다.

즉 60~70년대 한국 자본주의의 급속한 성장에 가장 중요한 동력이 되었던 질 높은 저임 노동력과 고급 인력의 양성은 자본의 비용 부담에 의해 이루어진 것이 아니라 농촌 대가족의 자원과 에너지의 투입에 의해 이루어졌다. 이 과정에서 농촌의 전통적 대가족은 자원과 에너지를 잃고 해체되었다. 60~70년대 한국 자본주의는 결국 농촌의 전통적 대가족을 먹고 급속한 성장을 이룰 수 있었던 것이다.

70년대에 시작된 한국 지식인들의 민주화 운동은 어떻게 보면 60~70년대에 희생된 농촌의 전통적 대가족에 대한 속죄 의식이라고 볼 수도 있다. 선발되어 대학에 온 아들의 공장에 간 누이들에 대한 부채 의식 같은 게 그 바탕에 깊이 깔려 있었다. 이러한 부채 의식과 대가족에 대한 기억은 대체로 1980년대까지 유효했다.

문학적으로 보면 이 시기는 가족이라는 틀을 통해 사회를 조망할 수 있었던 시대였다. 따라서 아버지 아들 손자 3대의 가족 이야기를 골격으로 하는 근대적 대서사가 창작될 수 있었고 국민적 공감을 얻을 수 있었다.

1990년대의 한국 사회는 도시화와 핵가족화가 완성되고 사회의 계층화가 급속히 진행된 시기이다. 부채 의식 등으로 이어지던 대가족 형제자매들 간의 유대는 끊어지고 그 자리를 계층 의식과 문화가 대신한다. 공장에 갔던 누이의 하층 생활문화와 대학에 갔던 아들의 중산층 생활문화는 이질적이어서 서로 공감할 수 없게 되고 유대는 끊어져 핵가족 단위들은 고립된다. 핵가족 단위들이 소속감을 얻는 건 계층문화의 근간을 이루는 소비 패턴에 동참하는 것뿐이다. 하지만 브랜드 상품을 소비하는가 아닌가, 어떤 브랜드를 소비하는가에 의해 얻어지는 소속감이 진정한 유대일 순 없다. 이렇게 고립된 핵가족의 틀을 통해서는 사회를 조망하는 시야를 가질 수 없다. 그렇기 때문에 90년대의 문학은 개인의 내면으로 침잠하여 근대적 대서사의 면모와 공감대를 잃어버린다.

핵가족 형태에서 자본주의가 먹어치우는 것은 여성이다. 여성의 가사노동은 남성의 노동력을 재생산하는 데 필수적이지만 자본은 가사노동에 대한 대가를 지불하지 않는다. 그리고 여성의 경제활동 참여가 급속히 확대되었지만 육아의 부담은 전적으로 여성의 부담으로 남았다.

또한 핵가족은 매우 취약한 가족 형태이다. 과거의 가족이 대가족이라는 보호장치 속에서 안정성을 가졌다면, 핵가족은 남녀의 애정에 전적으로 의존하기 때문에 불안정하다. 여성은 대가족의 구속으로부터 자유로워진 대신 애정에 대한 불안감이 커지고 그에 대해 민감해질 수밖에 없게 되었다.

경제적으로도 대가족이라는 보호장치를 잃은 핵가족은 실패했을 경우 해체되기 쉽고, 해체되는 경우 자녀 양육의 부담은 대개 여성에게 주어진다. 이러한 핵가족의 불안정성을 보완할 사회적 안전장치는 마련되지 않았다. 자본이 그에 대한 비용을 지불하지 않으려

하기 때문이다. 아마도 위와 같은 점들이 90년대 문학에서 여성 담론이 우세해진 이유일 것이다.

90년대 말 IMF 관리체제를 경과하면서 불안정한 핵가족 형태는 급속히 해체되어 1인 가족 형태로 전환되기 시작한다. 그리고 관리체제에서 벗어난 이후에도 안정적 직업의 비율이 급속히 축소되고 비정규직, 아르바이트, 실업이 보편화되면서 1인 가족 형태로의 전환은 가속화되었다.

우선 남성의 직업이 불안정해지면서 맞벌이가 보편화되어 핵가족은 내용적으로 공동화된다. 내용적으로 공동화된 핵가족은 그것이 경제적인 것이든 남녀 간의 애정 문제이든 조그만 충격에도 쉽게 해체되어 버린다. 하층으로 갈수록 경제적 문제로 해체된 가정들이 많다.

둘째로 안정된 직업을 가진 중산층의 경우도 글로벌화로 인해 해외 근무가 많아지고, 그에 따른 자녀의 교육 문제가 야기되면서 사실상 1인 가족화되는 경우가 많다. 이른바 기러기 아빠 기러기 가족이 이를 가리키는 말이다.

셋째로 90% 이상의 청년이 비정규직, 아르바이트, 실업 사이를 전전하는 루저의 삶을 살아야 하는 환경에서는 결혼을 기피하거나 결혼을 하더라도 출산을 기피하기 때문에 세대가 바뀌는 것과 함께 1인 가족이 보편화될 가능성이 크다.

이러한 가족의 해체 과정에서 가족의 구성원들이 안게 된 트라우마는 말할 수 없이 크다. 이것이 2000년대 이후 젊은 작가들의 작품이 파국적 재난의 상상력으로 기울거나, 사회적으로 의미 있다고 간주되는 모든 행위를 거부하는 소극적이나 근본적인 저항으로 기운 이유일 것이다.

이제 파국은 상상이 아니라 세계 대공황이라는 현실이 되어가고 있다. 앞으로의 파국적 현실 속에서 과연 가족의 운명은 어떻게 될까?

1인 가족으로의 분해라는 현실은 심리적으로는 온전한 가족에 귀속되고 싶은 역방향의 에너지를 만들어낸다. 앞으로 가족의 운명은 이 심리적 에너지가 어떤 틀에 담기느냐에 따라 크게는 두 가지로 갈릴 것이다.

첫째는 위의 심리적 에너지가 지나치게 부가 소수에게 집중된 사회 경제체제의 개혁이라는 틀에 담기는 경우이다. 이 경우는 1인 가족이 서서히 핵가족으로 복원되며 파국에서 벗어나는 행복한 결말을 가져올 수 있다.

둘째는 1인 가족으로의 분해가 점점 가속화되면서 그에 비례해 커지는 심리적 에너지가 강력하지만 가짜인 사회적 아버지를 만들어내는 경우이다. 이 경우는 파시즘의 등장과 국지전의 발발이라는 비극적 결과를 가져올 수도 있다. 이러한 전쟁은 자본주의가 자신의 몸통을 먹는 행위에 다름 아니다.

불행히도 현재 나타나고 있는 징후들은 파시즘의 가능성을 짙게 보여주고 있다. 왕따 같은 아이들의 왜곡된 문화에서부터 여러 나라들에서 부활하고 있는 경제적 민족주의, 동북아에 구축되어 가고 있는 신냉전체제까지 긍정적인 신호는 잘 보이지 않는다.

나는 90년대 중반까지 시를 썼고 민주화 운동에도 관여했기 때문에 3대의 가족사 골격을 갖는 대서사에 도전해볼 기회는 없었다. 내가 서사 장르에 관심을 갖기 시작한 것은 90년대 중반부터이다.

나는 가족의 해체에서 발생하는 역방향의 심리적 에너지가 어떻게 거시적인 것이든 미시적인 것이든 파시즘에 빠져들지 않고 창조적 에너지로 전화될 수 있는가에 관심이 있다. 이러한 관점에서 볼 때 현실은 매우 우려스럽다.

아시아권의 다른 나라도 비슷하겠지만 한국의 아동 청소년관, 인간관은 서구 모델 따라가기식 근대화 과정에서 형성된 것이어서 매우 특이하다. 서구 모델 따라가기의 근대화 과정에서 아동 청소년은 서구의 신지식을 받아들여 가족과 국가의 부흥을 이룩할 존재로 간주되었다. 그렇기 때문에 한국의 아동, 청소년관은 아동 청소년을 지나치게 지적 성장 중심으로 바라보고, 성공의 도구로 바라보는 특성을 가지고 있다. 아동 청소년관이 그렇다는 것은 인간관이 그렇다는 것이다. 이러한 도구적 아동 청소년관, 도구적 인간관은 한국 사회에 완강히 자리잡고 있고 한국인에게 깊이 내면화되어 있다.

그런데 현실은 어떠한가? 1인 가족으로의 분해 과정에서 너무 많은 트라우마를 안게 되었기 때문에 사람들은 지적 성장이나 사회적 성공 이전에 더 근본적 차원의 멘탈이 붕괴되어 있다. 도구적 아동 청소년관, 도구적 인간관은 근본적 차원의 멘탈의 붕괴와 트라우마를 은폐하고 억압한다. 억압된 트라우마는 보이지 않는 곳에서 곪으며 에너지를 키우다가 어느 날 도구적 인간관의 껍질을 뚫고 에일리언처럼 낯선 괴물이 되어 나타날지도 모른다. 그 괴물은 거시적인 차원의 것이든 미시적 차원의 것이든 파시즘의 양상을 보일 것이다.

나는 판타지 장르나 환상적 기법을 즐겨 사용한다. 자유롭게 상상하며 잘 놀아서 지나치게 공리적인 도구적 아동 청소년관, 도구적 인간관을 폭파해버리고 싶기 때문이다. 그래서 트라우마들을 해방시키고 싶다. 해방된 트라우마는 사람이 가지고 있는 자주적 힘에 의해 창조적 에너지로 전화될 수 있다고 나는 믿는다.

지금 현실로 다가오고 있는 파국은 동북아의 작가들에게 개별적 창작 차원을 넘어서는 실천을 요구할 것으로 보인다. 사회적 차원의 실천을 제외한다면 그 요구되는 실천은 동북아 공동의 문화적 집을 짓는 일일 것이다.

동북아 공동의 문화적 집을 짓지 않으면 작가들의 상상력이 서구 모델 따라가기 식 근대화가 만들어낸 억압을 넘어서기 어렵다. 자신의 무의식에 존재하는 동북아의 문화적 자원을 비과학적 미신으로 억압해서는 작가의 상상력이 자유로워질 수 없다. 또 무의식에 존재하는 동북아의 문화적 자원에 근대 국가의 국경선을 그어 일정 부분을 배제하고 억압해서는 상상력이 자유로워질 수 없다. 서구 모델 따라가기 식 근대화가 우리의 상상력에 만들어낸 장벽은 개별 작가나 일국적 차원에서 극복하기 어려울 만큼 높고 완강하다. 동북아 공동의 문화적 집을 짓는 것이 이 장벽을 넘어서는 길이며, 평화와 공생의 동북아 질서를 만들어내는 가장 근본적 실천이기도 할 것이다.

김진경 소설가. 시인. 아동문학가. 1953년 충남 당진 출생. 서울대학교 사범대학 국어교육학과 및 동 대학원 국어국문학과 졸업. 1974년 《한국문학》 신인상 시부문에 당선되어 작품활동을 시작했다. 교육현실의 통렬한 비판과 희망을 담은 소설을 통해 한국 사회와 교육에 대한 대안을 제시하고 있으며 특히 《고양이학교》는 프랑스 아동청소년문학상인 앵꼬루윕띠블 상을 수상했다. 시집 《갈문리의 아이들》, 《광화문을 지나며》, 《지구의 시간》, 장편소설 《이리》, 《우리들의 아름다운 나라》, 《그림자 전쟁》 어린이책 《고양이학교》, 《괴물 길들이기》 교육에세이 《스스로를 비둘기라고 믿는 까치에게》, 《미래로부터의 반란》 등을 저술했다. 《소설문학》 신인상, 《시와시학》 작품상, 한국어린이도서상특별상, 앵꼬루윕띠블상 등을 수상했다.

시간을 낳는
장소로서의 가족

나카자와 케이 中澤惠

2011년 말 일본을 방문한 강영숙 작가가 새해에는 어떤 작품을 쓸 계획이냐고 물어, 다섯 명의 돼지띠 여자에 관한 이야기를 쓸 생각이라고 대답했다. 그 소설은 《다섯 마녀》라는 제목으로 신문 연재를 마친 뒤, 2014년 《코오지마치 두 할머니와 두 딸, 손녀 하나》(신초사)란 제목으로 출간되었다. 이번 포럼 기념 작품집에 그 소설의 일부를 실었다.

다섯 명의 돼지띠 여자라는 말에 강영숙 씨는 혹시 유사가족에 관한 이야기냐고 물었다. 핏줄로 맺어진 가족이 아닌, 어떤 사연으로 함께 생활하는 '유사가족'은 80년대 후반부터 일본 소설에 등장하기 시작했고, 지금도 중요한 테마 중의 하나이다. 현대 소설에 나타나는 유사가족의 연령대를 자세히 조사한 적은 없지만, 같은 세대나 얼마간의 나이 차가 있는 사람들이 한 지붕 밑에서 생활한다는 구성이 많다. 그러한 구성에는 이유가 있다. 70년대까지 일본인들의 인간 관계는 주로 혈연이나 지연으로 맺어진 것이었는데, 이는 거추장스러운 것이었다. 그러한 인간 관계는 의심할 여지 없이 전통적인 가치관을 강요해,

개인은 그 속에서 억눌리기 십상이었다. 그런 양상에 변화가 나타나기 시작한 것이 80년대이다. 경제 성장과 도시화는 혈연과 지연에 얽힌 인간 관계로부터 개인을 해방시키는 원동력이 되었다. 그리고 이를 대신하는 유대 관계의 이미지로 유사가족이 그려지게 된 것이다. 하지만 소설 속에 등장하는 유사가족은 현실에서 가져온 것이 아니었다. 일본 현대 소설에서 그려진 유사가족의 대부분은 허구로, 실제로 그 같은 공동체가 존재하는 경우는 드물다.

만약 일본의 주거환경이 집 안에서도 서로의 사생활을 충분히 보장할 수 있었다면, 소설가들이 상상으로 그려온 유사가족 같은 생활 형태는 단순한 몽상이 아닌, 실제적인 유사가족의 형태로 나타났을지도 모른다. 하지만 유감스럽게도 일본의 도시 주거환경은 아버지와 어머니, 아이가 하나나 둘인 가족이 살기에도 조금은 갑갑한 공간이다. 성인이 된 자식이 애인을 집으로 데리고 왔을 때 서로 얼굴 부딪치지 않아도 되는 환경이었다면, 거품경제가 한창이던 도시에서 혈연이나 지연에서 벗어난 유사가족의 형태를 선택하는 사람도 늘어나지 않았을까 하는 것이 내 생각이다.

나는 강영숙 씨에게 유사가족을 그릴 생각은 없다고 대답했다. 70대 어머니와 50대 딸, 10대 손녀가 사는 집에 예전에 함께 살던 가정부가 사정이 생겨 딸을 데리고 들어온다. 이 중 나이가 제일 많은 사람은 1923년생인 가정부이다. 일본에서는 다이쇼^{大正} 12년이라 하는 쪽이 이해가 빠를 것이다. 다이쇼 12년에는 관동대지진이 있었다. 그 다음은 안주인으로 1935년생 돼지띠, 안주인의 딸은 1958년생 돼지띠이며, 가정부 딸은 1971년생 돼지띠이다. 가장 어린 안주인의 손녀는 1995년생, 한신대지진이 있었던 해에 태어났다. 그러니까 관동대지진부터 한신대지진 사이에 태어난 다섯 여자의 모습을 담은 소설이다. 안주인 가족 삼대와 가정부 모녀는 혈연 관계가 아니니 '유사 가족'이라 해도 틀린 말은 아니다. 하지만 개인 집에 가정부 등이 함께 사는 일은 60년대까지 일본에서 흔히 볼 수 있는 일이었다. 또 쓰보이 사카에壺井榮[역주-소설가, 시인, 아동문학가]의《엄마 없는 아이와 아이 없는 엄마》처럼 제2차세계대전으로 고아가 된 아이와 자식을 잃은 어머니의 이야기를 다룬 소설도 있지만, 이를 '유사가족'이라고 하지는 않는다. 그런 뜻에서 나는 유사 가족을 그릴 생각은 없다고 대답했다.

이 작품은 리얼한 사실주의 소설이 아니다. 가정부가 마흔여덟에 아이를 낳았다는 설정이 다소 무리가 있지 않은지 작가로서 많은 고민을 했다. 하지만 70년대 일본의 의료 기술은 마흔여덟의 고령 출산, 게다가 초산에도 충분히 대응할 수 있었다. 지인의 케이스가 있었기 때문에 소설에서는 어떻게든 돼지띠 아이를 낳고 싶어 하는 고집스러운 가정부로 등장시켰다.

작가로서의 또 한 가지 고민은 바로 '집'이었다. 도쿄 도심에서 삼대와 가정부 모녀까지 함께 사는 집을 유지하기란 여간 어렵지 않다. 지가 폭등으로 고정자산세 등의 세금 부담이 늘어 집을 팔고 교외로 나가는 경우도 있고, 집을 팔지 않더라도 오피스텔 등을 지어 그 임대료로 세금 부담을 줄이는 경우도 있다. 땅주인이 죽고 나면 엄청난 상속세를 물게 되기 때문에 도심의 재산을 팔고 다른 곳으로 이사 가는 사람들도 있다. 이러한 사실은 일본 현대 문학작품에 거의 그려지지 않았다. 같은 시기에 사실주의 기법에서 벗어나려는 경향이 있었기 때문이다.《코오지마치 두 할머니와 두 딸, 손녀 하나》는 이러한 현실에서 어떻든 메이지 유신 이후 구한 집을 유지하고 있다는 설정을 하고 있다. 관동대지진이 있었던 해에 태어난 할머니부터 한신대지진이 있었던 해에 태어난 신세대 사이에서 형성되는 시간의 흐름을 그리고자 했기 때문이다. 이를 위해 배경은 도쿄 도심에 위치한 코오지마치麹町로 했다. 코오지마치는 메이지 시대에 고급 관료들이 살던 거리이다. 교외에 위치한 아파트 같은 곳에서는 시간의 흐름을 그려내기가 어렵기 때문이다. 현재 일본에서는 시간의 흐름 자체가 끊어지고 토막나 있다 해도 과언이 아니다.

아버지와 어머니 그리고 1~2명의 자녀를 기준으로 만든 일본의 집합주택 중에는 자식들이 자립해나가 노인들만 남은 가구나, 노부부 중 어느 한쪽이 먼저 세상을 떠나 홀로 남겨진 가구가 적지 않다. 또 빈 가구가 늘어난 집합주택에 드문드문 고립된 노인들이 홀로 사는 곳도 출현하고 있다. 혈연이나 지연에서 벗어나기를 원한 결과로 가족이 해체된 것이다. 이는 혈연과 지연이란 기존의 가치에서 해방된 결과로 받아들여야 하는 걸까? 아니면 뭔가 새로운 가치관이 탄생하기 전의 전조일까?

현실적인 일본의 거주 환경에 주목한 가족 이야기도 매력적이지만, 그 보다 가족들 간에 흐르는 시간의 의식에 대한 고찰이 이 작품을 쓰게 된 동기이다.

나카자와 게이 中澤惠 소설가. 1959년, 가나가와 현 출생. 메이지대학 정치경제학부 졸업. 호세이대학 교수. 고교재학 중에 쓴 《바다를 느낄 때》로 군조 신인상 수상을 수상했다. 싱그러운 감성이 주목 받은 이 데뷔작 이래, 일상적인 것들을 세부적으로 그려내는 것에 높은 평가를 받아왔다. 저서는 《산포도를 딴다》, 《여자 친구》, 《홀수》, 《흐린 날을》, 《선잠》, 《악보장》, 《콩밭의 낮》, 《사쿠라 사사쿠레(벚꽃 거스러미)》, 《악대의 토끼》, 《달의 계수》, 《토끼와 트럼펫》 등, 수필집은 《시詩의 장식법》, 《인생의 세부》, 《어른이 되는 힌트》 등이 있으며 노마문예 신인상 등을 수상했다.

소설은
사회를 비추는 거울

나카지마 교코 中島京子

'소설은 사회를 비추는 거울이다'라는 19세기 소설관은 너무도 해묵은 문학관일까? 모든 소설이 거울인지 아닌지는 일단 제쳐두고, 인간으로 구성된 사회의 실상을 비추는 소설의 기능 자체는 스탕달의 시대에서 200여 년이 지난 지금도 변함없다고 나는 생각한다.

6년 전 《헤이세이 대가족》이라는 제목의 가족소설을 썼다.
 편집자로 일하는 친구가 가족이야기를 써보라는 제안을 처음 했을 때는 그다지 내키지가 않았다. 사삽대 중반이던 나는 독신이었고, 파트너와는 아직 동거에 들어가지도 않았었다. 현재 일본에서는 이런 경우가 드물지 않아, 가족 이야기를 소재로 소설을 쓰는 것은 적합하지 않다고 생각했다. 게다가 그는 '가능하면 대가족 이야기가 좋을 것 같다'란 말까지 덧붙였다. '대가족'이라니. 요즘 일본에서는 거의 찾아볼 수가 없지 않은가. 그런 리얼리티가 부족한 이야기는 쓰고 싶지 않았다. 하지만 한편으로 '만약 현대 일본에 대가족이 존재한다면 어떤 모습일까?' 하는 소박한 의문이 들어 결국 써 보기로 했다.

《헤이세이 대가족》이란 제목에는 아이러니컬한 의도가 담겨 있다. 헤이세이^{平成}란 일본의 독특한 연호로, 현재의 천황이 재위한 기간을 의미한다. 즉 헤이세이란 쇼와^{昭和} 천황이 타계한 1989년부터 지금까지의 연호이다. 이 기간을 일본의 현대사에 비추어 보면 또렷한 특징이 있다. 89년은 거품경제라 부르던 호경기의 절정기로, 실물경제에서 괴리된 자산 가격만 폭등해 주가가 사상 최고치를 경신했다. 이 시기는, 제2차세계대전 이후 다소 기복은 있었으나 꾸준히 상승곡선을 그리던 일본 경제의 큰 변환기였다. 그리고 2년 후 거품경제가 무너지면서 일본은 '잃어버린 20년'이라 부르는 경제 쇠퇴기를 경험했다. 이 소설이 출판되고 3년 뒤 동일본대지진이 일어났던 기억이 생생한데, '헤이세이'란 결국 일본이 정점에서 계속 내리막으로 치닫는 시기의 연호이기도 한 것이다. 같은 시기 세계로 눈을 돌려보면, 냉전구조의 종식으로 세계 각국에서 패러다임의 변환이 있었으며, 엄청난 글로벌리즘의 물결이 전 세계를 집어삼킨 시기였다.

'대가족'은 현대 일본에서 멸종 위기에 처해 있어서, 가끔 텔레비전의 버라이어티 쇼 프로그램에 자녀가 많은 가정이 흥미위주로 등장해 화제가 될 정도이다. 결혼율은 낮은데 이혼율은 높고, 저출산 고령화 현상이 두드러지며, 평균수명이 늘어났지만 젊은층의 자살율이 높고 독거 노인의 고독사도 늘고 있다. 이것이 오늘 일본의 모습이다. 향수를 불러일으키는 '좋았던 옛 시절'의 것이든, 단호히 거부해야 할 낡은 가부장제를 재현한 것이든 대가족은 더 이상 존재하지 않는다. 경제 쇠퇴와 더불어 세계적인 가치관의 변화로 일본의 가족관도 바뀌었다. 플러스 경제를 지탱해주었던 '일만 아는 아버지, 가정을 지키는 어머니, 공부 잘하는 둘 혹은 세 명의 아이들'이란 전후 일본 핵가족의 이상형도 무너지고 말았다.

때문에 '헤이세이'에 '대가족'이란 불가능에 가깝다. 하지만 만약 '헤이세이'에 '대가족'이 있다면 어떤 모습일까? 그런 생각으로 쓴 작품이 《헤이세이 대가족》이다.

퇴직한 70대 치과의사와 아내, 치매를 앓고 있는 아흔이 넘은 장모, 서른 넘도록 결혼을 하지 않은 장남. 이렇게 네 사람이 사는 도쿄의 단독 주택에 시집간 사십대 맏딸이 파산한 사업가 남편과 중학생 아들을 데리고 들어온다. 뒤이어 이혼하고 정체를 모르는 남자의 아이를 임신한 삼십대 중반의 둘째 딸까지. 결혼한 여자가 이혼 후 친정집으로 돌아오는 것을 일본에서는 '데모토리(소박)'라 하는데, 이 또한 드문 경우는 아니다. 사업의 실패나 파산선고도 '헤이세이' 시대에는 많이 볼 수 있는 현상이다. 전 재산과 함께 사는 집까지 날리는 경우가 많다. 맏아들은 결혼을 안 했을 뿐아니라 일도 하지 않고 집에서 한 발짝도 나가지 않는 '히키코모리'이다. 연로한 노인을 보살피는 사람들 스스로가 고령인 경우가 많은데, 이러한 현상을 '노노케어'라고 한다. 70대와 60대 부부는 과거 일본의 경제성장을 이끈 세대이며, 현재 일본에서 가장 재력이 있는 사람들이다. 재력은 있을지 모르나 미래가 그리 길지 않은 부부에게 벌떼처럼 모여든 자녀들. 지금의 일본 사회가 안고 있는 문제를 개인적인 문제로 떠안은 이들로 구성된 것이 '헤이세이 대가족'인 셈이다. 즉 이 소설은 의도적으로 사회의 거울이란 기능을 기대하고 쓴 것이다.

여기에서 어째서 거울에 비친 사회를 한 가족, 한 가정에 비유했는지 이야기하고자 한다.

문학작품에서 가족을 다룰 때는 다양한 접근 방식이 있다. 가족이 갖는 폐쇄성이나 억압성, 굴절 등을 테마로 할 수도 있고, 성가족聖家族에서밖에 일어날 수 없는 이야기를 엮어낼 수도 있다. 그러나 6년 전《헤이세이 대가족》을 썼을 때는 '가족'이 아닌 '사회'를 두드러지게 하는데 힘을 기울였다. 서로 다른 세대가 함께 사는 '가정'의 모습을 통해 오늘날 각각의 세대가 직면한 문제를 재현하고 싶었다. 세대와 성별이 다른 남녀를 교차시켜 보여주는 극장으로서의 역할을 '가정'에 맡기는 것은 현대 사회를 희화시키는 하나의 방법이었다. 한 가정의 이야기 속에서 복수의 계층을 그릴 수는 없지만, 복수의 세대를 그려낼 수는 있다고 생각했다.

《헤이세이 대가족》에서 그린 개개의 문제들은 오늘의 일본을 살아가는 많은 사람들이 일상적으로 직면하는 문제이다. 때문에 독자들로부터 '우리 가족 이야기 같다'는 이야기를 많이 들었다. 오늘날 일본에 '대가족'이 거의 존재하지 않음에도 불구하고 말이다. 이 소설은 코미디로, 심각하게 사회문제를 고발하는 내용은 아니다. 나는, 웃음은 비평이며 비평은 소설의 중요한 요소라고 생각한다. 웃음 속에 오늘의 현실을 그려냄으로써 우리가 직면한 일련의 문제들이 객관적으로 보여지기를 바랐다.

현대 사회의 여러 문제를 한 가족 이야기를 통해 보여주는 것이 의도였지만, 현대 사회에서 가족과 가정이 맡은 역할에 대해 더 깊이 생각해보는 계기가 되었다. 가족과 가정에는 사회제도적인 억압이 투영되고, 좁은 공간에서 긴밀히 얽혀 살아가면서 구성원간 갈등도 생기기 마련이다. 그럼에도 인간 관계가 점점 희박해지고 지역

공동체의 유대가 사라져가는 오늘날, 가족이라는 이 작은 단위에는 무시할 수 없는 가능성이 있음을 재삼 확인하게 되었다. 가족이 잘 기능하면 개인의 문제를 세대간에 공유할 수 있는 장이 될 수 있으며, 혹은 상처입은 개인이 잠시 휴식하며 문제에 맞설 수 있는 기력을 회복하는 역할을 할 수도 있을 것이다.

나카지마 쿄코 中岛京子 소설가. 1964년, 도쿄 출생. 도쿄여자대학 문리학부 사학과 졸업. 출판사 근무를 거쳐, 1996년에 인턴십 프로그램으로 미국에서 체류한 뒤 다음 해 귀국해서 프리 라이터로서 다양한 장르를 취재·집필하였다. 2003년, 장편소설 《FUTON》으로 데뷔하였고 《히토시의 실종》, 《기리하타가의 혼담》, 《관·혼·상·제》, 《헤이세이 대가족》, 《가정부 담》, 《꽃복숭아 복숭아》, 《조망 절규》 등의 소설을 발표했다. 나오키상을 수상했다.

집 안팎의
'친한' 사람들

리징저 李敬澤

오늘의 주제로 들어가기 전에 먼저 한 가지 이야기하고 싶다. 이 이야기에는 젊은 아내이자 엄마, 젊은 남편, 그리고 똑같이 젊은 아들이 등장한다.

여러분은 내가 이 세 사람이 똑같이 젊다는 점을 강조하고 있음을 감지했을 것이다. 때문에 인물 관계를 확정하기 어려울 것이다. 하지만 의도적인 나의 속임수를 용서하시기 바란다. 여러분은 이제 곧 내가 말하는 사람들이 사실은 고등학교 1학년 학생이고, 엄마와 남편, 아들 등의 호칭은 그저 그들 사이의 유희라는 사실을 알게 될 것이다.

이 이야기 속에 나오는 이런 유희는 결코 은밀하고 개인적인 게임이 아니라 일종의 학교 문화. 다시 말해서 학교에서 선생님을 제외한 모든 학생은 하나의 거대한 친척 집단이라고 할 수 있다. 예컨대, 우리가 방금 언급한 그 아들들은 이렇게 말할 것이다. "우리 반에는 두 명의 형과 네 명의 동생이 있고, 7반에는 누나가 둘이 있고, 12반에는 여동생 셋이 있다. 15반에는 또 외삼촌이 하나 있다. 외숙모는 두 명이다. 큰 외숙모는 고2이고(6반), 작은 외숙모는 고1(10반)이다."

이제 어떻게 된 일인지 분명하게 말했다는 생각이 든다. 이 일은 유년시절에 자주 했던 놀이를 생각나게 한다. 중국에서는 이런 놀이를 '소꿉놀이^{過家家}'라고 부른다. 우리는 누구나 이웃집 여자 아이와 결혼식을 올리고, 함께 밥을 짓고, 함께 아이를 키웠던 과거가 있다. 다 큰 아이들은 이 놀이를 확장시켜, 때로는 놀이의 의미가 훨씬 복잡해지고 놀이와 현실 생활 사이의 경계가 모호해지는 것을 발견하게 된다.

이는 다름 아니라 중국 작가 비페이위^{畢飛宇}의 〈집안 일^{家事}〉에 나오는 이야기이다. 이 단편 소설은 2007년에 발표되어 여러 작품 선집에 수록되어 있으니, 관심 있는 분은 직접 찾아 읽어보면 된다. 더 이상 내가 얘기를 계속할 필요는 없을 것이다. 이는 유머와 풍자, 천진함과 노련한 처세가 혼합된 소설로, 이야기의 결말은 우스우면서도 슬픈 분위기로 발전된다. 내가 여기서 이 작품을 거론하는 이유는, 이 이야기가 오늘의 주제인 문학과 가정, 사회와 아주 잘 어울리기 때문이다.

먼저 이 주제가 내게는 무척이나 곤혹스럽다는 사실을 인정하지 않을 수 없다. 문학은 잠시 한쪽에 치워두고 먼저 가정과 사회를 살펴보면, 우리는 이 양자 사이의 관계에 갖가지 쟁론이 가득 차 있음을 발견하게 된다. 중국어에서 '가^家'는 집을 뜻하고, '정^庭'은 마당을 의미한다. 둘 다 담을 쌓아 일정한 공간을 획정함으로써 외부와 경계를 설정하는 형식이다. 때문에 일반적으로 우리는 가정을 사회의 공공 영역과 상대되는 사적인 영역으로 이해할 수 있고, 이를 기초로 하여 공공 영역과 사적인 영역에 대한 윤리학 및 정치학 담론을 전개한다.

하지만 서양 문화의 배경에서 발전해 온 이런 담론들을 구체적인 중국인들의 생활과 경험에 적용하다 보면, 서로 잘 어울리지 않고 적절하지도 못한 것을 느끼게 된다. 서로 다른 문화 전통으로 인해 가정과 사회의 기능과 관계에 대해 각자의 독특한 이해를 갖게 된다. 실제로 이는 우리가 문화적 특성의 소재를 변별하는 기본적인 방법이기도 하다. 예컨대 유가 문화에서 가정은 사방이 담으로 격리된 공간으로 개인 생활의 영역으로 그치지 않는다. 여기에는 땔감과 쌀, 기름, 소금, 간장, 식초, 차 등 기본적인 생필품과 기본적인 인륜 관계와 경제적 기능 외에, 유비^{類比}(analogy)라는 위도가 존재한다. 가정은 이러한 유비를 통해 작은 것에서 큰 것으로 확장되어 국가와 천하가 되는 것이다. 이러한 유비는 결코 수사학으로 그치는 것이 아니다. 중국의 옛사람들이 "방 한 칸을 청소하지 못하면서 어찌 천하를 청소할 수 있는가?"라고 말할 때, 그들의 태도는 진지했다. '방 한 칸'과 '천하'는 결코 부분적인 합동으로 비유 관계를 구성하는 것이 아니라, 사실은 양자가 완전한 합동을 이뤘던 것이다. 따라서 엄격히 말해서 집과 국가, 천하의 담론은 비유가 아니라 논리상의 순환 해석으로 이해해야 한다. 내 친구인 산시^{陝西} 작가 훙커^{紅柯}는 일찍이 내게 자신의 고향인 치산^{岐山} 자락의 오래 된 농가에 관해 얘기한 적이 있다. 그곳에서는 나이가 가장 많은 농민이 집안 일을 처리할 때 제왕적 권력을 행사한다고 하였다. 가정, 국가 및 천하의 권력 구조와 관계는 마치 거울 미로 속과 같아서 빛이 비치고, 반사하며 앞으로 뻗어간다. 또한 서로 뒤섞여 있어 서로를 다른 영역으로 구분하기 어렵다.

물론 현대적 의미에서 '사회'라는 개념은 '국가'와 다르고, 또한 전통적인 정치학에서 가리키는 '천하'와도 그 뜻이 같지 않다. 하지만 그렇다고 고대 중국에 '사회'가 존재하지 않았다는 뜻은 아니다. 전통 문화에 관해 얘기할 때, 우리에게는 항상 '이상국理想國'이라는 오류의 구역이 있다. 다름 아니라 성현의 이념을 옛 사람들의 생활과 완전히 동일시하거나, 혹은 중국인의 생활이 완전히 일련의 특정한 이념에 의해 조직된다고 믿는 것이다. 이런 상황에 부딪칠 때마다 우리는 스스로에게 인간의 삶의 세계는 그 어떤 이념보다 훨씬 크다는 사실을 일깨워야 한다. 물론 이러한 각성 자체가 일종의 이념이기도 하다. 따라서 가장 효과적인 방법은 아마도 문학을 끌어들이는 것이다. 문학을 끌어들이면 우리가 이처럼 확신했던 것들, 명확한 형태와 윤곽을 가지고 있던 사물들이 갑자기 모호해지는 것을 느낄 수 있을 것이다. 이것이 바로 생활의 영역이다. 사람이 자기 집 문을 나선다고 해서 반드시 정부 관리를 만나게 되는 것은 아니다. 그가 거대하고 복잡한 사람들 속으로 들어가면 갖가지 관계가 발생하고 갖가지 운명에 연결된다. 그리고 자신을 위해 가정과 국가 사이의 어떤 공동 생활을 상상하고 추구하게 된다.

집을 떠나는 것, 이는 중국 소설의 가장 깊이 있는 정신의 기원이다. 부모가 살아계실 때는 멀리 가지 않지만, 집에 있는 사람에게는 이야기가 없다. 당송唐宋의 전기傳奇에서 시작하여 삼언이박三言二拍(중국 명나라 말기의 통속 소설 다섯 권을 통칭하는 말로, 삼언三言은 풍몽룡馮夢龍의 《유세명언喩世明言》과 《경세통언警世通言》, 《성세항언醒世恒言》을 가리키고, 이박二拍은

능몽초^{凌濛初}의 《초각박안경기^{初刻拍案驚奇}》와 《이각박안경기^{二刻拍案驚奇}》를 가리킨다. 각각 40편씩 총 200편으로, 당시의 생활과 풍습을 생생하게 묘사하고 있다)에 이르기까지, 초기의 중국 소설에는 집에 들어박혀 있는 사람들이 아주 적고 행인과 여행자, 떠돌이 등이 대거 등장한다. 정치나 정벌 같은 국가 규모의 인간 활동 외에 개인의 경험과 일상의 경험을 놓고 보면, '세계'는 더 이상 사면이 벽으로 둘러싸인 폐쇄된 공간이 아니라 하나의 개방된 공간으로, 필연적으로 도시나 전당^{殿堂}을 향하게 되어 있는 것이 아니라 거친 들판과 서민의 세계를 지향하게 되어 있다. 고대 중국인에게는 일종의 의미의 보류이자 지연, 불확실하고 애매한 상태라고 할 수 있다. 이때부터 서양의 초기 소설과 마찬가지로 세상에서의 개인의 경험이 소설의 지속적인 동력으로 자리잡게 된다.

오랜 세월이 지나 젊은 작가 위화^{余華}는 《열여덟 살에 집을 나서 멀리 가다^{十八歲出門遠行}》라는 작품을 썼다. 이 작품은 1980년대 중국 대륙의 모더니즘 흐름을 대표하는 작품 가운데 하나로 평가되고 있다. 하지만 사실 이 작품은 많은 이들이 생각하는 '모더니즘'과는 달리 아주 은밀하게 '전통'과 상응하고 있다. '집을 나서 멀리 가는' 것의 의미에 대한 위화의 사고와 표현은 《서유기》나 《수호전》 시대의 중국인과 크게 다르지 않다. '집'이 무엇을 의미하든 관계없이, 일단 문을 나서면 더 이상 아무것도 의미하지 않는 예측 불가의 세상과 마주하게 된다.

위화의 시대에 중국인은 이미 '사회'라는 개념을 획득했다. 내친 김에 지적하고 넘어가자면, 사회라는 단어는 수많은 현대 어휘와 마찬가지로 일본어에서 차용한 것이다. 우리는 사회주의 사회와 자본주의 사회가 있고, 사회는 일련의 가치관과 정치 제도, 경제 제도를 포함하고 있다는 사실을 잘 알고 있다. 이는 고대 중국인의 '국가' 혹은 '천하'와 유사한 개념이라고 할 수 있다. 하지만 실제의 언어 사용에서 이런 개념에 대한 해석에는 끊임없는 이동이 이루어진다. 예컨대 오늘날 이 단어는 일반적인 학술 표현에서 이미 가정과 국가 사이를 떠돌고 있다. 내 유년시절에는 학교 밖을 떠돌면서 거리에 출몰하는 다 큰 아이들을 '사회 청년'이라고 불렀다. 심지어 한동안 관방의 문서에서 신분이 확실치 않은 사람을 가리켜 '사회 무용 인원'이라고 불렀다. '사회'에 대한 이러한 해석은 기본적으로 고대 중국의 '강호江湖'의 개념과 일치한다. 위화의 작품에서 소년이 외롭게 길을 걷고 있을 때, 중국의 모든 독자는 그가 '사회'를 향해 그리고 '강호'를 향해 걸어가고 있다는 사실을 모르지 않는다.

문학 ─여기서 내가 말하는 문학은 주로 소설을 가리킨다─은 보통 중국인의 경험이나 지혜가 아닌, 세계에 대한 이해를 보존하고 설명한다. 내가 위화의 작품이 《서유기》나 《수호전》의 전통에 상응한다고 말하는 이유는 가정과 국가, 천하를 일체화하는 성현들의 규획과 다르기 때문이다. 중국 민간에서는 집 안과 밖이 서로 확연히 다른 두 개의 세계라는 것을 깊이 인식하고 있다. 집 밖은 질서가 잡힌 '천하'가 아니라 인간 세상의 '강호'이다. 사람들은 '강호'에 직면하여, 강과 호수의 풍랑을 마주한 것처럼 항상 외롭고 무력하다. 집을 나서 먼 길을 가는 소년과 다르지 않다. 바로 이런 이유 때문에 '사회'라는 단어는 '강호'의 함의를 내포한다. 가정과 국가 외에 사람들은 조직이 없는 상태를 나타내기도 하고, 자체 조직을 결성하기도 한다. 일종의 상호 부조와 자치를 실현하기 위해 형성된 관계가 존재하고, 이러한 관계 속의 정체성이 존재하는 것이다. 바로 이 것이 줄곧 중국의 민간 생활과 민간 상상력의 기본적인 내용이 되어 왔다.

이리하여 화제는 다시 처음으로 돌아간다. 학교 안에 있는 아이들이 당돌하고도 우스꽝스럽게 허구의 가정과 가족 관계의 네트워크를 결성할 때, 어쩌면 우리도 마찬가지로 당돌하게 《수호전》을 생각할지도 모른다. 린위탕^{林語堂}이 번역한 영문판 《수호전》은 직접적으로 《네 바다 안에 있는 사람은 모두가 형제다$^{四海之內皆兄弟,\ All\ Men\ are\ Brothers}$》라는 제목을 취하고 있다. 이러한 제목은 정확하게 《수호전》의 핵심을 밝히고 있다고 할 수 있다. 이 작품에서는 모든 사람이 가정을 떠나지만 '강호'에서 이를 대체할 수 있는 가정 관계를 찾아 형제, 즉 이성^{異姓} 형제 관계를 맺는다. 물론 《삼국연의^{三國演義}》에 나오는 '도원결의^{桃園結義}'를 생각할 수도 있을 것이다. 그리고 우리가 방금 언급한 위화는 '집을 나서 먼 길을 간' 뒤 20년이 지나 역시 두 이성 형제의 이야기인 《형제》를 발표한다. 실제로 이는 줄곧 중국의 서사 문학에서 원행^{遠行}과 이산, 낯선 사람들과 힘든 세상에 대응하는 기본적인 상상의 방식으로, 무협 소설과 타이완 및 홍콩의 영화에서는 더욱 더 풍부한 대중문화 전통을 형성하고 있다.

이러한 방식은 우리가 통상적으로 생각하는 것 같은 그러한 진부함과는 거리가 멀다. 이러한 방식은 중국에서의 모더니티의 전개에 커다란 역할을 했다. 20세기 초의 '신문화 운동'에서 '가정'은 은유뿐만 아니라, 실제에 있어서도 중국의 근대화를 가로막는 전통 가치의 보루로 설정되어 왔다. 바진^{巴金}의 소설 《집^{家}》은 세상에 대한 그 시대 사람들의 인식을 대변하고 있다. 가정이 악으로도 구제할 수 없을 정도로 부패하고 있기 때문에, 젊은이들은 반드시 집을 떠나 새로운 사회를 건설하고 새로운 신분과 문화적 정체성을 형성해야 했다. 가정과 국가, 천하를 하나로 연결하던 일체적인 규획의 파괴는 중국 문학에 새로운 급진 과정을 촉발하면서 완전히 새로운 '모더니즘'의 공간을 열었다. 이 공간은 나중에 극도로 풍부한 상상력의 방식으로 새로운 일체성을 수립한다. 예컨대 '문화대혁명' 기간의 모범극樣板戲에서는 거의 모든 인물이 가정도 없고 배우자도 없고 친척도 없다. 유일한 '가정'이 《홍등기紅燈記》에 출현하지만, 우리가 결국 알게 되는 것은 '아버지는 너의 친아버지가 아니고, 할머니는 너의 친할머니가 아니라는' 사실이다. 다시 말해서, 가정을 떠난 이후에 우리는 완전히 새로운 혁명 윤리에 따라 새로운 '가정'을 이루었지만 이 '가정'이 지향하는 것은 바로 새로운 '사회'인 것이다.

지금까지 내가 줄곧 이야기한 것은 사실 가정 안팎의 관계이다. 나는 시종 이 한 가지 문제를 말하고 있었던 것이다. 대략적으로 정리해보면, 과거든 현재이든 간에 우리는 '사회'라는 개념이 가리키고 커버하는 구역에 대해, 그리고 그것이 가정과 국가에 대해 갖는 관계에 대해 다기적이고 복잡다단한 이해를 갖고 있으며, 무수한 회의가 겹겹이 포함되어 있다는 것을 알 수 있다. 그리고 문학, 특히 소설은 줄곧 은밀하게 그리고 효과적으로 가정과 사회에 대한 중국인의 상상과 실천에 참여해 왔다.

이제 다시 그 아이들 속으로, 바페이위의 소설 《집안 일家事》로 돌아가 보자. 이 이야기에 대한 작가의 처리 방식을 조명하면서 중국의 모든 독자는 이미 이야기의 배경에 대한 기본적인 지식을 갖추고 있다. 갈수록 많은 도시의 가정에서 가정 관계 혹은 가족 관계를 획정하는 호칭들이 점점 의미를 잃어가고 있다. 다시 말해 여러 해에 걸친 '한 자녀 정책'으로 인해 갈수록 많은 아이들에게 형제자매가 없게 되었고, 외삼촌과 외숙모, 삼촌, 숙모 같은 명사가 무엇을 의미하는지 알 수 없게 되었다. 게다가 거대한 사회변혁과 지구화, 도시화의 흐름 속에서 이주와 이산, 가족 해체와 입양 등으로 인해 이미 수축되고 감춰진 가정은 일종의 파괴적 개방성에 직면해 있다.

《집안 일家事》에서 주인공인 '아이'의 진짜 엄마는 해외에 거주하고 있을 뿐만 아니라 이미 새로운 가정을 이룬 것이 분명하고, 소설의 결말 부분에서는 엄마가 또 아들을 낳는다. 물론 이것이 현실에서는 보편적인 현상은 아니지만, 소설 속에서는 '가정'에 대한 이 시대의 혼돈적 체험을 은유적으로 표현하고 있다. 나는 일찍이 중국의 당대當代 문학에서 '70후(70년대에 태어난 사람들)' 작가들에서부터 '80후' 내지 '90후' 작가들까지 줄곧 한 가지 눈에 띄는 현상이 나타나고 있음을 지적했다. 그들의 소설 속에서는 가정이 종종 환영처럼 다루어지고, 아버지나 어머니가 아주 먼 곳에 떨어져 있거나 이미지가 흐릿하게 처리되고 있으며, 때로는 아예 아무런 설명도 주어지지 않는다는 것이다. 이는 이중적이고 모순된 서사 전략이다. 한편으로는 아버지와 어머니가 '부재'를 이유로 의식 속으로 들어오고, 소설 속에서 이런 상황은 종종 멀리서 보내오는 돈으로 표현된다. 가정의 경제적 기능은 여전히 존재하지만 문화적 기능은 허공에 떠 있게 되는 것이다. 또 다른 한편으로 젊은이들은 상처를 받으며 잔혹한 청춘을 체험하게 된다. 이는 성인 사회로부터 오는 문화적 압박이라기보다는 부모의 부재가 가져오는 결과라고 할 수 있다.

바로 이런 배경 아래서 우리는 수많은 문학 현상과 문화 현상의 이해를 시도해볼 수 있다. 우리는 이미 전통 유가가 제시하는 '집·국가·천하'의 규획으로부터 멀어져 있다. 거대한 시대의 격변과 삶의 변화 속에서 우리는 가정과 사회에 대한 새로운 상상과 획정을 시도하고 있다. 이러한 방향에서 모더니티는 모순과 충돌의 방식으로 복잡하게 전개된다. 지금 유행하고 있는 학술 용어로 '기괴함吊詭'이라고 할 수 있을 것이다. 예컨대 한 가지 두드러진 기괴함은, 인터넷 시대에 사람들이 기본적인 사회 관계를 유지하고 발전시키기 위해 기존의 '가정 코드'를 차용한다는 것이다. 예를 들면, 중국 최대 전자상거래 사이트에서 매매 쌍방을 서로 '친親'이라고 표현한다. 이는 10여 년 전만 해도 상상조차 할 수 없는 일이었다. 과거에 우리는 '친'이라는 단어는 '가장 친한 사람'에게만 쓸 수 있다고 믿었다. '친'은 이처럼 친근한 어휘라서 연인 사이나 어머니와 아이 사이에만 사용할 수 있었다. 하지만 지금은 '친'이라는 단어가 도처에 만연해 있다. 세무서에서는 납세자를 '친'이라고 부르고 경찰은 탈주범을 '친'이라 부른다. 어휘에 대한 이러한 체계적인 오용에는 대단히 복잡한 사회 심리의 내용이 담겨 있다. 우리가 가정 관계나 사적 관계에서 쓰이는 호칭을 사회의 공공 영역에서 광범위하게 사용할 경우, 교역의 원가를 줄일 수 있을지는 모르지만 그와 동시에 사회 관계의 취약성과 공공 교제의 비규범성 및 불안정성을 반영하게 된다. 이것이 바로 변혁 과정에 있는 시대의 두드러진 특징이다. 지금 사람들은 힘들게 길을 찾고 있다. 이 과정에서 우리는 무의식적으로 그리고 습관적으로 어떤 전통 자원을 차용하게 된다. 예컨대, 방금 언급한 '강호'의 '형제' 상상 같은 것이다. 심지어 우리는 《홍등기紅燈記》로부터도 그리 멀리 떨어져 있지 않다.

때문에 거의 천 년 가까이 중국 문학 및 중국 소설가들을 곤혹스럽게 했던 문제들이 이 시대에 새로운 힘을 얻어 더욱더 공격적으로 변하고 있다. 문학과 가정, 문학과 사회는 학술의 문제로 그치지 않는다. 이는 우리가 생활의 세계와 감정의 세계, 윤리의 세계를 어떻게 상상하고 규획하느냐 하는 문제와도 연결되어 있다. 이는 대단히 중대한 문제로 복잡하고 예측이 불가능한 공간을 열고 있다.

리징저 李敬泽 1964년, 텐진 출생. 베이징 대학 졸업. 문학평론가, 중국작가협회 부주석 겸 서기처 서기. 중국의 권위 있는 문학 간행물인 《인민문학》 편집장을 지냈고, 영문 문학 간행물 《Pathlight》을 창간한 바 있다. 주요 평론집 및 문집으로 《색깔의 이름》, 《종이 현장》, 《차디찬 탐닉》, 《헤아릴 수 없는 세월을 읽다》, 《눈빛 정치》, 《문학 : 행위와 연상》, 《아라비안나이트를 목격하다-21세기 초의 문학 생활》, 《문학을 위한 변명》, 《평정심》 등이 있다. 산문집으로는 《이리저리 살피기 또는 비밀 교류하기》, 《강변의 날들》, 《반유기》, 《소춘추》 등이 있다. 중화문학기금회 평무 문학상 청년비평가상, 중국어 미디어 문학대상 올해의 평론가상, 루쉰 문학상 문학이론 평론상, 《양청석간》 문학상, 올해의 평론가 금상 등을 수상했다.

오에 겐자부로 텍스트 안팎의 오에 히카리
—《만년양식집》텍스트를 분석 대상으로

쉬진룽^{許金龍}

일본 작가 오에 겐자부로^{大江健三郎}는 2011년 12월 16일에 쓴 글에서 이렇게 말했다. "무려 2년에 걸쳐 쓴 소설을 포기하고 아직 전체적인 구상조차 명확하지 않은 작품을 쓰기 시작했다. 내가 이렇게 하는 이유는 바로 '3·11'을 겪었기 때문이다." 그 후에 여성작가 아사부키 마리코^{朝吹真理子}와 대담에서 이 일에 관해 보다 자세한 부연 설명을 하기도 했다. "4백자 원고지로 약 3백 매 정도 쓴 원고였습니다. 예전 같았으면 태워버렸을지도 모르지만 이번에는 그냥 서고 안에 놓아두었지요. 그런 다음 하루 종일 꼼짝도 하지 않고 텔레비전만 보았습니다. ……고민하기 시작했지요. 갈 곳이 없는 자신의 현재 곤경에서 시작하여 국가와 사회의 갈 곳 없는 곤경을 전부 노트에 기록해 보는 것도 나쁘지 않을 것 같았습니다. ……이것을 제 '마지막 작업'으로 삼아 진행해보기로 했지요."

여기서 말한 '무려 2년여 동안 쓴 소설'이 바로 오에가 이 말을 꺼내기 일 년 전인 2010년 12월 2일에 그를 찾아갔던 중국 여성 작가

티에닝鐵凝에게 말했던 바로 그 작품이다. 그때의 대담에서 오에는 아이들에게 남기는 서신 형식의 장편소설을 쓰고 있다고 말한 바 있다. 이 소설에서는 여동생 아사를 1인칭으로 설정하여 서술을 진행하고 있다. 물론 여러분이 짐작하고 있는 것처럼 이 여동생의 오빠는 국제적인 문학상을 수상한 유명 작가이다. 대화를 나누는 과정에서 오에는 2층의 작업실로 가서 얇은 종이 상자에 담겨 있는 친필 원고를 가져다가 티에닝에게 보여주면서, 원고지 한 매를 채우는데 약 한 시간 정도 걸렸지만 한 매를 수정하는 데는 최소한 두 시간 이상 걸렸다고 말했다. '무려 이 년여 동안 쓴' 피땀 어린 작품을 왜 포기하려 하느냐는 질문에 대해 오에는 '3·11'이라는 천재와 인재를 겪었기 때문이라고 말했다. 이날부터 하루 종일 꼼짝도 하지 않고 텔레비전 뉴스만 보았다. ······그리고 그는 고민하기 시작했다. 도망칠 곳이 없는 현재 자신의 곤경에서 시작하여 도망칠 곳이 없는 국가와 사회의 곤경을 전부 노트에 기록해 보는 것도 나쁘지 않을 것 같았다. ······이것을 자신의 '마지막 작업'으로 삼아 진행해보기로 한 것이다. 이 기록을 기초로 쓰인 작품이 바로 고단샤講談社에서 2013년 10월 24일에 출간한 장편소설《만년양식집晚年洋式集》》이다. 노 작가는 이 소설의 서두에 당시의 정황을 이렇게 적고 있다.

3·11 그날 한밤중부터 나는 밤낮을 가리지 않고 종일 텔레비전 앞에 앉아 동일본대지진과 쓰나미, 원자력발전소 방사능 누출사고 등에 관한 뉴스 속보를 시청했다. ······이날도 마찬가지였다. 한밤중까지 계속 후쿠시마의 원자력발전소 사고로 인해 누출된 방사능 물질의 확산이 조성한 오염 실황을 추적 보도하는 텔레비

전 특집을 지켜보았다. ……다시 2층으로 올라가다가 나는 문득 층계 중간의 작은 공간에 멈춰 섰다. 그러고는 유년시절에 빌려 읽었던 루쉰의 단편소설에 나오는 것처럼 '엉엉' 소리를 내면서 울기 시작했다.

그가 계단 1층과 2층 사이의 작은 공간을 선택하여 흐느꼈던 것은, 부인의 침실은 1층에 있고 큰 아들 히카리가 임시로 2층 서고에 거주하고 있었기 때문이다. 아내와 아들의 수면을 방해하지 않기 위해 노 작가는 하는 수 없이 이곳에 숨어 절망적인 울음을 터뜨릴 수밖에 없었던 것이다. 여기서 그가 말한 루쉰의 단편소설은 1925년 10월 17일에 쓴 〈고독한 사람孤独者〉이고, "엉엉 소리 내어 울었다."라는 구절의 번역문은 〈고독한 사람〉에 나오는 "지하에서 갑자기 누군가 엉엉 소리 내어 울기 시작했다"라는 구절을 가리킨다. 이 소설은 '해외 유학'을 마치고 귀국한 지식인 웨이렌수魏連殳가 어두운 사회현실 속에서 생존을 위해 좌충우돌하지만, 점차 절망적인 지경에 빠져들면서 타락하는 것 외에는 달리 저항의 방법이 없는 사회에서 결국 죽음으로 주저앉고 마는 상황을 묘사하고 있다. 그리고 지금의 '나'는 당시의 웨이렌수처럼 '상처 입은 늑대처럼 깊은 밤 들판에서 울부짖고 있고 비참한 상처 속에는 분노와 슬픔이 담겨 있다.' 루쉰 문학을 깊이 이해하고 체감하고 있는 오에는 〈고독한 사람〉이 루쉰이 이와 거의 비슷한 시기에 쓴 〈술집에서在酒樓上〉와 〈죽음을 슬퍼함傷逝〉 같은 작품과 마찬가지로 절망적인 사회에서 지식인이 좌충우돌하다가 결국 막다른 골목에 이르는 서글픈 운명을 서술하고 있다는 것을 잘 알고 있었다. 사실 '엉엉 소리를 내어 울었다'는 대목을 쓰기 한 해 전인 2010년 12월 2일에 오에는 필자에게 이렇게 말한 적이 있다. "저는 지금 머릿속에서 오로지 두 개의 커다란 문제만을 생각하고 있습니다. 하나는 루쉰이고, 하나는 아이입니다. 절망형 인간인 저는 현재의 형세 변화에 극도의 절망감을 느낍니다. 낮에 텔레비전에서 보는 화면과 신문에서 읽는 글이 전부 저를 절망에 빠지게 만들지요. ……매일 저녁 아들 히카리의 이불을 덮어주고 나서 절망감에 젖어 잠자리에 듭니다. 아침에 일어나면 히카리와 전 세계 아이들을 위한 희망을 찾지요. 소설을 창작하는 방식으로 그 절망 속에서 희망을 찾는 것입니다. 매일 이런 일상이 반복되고 있지요. 이것이 바로 지금 저의 생활이자 작업 상태입니다." 이런 말을 할 때만 해도 오에는 석 달 뒤에 천재와 인재로 인한 더 큰 절망이 자신을 기다리고 있다는 사실을 꿈에도 생각지 못했을 것이다. 《만년양식집》에서 '종일 텔레비전 앞에 앉아 동일본대지진과 쓰나미, 원자력발전소 방사능 누출사고 등에 관한 뉴스 속보를 시청했다'는 주인공은 텔레비전 화면에서 본 절망의 풍경을 이렇게 묘사하고 있다.

이튿날 황혼 무렵, 다큐멘터리 제작을 마친 촬영 감독이 다시 한 번 가파른 비탈길에 올라서는 순간, 망아지가 태어났다는 소식을 듣게 된다. 어두운 실내에서 꼭 붙어있는 망아지와 어미 말의 모습이 나타나고, 장방형 화면에는 이들에게 먹이를 주는 주인의 옆 보습이 보인다. 그는 밖을 내다보면서 뭔가 말을 하고 있다. 건너편은 비와 안개로 몽롱해진 목장이다. ……그의 우울한 목소리가 울린다. "갓 태어난 망아지를 초원에서 뛰놀게 할 수가 없을 것 같아. 저 곳은 이미 방사능 비에 오염되었었거든."

현지에서 생중계되는 상황과 사람들의 표정을 지속적으로 관찰하던 노작가는 문득 여러 해 동안 몰랐던 것을 이해할 수 있다. 단테의 《신곡》에 나오는 "그러니 너는 상상할 수 있을 거야. 미래의 문이 닫히는 순간 우리의 모든 지식도 한 순간에 완전히 소멸되리라는 것을."이라는 시구 한 단락이었다. 오에 자신이 계단 중간의 평평한 공간에서 '엉엉 소리 내어 울었던 것'도 우리의 '미래의 문'이 닫히고 우리의 지식(특히 나의 지식은 하나도 진실인 것이 없게 된다)이 완전히 소멸되었기 때문이다……." 이처럼 무서운 어둠 속에서 히카리의 동작은 갈수록 느려지고 말수도 갈수록 적어졌다. 기억력은 더더욱 나빠졌다. 이에 대해 여동생 마키眞木는 몹시 걱정한다. "아버지의 눈에 도시와 국가의 미래는 더 이상 존재하지 않을 것이고, 우리가 축적한 지식도 죽은 것이나 마찬가지예요. 어쩌면 아버지의 머릿속에서는 이 시구가 히카리의 기억과 연관되어 있을지도 몰라요. 얼마 후 히카리 오빠가 기억을 상실하면 머릿속은 온통 완전한 어둠일 것이고, 나이를 먹으면서 이런 상태에서 죽음을 향해 다가가게 될 거예요. ……아마도 아빠는 이런 장면을 연상하고 있을 거예요. 그래서 엉엉 소리 내어 우시는 거지요……."

모두가 아는 바와 같이 아카리의 원형인 오에 히카리光는 심각한 지적장애를 갖고 있다. 그의 지능은 영원히 3~5세 수준에 머물러 있어 영원한 아이로 살 수밖에 없다. 지난 50년 동안 오에의 가족은 모두 이 영원한 아이를 중심으로 서로 의지하며 살아왔다. 특히 오에 본인은 지속적으로 아들에게 심혈을 기울이면서 아내 유카리由

佳里와 함께 이 영원한 아이를 작곡가로 키워냈다. 일상 생활의 세밀한 부분에서도 오에는 정성껏 아이를 보살폈다. 일례로 2011년 12월 19일의 일기에 그는 이렇게 쓰고 있다. "새벽 한 시를 전후하여 나는 화장실에 다녀온 히카리를 위해 다시 담요를 덮어주었다. 특히 겨울에는 이런 일이 습관이 된다. 매일 밤 나는 2층의 작업실에서 내려와 1층의 거실의 소파 위에서 책을 읽는다. 히카리에게 담요를 잘 덮어준 다음 다시 위층으로 올라가는 이 시간에 나와 히카리 사이에는 아주 짧지만 영혼의 교감이 이루어진다." 오에의 창작 생애에서 히카리는 빈번하게 그의 소설 작품에 등장한다. 1964년 1월 오에가 《신조新潮》에 발표한 단편소설 〈공중 괴물 아구이〉에서 태어날 때 '머리가 하나 더 달린 것' 같은 종양을 가진 아이가 등장한다. 반년 전에 태어난 오에 히카리가 틀림없다. 이는 오에가 처음으로 자신의 장애아 아들을 원형으로 한 작품으로, 반년 뒤에 출간한 《개인적 체험》에서는 부자의 혈연 관계가 좀 더 선명하게 나타난다. 오에는 나중에 이렇게 밝힌 바 있다. "……나는 자신이 매우 건전한 사람이라 아마 자실은 하지 않을 것이라고 생각한다. 하지만 만일 당시에 아이를 위해 수술을 하지 않았거나, 아이가 유행성 감기에 걸리도록 내버려두었거나, 혹은 다른 질병으로 죽게 했다면 나를 현실 생활에 묶어주고 있는 이 생명의 동아줄도 끊어졌을 것이라는 생각이 든다. 《공중 괴물 아구이》를 쓰는 동안 줄곧 이런 생각이 들곤 했다." 특히 오에 겐자부로의 만년 작품들 가운데 《뒤바뀐 아이》(2000)를 비롯하여 《우울한 얼굴의 아이》(2002), 《2백 년의 아이들》(2003), 《책이여, 안녕!》(2005), 《아름다운 애너벨 리 싸늘하게 죽다》(2007), 《익사》(2009), 그리고 현재 연재 중인 《만년양식집》(2012) 등 여러 작품에 히카리가 등장한다. 물론 같은 시기에 출판된 《나의 나무 아래서》, 《회복하는 인간》, 《따뜻한 유대》, 《미래의 사람에게》, 《책 읽는 사람》, 《정의집$_{定義集}$》 등 여러 수필집에서도 나타난다. 여기서 주목해야 할 점은 《공중 괴물 아구이》와 《개인적 체험》 등 초기 작품 군에서 오에 히카리의 소설 속 신분은 그저 인도주의적 관심의 대상일 뿐이라는 것이다. 그 뒤로 거의 반세기에 달하는 오에 겐자부로의 창작에서 오에 히카리를 원형으로 하는 인물 형상은 끊임없이 변화한다. 예컨대 오에 겐자부로는 최근의 한 대담에서 "《새로운 사람이여, 깨어나라!》에 나오는 이른바 '새로운 사람'은 사실 윌리엄 블레이크의 작품에 나오는 미래 인물이다. 이 사람은 현재의 세계에서 살고 있지만, 사실은 미래의 인간이다. 내 아들을 통해 이 점을 발견했을 때, 나는 일종의 희열을 느꼈다. 나는 자신이 아들을 돌보는 과정에서 동시에 현실 세계를 향해 한 걸음 더 내딛는 것 같은 느낌을 가졌고, 더 나아가 자신이 미래의 시간에 아들에 의해 돌봄을 받는 것을 체험할 수 있었다."라고 밝혔다.

이처럼 오에 겐자부로는 아들 오에 히카리를 보살피는 동시에 작품 속에서 끊임없이 순수한 '새로운 사람'의 이미지를 빚어내고 있었던 것이다. 오늘날 이 황당하고 절망적인 세계에서 이처럼 순수한 '새로운 사람=미래의 인간'의 이미지가 우리 인류의 희망이라는 사실에는 의심의 여지가 없을 것이다. 하지만 후쿠시마 원자력 발전소의 방사능 누출 사고로 인해 이런 절망 속의 희망이 극도의 위협을 받게 되었고, 이는 인류의 미래도 극도의 위협을 받고 있다는 것을 의미한다. 인류가 계속 이런 사실을 깨닫지 못하고 우매함에 갇혀 있다면, 일본이라는 나라의 미래의 문만 닫히는 것이 아니라 인류

전체의 미래의 문이 닫혀버릴 수도 있는 것이다. 물론 이처럼 무서운 시간이 닥쳐온다면 오에 히카리와 그의 소설 속 인물인 아카리도 살아남을 수 없을 것이다. 아마도 이것이 노작가가 한밤중에 계단 중간의 평평한 공간에 엎드려 어렸을 때 번역된 루쉰의 단편소설에서 읽었던 기억처럼 '엉엉 소리 내어 울었던' 원인의 소재일 것이다.

1920년대의 루쉰처럼, 이 극도로 절망적인 순간에 '아카리와 전 세계 아이들을 위하여' 오에가 할 수 있는 일은 '소설 창작의 방식으로 절망 속에서 희망을 찾는 것'뿐이었다. 좀 더 정확히 말하자면 '3·11'이라는 천재와 인재의 소용돌이 속에서 오에는 《만년양식집》이라는 소설을 씀으로써 '아카리와 전 세계의 아이들을 위하여······ 절망 속에서 희망을 찾는' 수밖에 없었던 것이다.

이 소설은 '3·11 대지진'으로 인해 주인공의 집에 일대 혼란이 조성되는 것으로 시작된다. 6부곡의 주인공인 원로 작가 조코 고기토 長江古義人(텍스트 안에서의 오에 겐자부로의 분신)는 이 혼란 속에서 엉망진창이 되어버린 서고를 정리한다. 이는 자신과 큰 아들 아카리가 '책의 산'에서 잠잘 수 있는 공간을 마련하기 위한 노력이었다. 하지만 칠순 고령에 체력이 고갈된 주인공은 정신이 혼미해져 결국 잠이 들어 꿈속에서 이런 생각을 한다.

"아카리를 어디에 숨길까?" 이 문제가 계속 나를 휘감고 있었다.
시코쿠四國 숲에 있는 '오시코메大표女' 동굴에 숨기자. 방사성 물질로부터 차단될 수 있을 것이고, 바위틈에서 솟아나는 물은 아직 오염되지 않았을 것이다! 피난하는 사람은 일흔여섯 살인 나와 마흔네 살인 아카리다. 자신의 늙고 야윈 등에 아카리를 업고 흰 무명 천으로 만든 삼각뿔 모양의 아기 옷으로 감싸면 조용하고 우수가 깃든 얼굴의 통통한 중년 남자의 얼굴이 드러난다. 어떻게 눈속임을 해야 온몸에 방호복을 입은 자위대원들이 봉쇄하고 있는 도로를 뚫고 빠져나갈 수 있을까?

분명 이 대목은 그 자매편인 《익사》의 감춰진 구조에 나오는 '혈거인六居人'의 이야기에 이어진 것이다. 《익사》의 참고 텍스트인 《페르시아인의 편지》에서 몽테스키외는 '혈거인'이라 불리는 아랍의 아주 작은 소수민족은 '자신들의 저열한 근성으로 인해 멸망을 초래하여' '그들 스스로 신의를 배신한 데 대한 희생물'이 되었을 때 특별히 '인도 정신을 갖추고 있고 정의를 알며 도덕을 숭상하는' 두 사람에게 '그들과 하나의 대오를 이루기에 적절치 않은 동포를 멀리 떠나 국내에서 가장 편벽한 곳에 가서 평온하고 행복한 생활을 영위한다.' 이로써 '민족의 재앙에서 벗어나는' 동시에 아이들을 위해 위하여 '자국 동포들의 끔찍한 재난을 알려주고, 아이들로 하여금 그 슬픈 전철을 되풀이하지 않게 하려는 것이다……'.

여기에서 《만년양식집》의 이전 텍스트인 《익사》에서 오에는 '혈거인' 극단에서 우나이코髷髮子를 우두머리로 한 청년 연기자들의 '근거지'를 문화와 권력의 중심인 도쿄에서 폭동의 역사를 지니고 있는 깊은 산 속의 숲으로 이전시킨다. 이는 변두리 지역의 폭동의 역사와 권력의 중심 및 강력한 권력자들에 대한 불요불굴의 투쟁을 통해, 자신과 후대에게 영원한 역사의 교훈을 남기고 민주주의의 시대정신으로 절대적인 천황제의 사회 윤리를 대체하려는 것이다. 또한 이를 통해 몽테스키외가 묘사한 야만적인 아랍 혈거인들의 멸망이 오늘날의 문명 사회에서 재현되지 않게 하려는 것이다.

《익사》 이후의 텍스트인 《만년양식집》에서 오에의 두려움은 '딸'의 입을 빌려 절망적인 전망으로 표출된다.

만일 일본이라는 나라의 원자력 발전소가 전부 지진에 의해 폭발한다면 이 도시, 이 나라의 미래의 문은 닫히고 말 것이다. 우리 모두의 지식도 죽은 것이 되고 말 것이며…… 모든 사람의 머리가 암흑으로 가득 차 멸망을 행해 나아가게 될 것이다. 이런 사람들 가운데 그 누구보다도 무지몽매한 아카리가 있다.

자신의 지식이 죽은 것이 되지 않게 하기 위해, 아카리가 무지몽매한 어둠 속에서 멸망을 향해 나아가지 않게 하기 위해, 영원히 아이인 아카리가 상징하는 전 세계 모든 아이가 '이 슬픈 전철을 되풀이 하지 않게' 하기 위하여, 노작가는 꿈속에서 하얀 무명천으로 된 삼각뿔 모양의 아기 옷으로 감싼, 나이가 마흔 여덟인 아카리를 업고서 그를 '시코쿠 숲에 위치한 오시코메 동굴에 숨기려' 시도 하는 것이다. 천신만고를 겪으면서까지 아들 아카리를 이 동굴에 숨기려 하는 이유는 그곳이 '방사성 물질로부터 차단되어 있고, 바위 틈에서 솟아나는 물이 아직 오염되지 않았기 때문'이다. 또한 오에의 문학 사전에서 '오시코메'는 '이 숲속에 창건된 촌락의 여성 족장'으로서, '신으로서의 천황'과 대비되는 주변적 존재이기 때문이다. 그녀가 살고 있는 동굴 내지 협곡 안에 있는 폭동이 빈발하는 당연히 도쿄라는 권력 중심에 대항하는 주변적 존재이다. '이 도시, 이 나라의 미래의 문이 곧 닫히게 되는' 위급한 상황에 직면하여 노작가는 오로지 '오시코메' 동굴로 상징되는 주변 지역의 폭동의 역사와 민간의 전승에 의지하여, 권력의 중심이 자행하고 있는 핵 정책에 대한 저항을 전개하는 동시에 숲의 강대한 생명력과 회복 능력을 이용하여 위기에 처한 인류를 구속하려 했던 것이다. 또한 백 년 전인 1918년에 루쉰이 소리높이 외쳤던 것처럼 그 역시 "아이들을 구하라!"라고 외친 것이다. 그래야만 국내에서 가장 편벽한 곳에서 아카리로 상징되는 아이들이 '민족의 재난을 피할 수 있게' 하고, 아이들을 위해 '본국 동포의 심각한 재난을 지적하여 아이들로 하여금 이 비참한 전철을 되풀이하지 않게' 할 수 있기 때문이다. 또한 그래야만 아이들로 하여금 '온통 어둠인 상황' 속에서 빛으로 통하는 길을 찾을 수 있게 하고, 이 아이들=신인=미래의 인류에게 인류의 지식 내지 문명을 전승할 수 있기 때문이다.

텍스트 안팎의 아카리와 오에 히카리라는 두 명의 영원한 아이들의 미래의 문이 닫히지 않게 하기 위해, 전 세계 아이들의 미래의 문이 닫히지 않게 하기 위해, 그리고 몽테스큐가 묘사한 야만적인 아랍의 혈거인들의 파괴가 문명 사회에 재현되지 않도록 하기 위해, 오에 겐자부로는 《만년양식집》의 창작을 통해 절망 속에서 희망을 찾는 동시에, 거리에 나가 큰 소리로 외침으로써 사람들이 방사능 누출의 심각한 위험을 인식할 것을 호소하는 한편, 1천 만 명의 공동 서명을 통해 일본 정부가 이토록 위험한 현실을 무시하고 원자력 발전소를 재가동하는 것을 저지해줄 것을 호소하고 있다. ……오에가 늙어가는 몸을 이끌고 텍스트 안팎을 넘나들며 소리높이 외치는 이유는 영원한 아이들인 히카리와 아카리에 대한 진지한 사랑이

자 전 세계 모든 아이에 대한 사랑의 표현임에 틀림이 없다. 이러한 사랑은 오에 겐자부로의 텍스트 속에서, 그리고 그의 작품을 읽는 모든 독자의 마음속에서 끊임없이 승화할 것이다. 이처럼 큰 사랑은 일본과 한국, 중국에서, 그리고 전 세계에서 하나의 희망, 절망 속에서 찾아낸 희망으로 자리 잡을 것이다.

쉬진룽 许金龙 1952년, 장쑤 출생, 우한 대학 일본어학부 졸업. 일본문학 번역가, 학자, 중국 사회과학원 외국문학연구소 연구원. 최근에는 주로 오에 겐자부로의 문학 연구에 종사하고 있으며 중국사회과학원 핵심과제인 '오에 겐자부로 문학연구'를 맡고 있다. 대표 논문으로는 〈절망에서 비롯된 희망〉, 〈왕을 죽이다弑王〉 〈'혈거인'의 모티브와 그 문화적 함의에 관한 해독〉 등이 있다. 역저로는 오에 겐자부로의 《뒤바뀐 아이》, 《우울한 얼굴의 아이》, 《책이여, 안녕!》, 《2백 년의 아이들》, 《아름다운 애너벨 리 싸늘하게 죽다》, 《익사》 등의 장편소설과 《오에 겐자부로가 작가인 자신을 논하다》, 《책 읽는 사람》 등의 수필이 있다. 루쉰 문학상 우수번역상을 수상한 바 있다.

1961~2015

안도현

내가 태어난 1961년은 5·16 군사쿠데타가 발발한 해였다. 60년대는 쿠데타의 주역 박정희가 군복을 벗고 본격적으로 정치에 입문한 시기이다. 나는 그의 집권 기간 동안 어린 시절을 보냈고, 학창시절엔 지구상에서 가장 강력한 반공교육을 받으며 군사독재의 미화된 풍경들을 보며 자랐다. 성장 우선의 경제 정책과 새마을운동, 그리고 군사문화의 엄격성 등을 맹목적으로 동경하기도 했다. 배를 곯지 않았다는 점에서는 그 이전 세대보다 행복했으나, 온전한 삶의 터전을 가지지 못했다는 점에서는 역사적으로 불행한 세대였다.

내 출생지는 경북 예천군 호명면 황지동이다. 아버지와 어머니가 인접한 안동군 풍산면으로 거처를 옮겨 신접살림을 차리는 바람에 첫돌을 넘긴 직후에 나는 그 고향을 떠났다. 가게를 차린 부모님은 바빴고, 가게에 딸린 단칸방은 비좁았다. 내 밑으로 이삼 년 간격으로 동생들이 줄줄이 태어나 그 작은 방 하나에 여섯 식구가 같이 살았다. 한 식구가 하나의 방을 쓰는 기억을 요즘 세대들은 갖지 못할 것이다. 방이라는 곳은 먹고 잠자는 곳의 의미를 넘어서서 '가족'이라는 보이지 않는 둥지를 만들어주는 곳이다. 요즈음 일반적으로 가족 간의 끈끈한 관계가 느슨하게 풀어진 느낌을 이유도 각자 따로 자기 방을 쓰면서부터가 아닐까?

형제 중에 맏이였던 나는 외가나 큰집에 자주 맡겨졌다. 초등학교를 들어가기 전에는 몇 달씩 가서 얼굴이 새까맣도록 머물기도 했고, 방학 때면 으레 여름, 겨울 할 것 없이 거의 모든 날을 예천에서 지냈다. 그러니까 일찍부터 나는 두 개의 고향을 가지게 되었다. 예천과 안동을 수시로 넘나들던 어린 시절 덕분이다. 고향이 배경이 되는 꿈을 꿀 때도 이 두 개의 공간은 한데 뒤섞일 때가 많다. 이를테면 큰집의 툇마루와 외갓집의 사랑방이 희한하게 한 장소에 붙어 등장하는 것이다. 그래서 고향은 내게 복합적이면서도 이중적인 공간으로 남아 있다. 생활은 가난하면서도 삶은 풍족했고, 순간순간 외로웠으면서도 매일매일 행복했다.

그때 내 귓가에 닿았던 소리와 내 코로 들어왔던 냄새들이 없었다면 나는 이 세상이 주는 '느낌'을 즐기지 못하는 무감각한 인간이 되었을 것이다. 어릴 때 은연중에 몸 속으로 들어온 감각들이 가끔 시에 등장할 때마다 깜짝깜짝 놀란다. 그 사소한 것들이 이렇게 소중한 것들이었구나, 하고 말이다. 내 시에 돌배나무, 앵두나무, 감나무, 밤나무가 보인다면 그것은 외갓집에서 알게 된 것이고, 그리고 고욤나무, 뽕나무, 닥나무, 대추나무, 목화가 보인다면 그것은 큰집에서 습득한 것이다.

내가 태어났다는 예천 큰집의 사랑방은 사철 어두웠다. 어머니의 캄캄한 자궁에서 아기가 태어나기 좋은 곳 같았다. 전기가 들어오기 전에는 호롱불이 홀로 아슬아슬하게 눈을 깜박이던 곳. 희미한 빛이 새어들던 작은 봉창 하나, 벽에 걸린 옷들을 덮고 있던 횃보, 사촌누나들이 수틀을 잡고 앉아 키득대던 소리, 군불을 많이 땐 탓에 거무스름하게 변해 있던 장판지, 겨울철의 누룩 냄새…… 그것들은 지나간 시간 속에 남아 있는 게 아니다. 글을 쓰다가 6~70년대 풍경을 묘사할 기회가 있으면 언제든지 과거로부터 뛰쳐나올 준비가 되어 있다고 지금도 그것들은 내게 도란대는 것 같다.

고향에 대한 기억을 구체적이고 감각적으로 재생하는 것은 음식이다. 고향의 풍경이 그려내는 시각의 유혹도, 방언이 잡아당기는 청각의 매혹도 음식 앞에서는 맥을 추지 못한다. 혀를 통해 감지된 가장 원초적 감각인 미각의 기억! 우리가 고향이라는 케케묵은 명사로부터 벗어나지 못하는 것은 케케묵은 음식의 기억으로부터 벗어나지 못한다는 말과 같다. 허기를 채우기 위해 먹은 음식이든 상다리가 부러질 정도로 차려진 산해진미든 음식에 대한 기억은 서열이나 계급이 없다. 우리는 고향의 음식 앞에서 무장해제 당하기 일쑤다.

낙동강 상류 지역인 경북 북부 지방은 산악 지대가 대부분이어서 논이 적다. 타지에 비해 식재료가 풍부한 곳이라고 할 수도 없다. 하지만 거기서 나고 자란 나에게는 거기서 길들여진 음식이 유난히 각별하고 짠할 수밖에 없다. 음식이 나라는 인간을 키운 탓이다. 이 지방 음식에는 유독 콩가루가 많이 들어간다. 칼국수나 건진국수는 타지에 비해 콩가루의 배합률이 아주 높다. 건진국수는 옛적에 여름날 귀한 손님을 접대할 때 만들었다는 음식이다. 칼국수를 찬물에 씻어 미리 준비해둔 멸치국물에 고명을 얹어 먹는데,

이 역시 밀가루에 콩가루를 적잖게 섞어야 면발이 고소해지고 퍼지지 않는다. 또 콩가루는 묵은 시래기찜이나 풋고추, 혹은 정구지 찜에 필수적으로 들어간다.

나는 어려서부터 음식을 만드는 과정을 옆에서 지켜보는 게 좋았다. 칼국수와 만두를 만들기 위해 반죽을 주무르는 일은 신기했고, 닭개장을 만들기 위해 암탉의 목을 비틀고 털을 뽑는 아버지와 어머니의 손놀림을 바라보는 일은 늘 아슬아슬했다. 우리 어머니가 잘 만드시는 음식 중 하나가 닭개장이다. 닭이 귀하던 시절에 닭 한 마리는 무엇 하나 버릴 것이 없었다. 아버지는 닭을 잡을 때 목을 비트는 일을 맡으셨다. 뜨거운 물에 데친 닭의 털을 뽑아내는 일도 아버지 몫이었다. 어머니는 배를 가르고 간, 염통, 똥집, 창자 따위의 내장과 닭발을 따로 손질해서 무를 얇게 썰어 넣은 다음 물을 자박자박하게 붓고 볶았다. 그것은 아버지의 술안줏감이었다. 부엌 솥에서 닭을 삶은 뒤에 어머니는 사형제 중 맏이인 나만 부엌으로 부르셨다. 부뚜막에는 큼지막한 닭다리 하나가 양은 그릇에 담겨 있고, 그 옆에는 소금 종지가 놓여 있었다. 동생들이 얼씬거리지 않는 틈을 이용해 나에게 그걸 어서 먹으라고 재촉을 하셨다. 그러면 나는 뻔뻔스럽게 다리를 해치우고 어머니의 성화에 국물까지 마시고 입을 닦으며 부엌을 나선 적이 한두 번이 아니다.

내장과 다리 하나가 없어진 닭으로 어머니는 닭개장을 끓이셨다. 닭개장을 어떻게 만드나? 고사리, 파, 숙주나물, 배추시래기 같은 갖은 야채와 잘게 찢은 닭고기를 밀가루로 골고루 버무린 다음 끓는 육수에다 넣는다. 그리고는 뜨거운 불로 오래 끓인다. 닭개장은 여러 번 끓일수록 국물이 진하게 우러나왔다. 이렇게 한 솥 끓이면 우리 식구들은 두어 끼 정도는 반찬이 필요 없었다. 닭을 잡는 과정과 그것을 요리하는 시간을 유심히 바라본 그 어린 날이 없었다면 나는 지금보다 훨씬 형편없는 시인으로 살아가고 있을지 모른다.

내가 성장한 풍산은 3일과 8일에 장이 서는 곳이다. 학교를 가려면 반드시 장터를 통과해야 했다. 홍청대던 장날 풍경은 마치 잔치 같았다. 특히 우시장으로 몰려들던 검은 코트의 소장수들은 언제 보아도 어깨가 넉넉했고, 입으로 불을 뿜는 차력사는 위대하였다. 장이 서지 않는 날은 뼈대만 앙상한 각목 구조물 사이가 우리들의 놀이터였다. 그 풍산 장터에서 나는 지나가는 소달구지에 매달렸고, 자전거 타는 걸 처음 배웠고, 국회의원 후보들의 유세에 귀를 기울였으며, 가설극장을 기웃거리거나 저녁이 되어도 귀가하지 않는 아버지를 찾아 '갈매기옥'이라는 간판을 단 술집 마당을 자주 밟았다.

아버지의 가게는 한순간에 기우뚱거렸다. 중간 도매상을 거치지 않는 농협의 슈퍼체인 시스템이 자생적 소상인이 설 자리를 잠식했기 때문이다. 아버지가 살 길을 찾아 집을 비우는 일이 잦아질수록 가게의 물건에는 먼지가 쌓여갔다. 70년대 초반의 산업화 바람은 작은 면소재지의 초등학교 아이들에게 도시로 오라고 달콤한 사탕을 내밀었다. 나도 도회지로 나가 공부를 하고 싶었다. 일제 때 심었다는 플라타너스 세 그루가 운동장 가운데 버티고 서 있던 풍산초등학교를 6학년 봄까지 다니고 나는 사촌형을 따라 대구로 가는 직행버스에 몸을 실었다. 꽤나 때 이른 탈향이었다. 그렇게 스스로를 유폐시켰다는 생각을 하면서 나는 참으로 간절하게 시인이 되기를 바랐는지도 모르겠다. 그리운 게 많았으므로.

낯선 도시에서 내가 처음 배운 것은 자취방의 연탄불을 꺼뜨리지 않고 제때 갈아주는 일이었다. 학교 앞에 있던 자취방은 부엌문이 없었다. 마당으로 향한 조붓한 툇마루 위에는 얇은 합판으로 짠 찬장이 하나 달랑 놓여 있었고, 그 옆에 연탄아궁이가 있었다. 보일러 시설이 된 연탄이 아니었으므로 연탄의 붉고 푸른 불꽃이 혀를 날름거리며 구들장 속으로 빨려 들어가는 게 보였다. 그 불꽃이 나를 키웠다. 그 불꽃으로 밥과 국과 라면을 끓였고, 양말과 운동화를 말렸고, 양은쩜통에다 밤새 물을 데워 아침에 머리를 감았다. 불을 꺼뜨리지 않으려고 자다가 벌떡 일어나 연탄을 갈았고, 연탄구멍을 정확하게 맞추려고 잠이 가득 찬 눈을 비볐고, 그리고 연탄가스를 맡지 않으려고 몇 초 동안은 숨을 참아야 했다.

하루는 자다가 오줌이 마려워 깬 적이 있다. 대문 옆에 붙은 재래식 변소까지 걸어간 기억은 생생한데 정신을 차리고 보니 내가 변소 바닥에 주저앉아 있었다. 아차, 싶었다. 연탄가스를 마신 것이었다. 잠자리에 들기 바로 직전에 연탄을 간 게 불찰이었다. 나는 내 팔을 힘껏 꼬집었다. 아팠다. 방으로 돌아가 사촌형을 흔들어 깨웠다. 형, 괜찮아? 머리가 어지럽다며 형은 고개를 흔들었다. 지금 이대로 잠들면 안 된다고 형이 말했다. 연탄가스를 마시면 시원한 동치미 국물을 마시면 된다는 말이 떠올랐으나 궁핍한 자취생에게 동치미가 있을 리 없었다. 하수구에 코를 박고 숨을 쉬라는 것도 떠돌아다니는 응급 조치법의 하나였는데 그렇게까지 해야 할 정도로 위급한 상황은 아닌 듯했다. 졸음은 쏟아졌지만 두 시간 가까이 잠을 누르며 겨울밤을 하얗게 보냈다.

나는 중학교 때까지는 학교에서 미술반 활동을 하며 화가의 꿈을 키워가던 소년이었다. 그런데 고등학교 문예반에 들어가면서부터 시를 읽고 쓰는 일에 푹 빠져버렸다. 그때 시는 마약 같은 것이었다. 이유 없이 빠져들고, 취하고, 무진장 나를 행복하게 했으니까. 백일장 같은 데 나가서 수십 차례 상을 받기도 했는데, 그것은 시를 쓰는 재능이 남달랐기 때문이 아니다. 처음 문학을 시작할 때, 나는 문학이란 어른들이 가르쳐 주는 길로 가지 않고 약간 반대편으로 가고자 하는 어떤 몸짓이라고 생각했다. 세상을 있는 그대로 보지 않고 뒤집어서 보려는 태도, 그것이 내 문학의 출발이었다.

나는 내가 학교에서 교육 받은 것들의 허구성을 문학을 통해 깨달으며 생각을 고쳐나갔다. '광주'로 상징되는 80년대 초반에 대학을 다니면서, 그리고 시를 쓰면서 내 머리 속을 떠나지 않았던 것은 '역사 속으로'라는 화두였다. 광주에서 많은 사람들이 억울하게 죽었는데 그걸 의식적이든 무의식적이든 외면하고 산다는 것은 죄를 짓는 일이라고 생각했다. 80년 이후 5공 초기 몇 년간은 비판의 산실이라 할 대학에서도 침묵이 강요되었고, 그곳에서 갑갑한 현실을 깨뜨리는 문학을 꿈꾸지 않을 수 없었다. 그런 의미에서 '광주'는 우리 세대에게 빚이었으며, 나에게는 매서운 교사였다.

80년대 이후 내 문학은 자연히 현실적 허구 혹은 미학적 허위와의 싸움이 될 수밖에 없었다. 나는 80년대와 함께 이십대의 청춘을 보냈다는 것이 더없이 고맙다. 80년대는 풋내기 문학주의자에게 세상이 모순으로 가득 찬 곳이라는 걸 충격적으로 보여주었다. 스무 살의 봄날, 시집을 끼고 앉아 새우깡으로 소주를 마시다가 계엄군에게 걸려 묵사발이 되도록 얻어터진 적이 있었다. 그날 이후, 시집보다 역사나 사회과학을 읽는 날이 더 많아졌다. 가슴에 '펜은 무기다'라는 문구가 쓰여진 티셔츠를 입고 돌아다니기도 했다. 80년대 내내 나의 문학적 관심은 '골방의 문학'을 '광장의 문학'으로 이동시키는 것이었다. '나'보다는 '우리'를, 한국문학의 여성적인 경향을 남성적인 힘의 문학으로 변화시켜 보자는 생각도 했다. 전교조 해직교사 시절에는 문학의 사회적인 기능이나 효용에 대해서도 극단적인 태도를 취했던 적도 있다. 문학이 현실을 변화시킬 수도 있다고 보고, 그렇게 될 때 문학은 현실 변혁의 수단이 되어도 좋겠다고 생각했던 것이다. 그 당시에는 문학보다 더 절실한 게 너무 많았으니까.

하지만 현실 속으로 머리를 들이밀수록 시대의 무거움이 버거워 나는 끙끙댔다. 그 끙끙대던, 그 전전긍긍하던 시간들을 나는 참으로 소중하게 여긴다. 문학이 현실 속에서 어떻게 긴장하고 현실에 어떻게 기여해야 하는가. 어떻게 보면 단순한, 그렇지만 한 번은 반드시 통과해야 할 그런 고민을 어깨에 얹어준 것만으로도 80년대에게 빚진 게 많다. 지금은 아무도 그런 빚을 얻으려고 하지 않는 세상이지만, 그 빚을 갚으려고 나는 쓴다. 삶에다 시를 밀착시키고 시에다 삶을 밀착시키고 싶은 꿈이 어려운 시절을 견디는 데 나름대로 유효했다고 여겨진다. 그래서 90년대 중반 민주화 이후 시인의 상상력을 조종하고 감시하던 거대 담론의 퇴조는 시대의 의무감에서 벗어나는 계기가 될 수도 있었다.

지금은 대학에서 학생들을 가르치고 있지만 8년 동안 전업작가 생활을 한 적이 있다. 전업작가가 되려는 마음을 품었을 때, 솔직히 나는 밥이 걱정이었다. 시인은 가난하게, 그리고 엄숙하게 살아야 된다는 통념이 널리 유포되어 있는 한국 사회에서 문학으로 밥을 얻겠다고? 그게 가당한 일이기는 할까? 내가 불순한 꿈을 꾸는 게 아닌가 하고 스스로를 의심한 적도 있었다. 문학에 비해 밥은 여전히 불경스러운 것처럼 보였기 때문이다.

그럼에도 청탁이 오는 대로 넙죽넙죽 받아서 밤새워 자판을 두드렸다. 호구지책이었다. 한 해 동안 이천 매 가까운 산문을 쓴 적도 있었다. 그렇게 하고 나니까 바닥이 보였다. 더 이상 물러설 데도 나아갈 데도 없었다. 기껏 한 공기의 밥을 위해 나를 소진시켜야 한다는 말인가. 또 다른 회의가 나를 짓눌렀고, 다시 시작하지 않으면 안 된다고 문학이 내 속에서 자꾸 꿈틀거렸다.

내가 문학을 여기까지 데리고 온 게 아니었다. 문학이 몽매한 나를 여기까지 끌고 왔다. 글쓰기란, 나라는 인간을 하나씩 뜯어고쳐 가는 일이었던 것 같다. 문학에 의해 변화된 내가 흔들릴 때마다 문학은 다시 나한테 회초리를 갖다댔다. 문학은 나에게 늘 초발심의 불꽃을 일으키는 매서운 매였다. 문학은 엄하고 무섭지만, 그런 이유 때문에 나는 문학을 가르쳐 준 세상에 대해 고맙게 생각한다.

한 편의 시를 위해서 무엇보다 오랜 시간이 필요하다는 것을 나는 안다. 그래서인지 시를 쓰는 동안에는 시간이 잘 간다. 마치 애인하고 함께 보내는 시간처럼. 남의 시를 읽을 때도 시인이 장인적 시간을 얼마나 투여했는지 유심히 살펴본다. 시간을 녹여서 쓴 흔적이 없는 시, 시간의 숙성을 견디지 못한 시, 말 하나에 목숨을 걸지 않은 시를 나는 신뢰하지 않는 편이다.

시를 읽고 쓰는 것, 그것은 이 세상하고 연애하는 일이라고 종종 생각한다. 연애 시절에는 나뭇잎 떨어지는 소리 하나에도 예민하게 반응하고, 연애의 상대와 자신의 관계를 통해 수없이 많은 관계의 그물들이 복잡하게 뒤얽힌다는 것을 생각하고, 그리고 훌륭한 연애의 방식을 찾기 위해 모든 관찰력과 상상력을 동원해야 한다. 연애는 시간과 공을 아주 집중적으로 들여야 하는 삶의 형식 중의 하나인 것이다. 가슴으로만 하는 연애, 손끝으로만 하는 연애도 나는 경계한다. 가슴은 뜨겁지만 쉽게 식을 위험이 있고, 손끝은 가벼운 기술로 사랑을 좌우할 수도 있다. 가슴과 손끝으로 함께 하는 연애, 비록 욕심이라 할지라도 내 시는 그런 과정 속에서 태어나기를 꿈꾼다.

모든 감동은 교감에서 나온다. 시의 감동은 일차적으로 시인과 독자와의 교감, 즉 소통 위에서 이루어진다. 그러나 소통이 이루어졌다고 해서 모든 시가 다 울림을 갖는 것은 아니다. 허망한 소통보다는 고독한 단절이 오히려 서로를 행복하게 할 때도 있으니까 말이다. 시를 보는 미학적 관점과 언어에 대한 경험이 자연스럽게 일치할 때 시적 감동은 증폭될 것이다. 이런 측면에서 보면 언어란 시인과 독자 사이에 놓인 가교인 동시에 보이지 않는 훼방꾼이기도 하다. 저 유서 깊은 '낯설게 하기'는 그 두 가지 역할을 동시에 수행하고자 할 때 여전히 유효한 시적 방법이다. 독자를 편하게도 하고 불편하게도 하는 시, 이것인가 싶으면 저것인 시, 바른가 싶으면 이미 비뚤어져 있는 시…… 나는 요즘 그런 시를 꿈꾼다.

나는 표현의 리얼리티 속에서 감동의 요소를 찾으려고 끙끙대는 편이다. 행과 연을 수없이 바꾸고, 가장 물기 많은 말, 가장 적합한 어휘를 배치하기 위해 헤맨다. 내가 말하고자 하는 바와 언어가 가장 이상적인 형태로 만날 때까지 찾고, 지우고, 넣고, 비틀고, 쥐어

짜고, 흔들기를 마다하지 않는다. 적어도 나 하나쯤은 감동시킬 때까지 언어하고 치고 박고 싸운다. 리얼리티가 확보되지 않은 리얼리즘이 어디 있을까 싶어서다. 말의 조탁彫琢을 잊어버린 요설의 시절이니 더 그렇게 억지를 부려보고 싶어지는 것이다.

안도현 시인. 우석대학교 문예창작학과 교수. 1961년 경북 예천 출생. 원광대 국문과 및 단국대 대학원 문예창작학과 졸업. 1984년 동아일보 신춘문예에 시가 당선되어 등단했다. 시적 성취에 대한 높은 문학적 평가와 독자의 사랑을 함께 받고 있는 시인으로 근래에는 생태학적 상상력과 동양적 사유를 바탕으로 세밀한 언어 감각이 돋보이는 시를 발표하고 있다. 시집 《서울로 가는 전봉준》, 《모닥불》, 《그대에게 가고 싶다》, 《외롭고 높고 쓸쓸한》, 《그리운 여우》, 동화 《연어》, 동시집 《나무 잎사귀 뒤쪽 마을》, 《냠냠》 등을 펴냈다. 시와시학 젊은 시인상, 소월시문학상, 노작문학상, 이수문학상, 윤동주상, 백석문학상 등을 수상했다.

인간을
인간답게 만드는 것

에쿠니 가오리 江国香织

  문학과 가정은 나에게 대단히 친근한 테마이다. 태어나서 지금까지 줄곧 책과 가정에 둘러싸여 자랐기 때문이다. 책이 내 가정이었는지, 가정이 책이었는지, 이제는 분간하기 힘들 정도이다.
  그럼 사회는? 나 같은 사람도 섞여 있는 곳이 사회라, 하나로 똘똘 뭉쳐지기 힘들다는 것을 알기에 미안할 따름이지만, 하나로 뭉쳐지지 못하는-혹은 그리 되기 힘든-인간들이 섞여 흐름을 방해하는 만큼, 사회 전체가 하나의 위험한 소용돌이에 말려드는 것을 조금이나마 막아줄 수도 있다.
  문학과 가정은 함께 사람을 만들어 간다. 마치 우리가 먹는 음식이 피와 살이 되는 것처럼 문학과 가정의 영향은 결정적이고 직접적이다. 영양제가 될 수도 있지만 해가 될 수도 있어, 흥미롭기도 하지만 한편으로는 두렵기도 하다.
  문학과 가정이 구체적으로 무엇을 만드는가 하면, 사물에 대한 느낌, 사고 방식, 선악의 판단 기준, 이해력, 상상력, 자부심, 자제력, 동경, 야심, 세계관 등 열거하자면 끝이 없다. 하지만 중요한 것은 이런 것들이 모두 부수적으로 따라오는 것으로, 그 목적은 아니라는 것이다.

하지만 이런 것들 가운데 어느 것 하나 가볍게 여길 수 있는 것이 없으며, 그 중에서도 가장 중요한 것은 우리가 문학과 가정을 통해 세상에 대처하는 방법과 인생을 맛보는 법을 배운다는 것이다. 나는 이 두 가지를 세상을 살아가기 위한 기초체력이라 부르고자 한다.

세상에 대처하는 방법이라 하면 거창하게 들릴지 모르나 그건 어린 아이조차 하는 일이다. 심지어 지렁이나 강아지, 고양이도 말이다. 모두가 각자의 방법으로. 사람이 영원히 갓난아기로 있을 수 있다면 혹은 지렁이나 개, 고양이로 변할 수 있다면 가정이나 문학 같은 것은 필요 없을지도 모르지만, 물론 그렇지가 않다.

내 예를 들어 구체적으로 이야기를 해보자. 나는 사람이나 사물을 사랑하는 법을 가정에서 배웠을 거라 생각한다. 하지만 아무리 사랑하는 남녀 간이라도 차이와 골(일본의 유행가 가사에 나오는 어둡고 깊은 강물)이 있다는 사실을 《밤비》를 읽고 깨달았다. 헝가리 시인 잘텐[Felix Salten]이 쓴 명작 《밤비》는 디즈니 영화로 만들어져 유명하지만 정작 원작을 읽은 사람들이 적어 안타까운 책이다.

자유와 고독이 불가분의 관계라는 것은 토베 얀손[Tove Jansson]의 《무민》 시리즈를 읽고 배웠으며, 천진난만함과 순수함이 때로는 다른 사람에게 폐가 될 수도 있다는 것은 요한나 슈피리[Johanna Spyri]의 《하이디》를 통해 배웠다. 이런 책들은 모두 내 내면을 강하고 튼튼하게 해 주었다.

하지만 그것들은 목적이 아니다. 오히려 난처한 일이기도 한 것이

나는 주변 사람들이 보호해 주고 싶은 연약한 여성을 동경하건만 독서로 인해 날로 강해져 가는 것이다. 문학과 가정의 폐해일지도 모르겠다.

에쿠니 가오리 江国香织 1964년, 도쿄 출생. 메지로학원 여자단기대학 국문과 졸업. 출판사 근무를 거쳐, 미국 델라웨어 대학에 1년간 유학했다. 이후 소설을 비롯해 수필, 그림책 번역 등 폭넓은 집필 활동을 전개해 왔으며 작품은 영어, 한국어 등으로 번역되었다. 《냉정과 열정 사이》, 《장미 비파 레몬》, 《하느님의 보트》, 《마미야 형제》, 《빨간 장화》, 《수박 향기》, 《잡동사니》, 《호텔 선인장》, 《도쿄 타워》 등 다수의 소설을 발표하였고 작품은 영어, 한국어 등으로 번역되었다. 작은 동화상, 일본판 페미나상, 츠보타죠지 문학상, 무라사키 시키부 문학상, 길가의 돌 문학상, 야마모토 슈고로상, 나오키상, 가와바타 야스나리 문학상 등 수상.

사회 생활이
문학의 원천이다

요우펑웨이 尤鳳偉

이번 중·한·일 3국의 문학 행사에 참가할 수 있어서 정말 기쁘다. 이러한 교류가 각국의 문학 예술 발전에 유익하다는 데는 의심의 여지가 없을 것이다. 그리고 견문이 좁았던 나로서는 좀 더 시야를 넓히고 이 활동에 참가한 다른 작가들로부터 많은 것을 배울 수 있어서 더없이 좋은 기회가 아닐 수 없다. 24년 전, 나는 중국작가대표단의 일원으로 일본을 방문하여 두 달간 체류한 적이 있다. 아쉽게도 그때에는 일본 중소 기업에 대한 시찰에 국한되어 있어 일본 문학계와의 교류는 전혀 없었다. 정말 아쉬운 일이 아닐 수 없었다. 하지만 지역적 연고와 기타 요소들의 존재와 영향으로 나는 어렸을 때부터 문학 창작에 종사해 왔고, 일본과 한국 두 나라의 깊이 있고 뛰어난 문학작품들을 읽으면서 유익한 자양과 자극을 많이 받았다. 그러나 모두들 알고 있듯이 제2차세계대전 이후 상당히 긴 시간 세 나라 사이에는 무형의 장벽이 생겼고, 문화 교류가 부족했다. 나중에는 상황이 다소 호전되긴 했지만 국가와 국가 사이의 문화 교류는 여전히 아주 제한되어 있고, 작가를 포함한 대부분의 국민은 오로지 소설, 시, 영상 작품 등을 포함한 문학예술 작품을 통해 그 나라의 상황을 이해할 수 있을 뿐이다. 중국의 작가들의 경우, 무라사키 시키부^{紫式部}의《겐지모노가타리^{源氏物語}》와 가와바타 야스나리^{川端康成}의《설국^{雪國}》, 그리고 지금도 활동하고 있는 무라카미 하루키^{村上春樹}나 오에 겐자부로^{大江健三郎}의 작품을 읽어보지 않은 사람이 거의 없을 것이다. 하지만 일반 국민에게는 영상물이 더 접근성이 높다. 중국에 가장 먼저 소개된 무술 드라마《스가타 산시로^{姿三四郎}》는 국민의 시야를 크게 넓혀주었고, 모두 경쟁적으로 시청하다 보니 드라마가 방영되는 시간대에는 거리와 골목이 텅 빌 정도였다. 그리고 몇 년 뒤에는 '한류 드라마'가 중국의 영화 및 텔레비전 채널을 거의 점령했다. 나도《명성황후》나《목욕탕 집 남자들》같은 드라마를 직접 시청했는데 아무리 봐도 질리지 않았다. 중국 영상물 제작자들 가운데 영화 쪽 종사자들은 할리우드를 본받는 데 주력했다면, 드라마 제작자들은 한국 드라마를 교본으로 삼으려 했다. 내가 말하고자 하는 것은 이러한 타국의 우수한 작품들을 통해 중국인이 그 국가와 민족의 역사와 사회 현실을 어느 정도 이해할 수 있다는 사실이다. 중국의 속담 중에 "뛰어난 선비는 집 밖에 나가지 않아도 천하의 일을 알 수 있다."라는 말이 있다. 거대한 천하의 일을 도대체 어떻게 알 수 있을까? 책을 읽거나 영상물을 시청하는 방법밖에 없을 것이다.

물론 줄곧 자국의 언어로 글을 써 온 작가들에게는 이른바 '천하의 일'이라는 것이 무엇보다도 자국의 땅에서 일어나는 일을 의미할 것이다. 일찍이 어떤 역사가 있었고, 지금은 또 어떤 사회 구조를 갖추고 있는지, 그 안에서 생활해 온 백성은 잘 살았는지 아니면 잘 못살았는지, 어떤 즐거움과 고통이 있었는지 등이 주요 관심사일 것이다. 이것이 바로 이번 포럼의 주제인 문학과 사회이다. 얼핏 보면 이는 위장된 명제인 것 같다. 문학과 사회의 관계는 물고기와 물, 새싹과 토양의 관계와 같아서 굳이 설명하지 않아도 알 수 있는데, 무슨 담론이 더 필요하단 말인가? 하지만 자세히 생각해보면 사정은 우리가 상상하는 것처럼 그렇게 간단하지 않은 것 같다. 문학과 사회의 관계에 관한 작가들의 관념과 실천이 종종 일치하지 않을 뿐만 아니라 때로는 완전히 어긋나기도 하기 때문이다. 나는 일본과 한국 두 나라 작가들의 상황에 대해 잘 알지 못하기 때문에 함부로 말하기가 어렵다. 단지 이런 문제와 관련하여 중국의 글쓰기 영역에서는 여전히 의심의 소지가 있고, 심지어 복잡하게 마구 뒤엉켜 있다는 사실은 잘 알고 있다. 나는 한편으로는 문학이 사회 생활이라는 '토양'에 뿌리를 내려야 한다고 굳게 믿고 있고, 또 한편으로는 문학도 사회(역사)의 굴레에서 벗어나야 한다고 생각한다. 세속에 젖지 않은 순결함을 유지하면서 마음에서 마음으로, 텍스트에서 텍스트로, 형이상학에서 형이상학으로 소통하는 '내면의 음송'만이 가장 순수한 문학이라 할 수 있을 것이다. 이리하여 중국 당대 문학은 수많은 곡절과 파란을 겪고 나서 많은 작가와 그 작품들이 점차 사회라는 '토양'을 이탈하여 시대 전체의 흐름에서 멀어지게 되었다.

  사실 사회에서의 문학의 진실한 위치는 일찌감치 세계 각국의 위대한 작가들의 글쓰기 실천을 통해 상세히 해석되고 실증되었다. 그들의 고전적인 작품에서 우리는 그 시대의 사회 형태와 인문의 풍격과 모습, 그리고 세계와 민족의 중대한 사건들을 문학적 시각으로 엿볼 수 있다. 예컨대, 레프 톨스토이의 《전쟁과 평화》에 나타난 러시아와 프랑스 사이의 전쟁, 《안나 카레리나》에 나타난 19세기 러시아의 사회 분위기와 풍경, 빅토르 위고의 《레미제라블》과 《노트르담의 꼽추》에서 펼쳐지는 18세기 프랑스와 15세기 루이 11세 통치 시기의 파리 권력자들과 궁핍한 민중 사이에서 펼쳐지는 치열한 대치 상황, 그리고 무라사키 시키부의 《겐지 이야기源氏物語》에서 보여주는 10세기 일본의 궁중 생활의 묘사 등등 헤아릴 수 없이 많은 사례가 있다. 좀 더 구체적으로 중국의 경우를 살펴보면, 25사[중국에서 정사로 인정받는 25개의 역사서-역주]나 《명사明史》, 《청사고淸史稿》 같은 사서를 모두 읽은 사람은 별로 많지 않다. 수천 년 전 역사에 대한 사람들의 인식은 기본적으로 문학작품과 역사적 사실을 각색한 영상물을 통해 이루어지고 있다. 물론 이러한 문학작품들, 특히 최근의 일부 영상물이 중국의 역사를 진실하게 반영하고 표현하고 있는지에 관해서는 별도의 논의가 필요할 것이다. 어쨌든 이 얘기는 여기서 끝내기로 한다. 자세한 설명이 필요치 않은 사실에 대해 횡설수설 늘어놓는 것은 웃음거리밖에 되지 않을 것이다.

상술한 인식에만 기초한다면, 문학과 사회라는 명제도 더 이상 논의가 필요 없는 것이 되고 말 것이다. 하지만 사실은 그렇게 간단하지 않다. 그럼 무엇이 복잡한 것일까? 나는 이와 관련하여 여러 가지 상황이 있을 수 있다고 생각한다. 사회가 순수하게 객관적인 존재인데 반해 사회에 대한 인식은 오히려 주관적이라고 할 수 있다. 아주 작은 일을 예를 들어보자. 동일한 인물이라도 어떤 사람의 눈에는 예뻐 보이고, 어떤 사람의 눈에는 추하게 보일 수 있다. 이러한 차이는 주관에서 비롯된다. 중국의 속담에 '연인의 눈에서 서시西施가 나온다'라는 말이 있다. 이것이 바로 이런 이치이다. 다시 말해서 현실 사회는 하나뿐이지만, 각 사람에게 다른 모습으로 비쳐진다는 것이다. 어떤 사람의 눈에는 사회가 따스하고 친절한 천국이지만, 어떤 사람의 눈에는 차갑고 잔인한 지옥이다. 이렇게 큰 인식의 편차는 어디서 비롯되는 것일까? 물론 제각기 정신의 질적 차이라는 문제가 존재하겠지만, 가장 근본적인 문제는 각자가 처한 사회의 차이일 것이다. 사회에 대한 사람들의 호오는 주로 자기 이익에서 출발한다. 존재가 의식을 결정하는 것이다. 사람들이 흔히 말하는 버스 타기 현상과 같다고 할 수 있다. 이미 버스에 탄 사람들은 더 이상 사람들이 타지 않고 버스가 곧장 출발하기를 원하지만, 아직 버스에 타지 못한 사람들은 버스가 떠나지 말고 자신이 탈 때까지 기다려주기를 원한다. 이는 아주 사소한 사례이다. 이번에는 상황을 사회 전체로 좀 더 확대해보자. 특권을 가진 사람들은 사회가 원래의 상태를 유지하여 세상이 변하지 않기를 바랄 것이다. 반면에 빈곤 계층 사람들은 사회가 개혁되고 진보하여 자신이 응당한 권익을 누릴 수 있기를 희망할 것이다. 하지만 이 두 가지 가치 성향은 물과 불처럼 공존이 어렵다. 실제로 이는 모든 사회에 존재하는 가장 근본적인 충돌이기도 하다.

사실은 이 역시 아주 얕고 미미한 현상에 불과하다. 이런 갖가지 현상이 이미 수천 수백 년의 역사와 오늘날의 변화무쌍하고 기괴한 사회 현실에 의해 실명되어 버렸다. 그렇다면 이런 상황에서 문학은 또 어떻게 안전하게 존립하면서 그 의미를 찾을 수 있을까? 그 사회적 속성을 인정하고 생활의 큰 흐름에 녹아 들어가야 할까? 아니면 사회에서 몸을 빼내 자기 내면의 세월허송을 지켜보아야 할까? 우리가 문학과 사회라는 이 명제의 존재를 인정한다면, 상술한 내용은 문학이 보여주는 몸짓의 가장 근본적인 차이일 것이다. 나는 일본과 한국 두 나라를 비롯하여 세계 다른 나라들의 문학적 현실 상황은 잘 모르지만, 현재 중국 문학계에는 상술한 두 가지 서로 다른 문학 관념의 차이가 아주 뿌리 깊게 존재하고 있고, 앞으로도 계속 존재해 나갈 것이라고 진단한다.

이와 관련한 내 개인적인 관점은 우리 모두가 예외 없이 사회 안에 존재하고, 세상의 모든 것과 긴밀하게 관계를 맺으면서 살아가고 있다는 것이다. 사회의 좋고 나쁨은 물질적인 부분과 정신적인 부분을 포함하여 직접적으로 우리의 생활 상태의 좋고 나쁨을 결정한다. 사회 밖으로 도피하고자 하는 모든 의도는 사실 어리석은 자들의 헛된 꿈이요, 실현이 불가능한 바람일 뿐이다. 이것이 바로 상식이고 현실이기 때문에 굳이 경전 따위를 인용하여 논증할 필요도 없다. 세상에서 가장 중요한 일들은 모두 상식적인 이치에 부합하는 방식으로 전개되는 법이다.

문제는 이것이 어떻게 문학과 문학인에게서 애매모호하게 변하느냐 하는 것이다. 사실 수많은 작가는 이를 제대로 인식하지 못하고 있는 것이 아니라 단지 직시하고 싶지 않을 뿐이다. 혹은 자신의 문학이 이런 문제에 직면하게 하고 싶지 않은 것인지도 모른다. 사회생활에 존재하는 크고 작은 문제들은 줄곧 작가가 깊이 있는 담론을 꺼리는 대상이었다. 일단 이런 문제들을 건드리면 누군가는 우리 사회가 정말 그러냐는 질의와 추궁을 가해올 것이고, 때로는 이에 그치지 않고 더 심각한 책임 문제가 발생할 수도 있기 때문이다. 이런 상황이 오래 지속되면서 작가들은 생활을 묘사하는 마지노선이 어디인지, 어떤 일은 쓸 수 있고 어떤 일은 쓰면 안 되는지 분명하게 알게 되었다. 이리하여 자신을 구속하기 시작했고 어떤 일은 절대 써서는 안 된다는 것을 터득했다. 결국 작가들은 자신을 속박하여 작품이 완전히 현실 사회에서 이탈하거나 일정한 척도, 즉 사람들이 흔히 말하는 경계선 안에서 펜을 움직이게 되었다. 나는 전에 어떤 글에서 중국의 당대 문학이 충분한 고도에 이르지 못했다고 지적한 바 있다. 이는 작가들의 지혜가 부족하기 때문이 아니라 모든 작가가 공통의 난처함에 봉착해 있기 때문이다. 다름 아니라 진실한 사회의 현실을 직시할 수 없다는 난처함이다. 이러한 문학은 문학의 '장애인'임에 틀림이 없다.

그렇다. 문학은 심미적인 것이다. 그렇지 않다면 문학이라고 할 수 없을 것이다. 하지만 이른바 아름다움이란 것은 창백하고 장식이 많은 것을 말하는 것이 아니라, 피와 살이 있는 것을 말한다. 그 살과 피는 다른 것이 아니라 우리가 매일 마주하는 복잡하고 어지러운 사회생활이다. 작가로서 사회를 마주하고 현실을 직시하는 것은 어떤 문학 유파에 속하든, 어떤 표현 방식을 사용하든 예외가 될 수 없다. 우리는 한동안 선봉문학先鋒文學을 추종한 바 있다. 선봉문학은 눈앞의 현실을 초탈할 수 있는 것처럼 보였다. 하지만 사실은 결코 그렇지 않았다. 예컨대, 미국 블랙 유머의 대표작이라 할 수 있는 《캐치 22$^{Catch-22}$》는 관료 체제에 대해 대단히 날카롭고 예리한 풍자를 가하고 있다. 그 비판력은 다른 리얼리즘 걸작에 조금도 뒤지지 않는다. 금년 6월 하순에 미국 의회도서관은 '사회 진보와 국민의 각성을 중시한다'는 슬로건 하에 '미국을 만든 책$^{books\ that\ shaped\ America}$ 88종'을 발표했다. 그 가운데 절반 이상이 문학작품(《캐치 22》도 포함됨)이었다. 미국인이 '문학과 사회'의 관계를 어떻게 바라보고 있는지 확실히 보여주는 사례가 아닐 수 없다. 실제 현실도 이와 완전히 일치한다. 《톰 아저씨의 오두막》은 '노예제도 폐지 사상의 발생에 커다란 영향을 미쳤고', 《도살장》은

'직접적으로' 식품 안전에 대한 '전국적인 입법'을 촉발시켰으며, 《분노의 포도》는 국회가 농민에게 혜택을 주는 법안이 통과되는 데 결정적인 역할을 했다. 이런 사례들로도 진정한 문학이 사회 발전에 행사하는 적극적인 영향과 촉진 작용을 설명하기에 충분하지 않단 말인가?

물론 작가들도 사회 혹은 문학 관념과 관련하여 자기 변명을 위한 수많은 이유를 찾을 수 있을 것이다. 하지만 뭐라고 말하든 간에 사회라는 거대한 환경에서 이탈하여, 사회 생활의 가장 본질적이고 가장 날카로운 문제들을 회피하는 것은 문학의 본질에 어긋나는 일일 뿐만 아니라 작가라는 직업적 신분에도 위배되는 것이다. 여기서 말하는 신분이란 바로 사람들이 흔히 말하는 지식인을 의미한다.

잠깐, '지식인'은 오늘날 중국 문학계에서 깊이 있는 담론을 꺼리는 것을 가리키는 어휘가 되었다. 누군가 자신은 지식인으로서 글을 쓰고 있다고 말하면 "쳇, 대학 문턱도 넘어보지 못한 사람이 사치스럽게 무슨 지식인의 글쓰기 운운하고 있어?"라는 조롱을 면하기 어렵다. 하지만 조롱하는 사람들도 교수와 학자들이 세상에 널린 오늘날, 지식인이라는 이름이 결코 자신을 빛나게 할 수 없다는 것을 잘 알고 있을 것이다. 여기서 말하는 지식인의 개념은 학력이나 직위와는 아무런 관련도 없고, 단지 글쓰기와 관련이 있을 뿐이다. 이런 입장이 바로 에드워드 사이드가 말한 '사회에 대한 흔들리지 않는 굳센 비판'이다. 사이드는 또 "나는 지식인의 중대한 책임은 위기를 보편화하고 특정 종족이나 국가가 받고 있는 고난을 보다 광대한 인류의 차원으로 확대시키며, 이러한 경험을 타인의 고난과 연결시키는 데에 있다고 믿는다."라고 말한 바 있다. 다시 말해 지식인이 현실 사회-주로 고난과 위기로 나타나는-와 긴밀한 관계를 맺고 있지 않고, 지혜는 있지만 아무런 고통도 느끼지 못한다면, 그는 일반적인 학자나 문인으로 규정되는 수밖에 없고, 그의 작품도 오늘날 사람들이 흔히 말하는 '문화상품'으로 분류되고 말 것이다. '문학작품'과 '문화상품'은 전혀 다른 개념이다. 양자 사이의 진실과 허위, 정교함과 거침의 구별이 너무나 뚜렷하기 때문이다.

 화제를 다시 작가와 작가가 몸을 담고 있는 세계와의 관계로 돌아가 보자. 나는 이것이 설사 그 노력의 효과가 극히 미미하다 할지라도, 작가들이 반드시 직시하고 진지하게 고민해야 하는 중요한 문제라고 생각한다. 노벨문학상 수상자인 나딘 고디머가 "현대 사회의 어느 나라 작가들이 통치자의 정부에 어떤 영향을 미쳤고 사회의 인도주의와 민주화 실현에 직접적인 역할을 했다고 말하기 어렵다 해도, 우리의 문학 창작은 또 다른 방식으로 역할을 할 수 있고, 보다 지속적으로 겉으로 드러나지 않게 조용히 제 역할을 다할 수 있을 것이다."라고 말한 것도 이런 의미에서일 것이다.

요우펑웨이 尤凤伟 1942년 산둥성 출생. 산둥성 작가협회 부주석, 칭다오시 문학예술계연합회 부주석, 칭다오시 작가협회 주석 역임. 현재 칭다오시 작가협회 명예주석. 《신시기》에 창작을 시작하여 지금까지 창작한 작품은 500여 만 자에 이른다. 《중국 1957》은 2001년 중국소설학회 올해 장편소설 순위 차트에서 1위를 차지했고, 영국 브리태니커 백과사전 중국에서 제일 우수한 장편소설로 선정되었다. 출간된 문집, 자선집, 소설집도 수십 종에 달한다. 주요 작품으로는 《꾸어루이 형제를 위한 뒤처리》, 《눈》, 《엄동설한》, 《눈보라가 앞을 가리다》, 《여백》 등의 단편소설과 《산지》, 《생명의 통로》, 《유체이탈》, 《세월이 남긴 흔적》, 《생존》, 《작은 등》, 《강호를 마주 보다》 등의 중편소설, 《중국 1957》, 《미꾸라지》, 《색》, 《의발》, 《백합의 강호》 등의 장편소설이 있다. 이 중 중편소설 《생존》을 각색한 영화 《왜놈들이 왔다》는 칸 영화제 심사위원 대상 및 일본 마이니치 영화 콩쿠르 대상을 받았다.

가족을 초월한
가족

이시이 신지^{井慎二}

집필에 몰두해 있는 때는 현실 속의 가족과 사회는 내 머릿속에 없다. 의식에서 사라져 버리기 때문이다. 설령 내가 사는 도시나 가족, 친구 등의 이름이 작품에 등장한다 해도, 그것은 표면상의 이름을 빌렸을 뿐 어디까지나 소설 속의 도시이며 인물이다. 실은 가공의 이름을 지어내는 것이 귀찮아서 자신이나 가족 이름을 소설에 사용하는 경우가 더 많다.

  실제의 가족이나 사회를 뒤로 하고 일정한 리듬에 맞춰 소설 속으로 들어간다. 소설 속의 언어는 평소 사용하는 일본어와 같으면서도 달라, 발을 헛디디면 저편으로 굴러 떨어져 버릴 것만 같은 말들이다. 스토리가 자신이 전혀 예상하지 못한 방향으로 전개될 때도 있다. 석 줄 앞, 아무리 생각해 봐도 내가 썼다고는 생각되지 않는 구절에서 멈춰서는 경우도 있다. 사회나 가족은커녕 나 자신조차 잊어버리는 것이다. 마치 말도 못하는 갓난아이가 손가락으로 이것저것을 가리키며 새로운 세계를 만들어내려 하는 것과 같다.

  작품을 쓰는 동안 스스로는 잊고 있으나, 스토리나 어떤 구절에 뜻밖에 자신을 뛰어넘은 자신이 드러날 때가 있다. 마찬가지로 사회를 뛰어넘은 사회, 가족을 뛰어넘은 가족이 창작 과정에서 드러날 가능성은 없을까. 그런 가능성을 바라며 글을 쓰고 있는지도 모르겠다. 가족을 초월한 가족, 사회를 초월한 사회야말로 내가 내 자신을 뛰어넘어 들어가야 할 곳일지도 모른다. 소설을 쓰고 있는 동안에는 이러한 일들이 일어난다.

소설을 쓰지 않을 때 나는 네 살 난 아이와 뛰어놀거나 아내에게 선풍기를 끄지 않았다고 잔소리를 듣고, 동네 축제에 참가하거나 우동을 먹고, 신문이나 텔리비젼은 보지 않고, 투표는 하러 가지만 정당 이름이 뒤죽박죽일 때도 있고, 신사에 가서 감사와 함께 가족의 안전과 만사가 잘 되기를 살짝 빌어보기도 한다.

소설을 쓰는 동안의 가족을 초월한 가족, 사회를 초월한 사회는 현실 속의 실제 가족과 사회와 전혀 다른 것인지, 아니면 생각지도 못한 통로를 통해 서로 공명하고 있는지 나로서는 알 수가 없다. 만약 그렇게 공명하고 있다면 그것은 소설의 심연, 누구도 볼 수 없는 저편에서 고요히 진행되는 일일 것이다.

앞에서도 언급했듯이 가족을 다루는 데는 다양한 접근법이 가능해서, 소설가에게 가족이란 테마는 아무리 길어도 마르지 않는 영감의 샘이기도 하다. 나 또한 언젠가 또 다른 형태로 가족 이야기를 쓰게 될지도 모르겠다.

이시이 신지 石井慎二 소설가. 1966년 오사카 출생. 교토대학 문학부 불문과 졸업. 잡지 편집자를 거쳐, 1994년 《암스테르담의 개》로 데뷔했다. 화가 지망생이었던 실력으로 본인 작품의 삽화를 직접 그리기도 한다. 소설 《그네 타기》, 《빙의한 남자》, 《4와 그 이상의 나라》, 《포 이야기》, 《호수》와 그림책 《빨간 모자》, 수필집 《곰처럼 보이지만 곰이 아니다》 등을 발표했으며 츠보타 죠지 문학상 등을 수상했다.

책 향기 나는
사회에 관하여

장웨이 张炜

1

문학의 열독과 글쓰기에 관해 얘기하다 보면 우리는 수천 수백 년 동안 확립된 기준이 이미 크게 흔들리고 있음을 깨닫게 된다. 고전 작품을 쓴 작가들이 과거처럼 존경과 숭배의 대상이 되지 못하고, 줄곧 인정을 받아왔던 작가들과 그들이 개척해 온 문학의 길이 버려지거나 무시되고 있다. 최근 20~30년 동안 천지가 뒤바뀌듯 모든 것이 변해버렸다. 오랫동안 인정받아 온 문학의 가치들이 갑자기 변하고 있는 것이다.

이는 몹시 고통스러운 일이다. 1950년대를 전후하여 출생한 수많은 작가가 더 이상 글을 쓰지 않고 있고, 목소리도 미약해졌으며 많은 독자를 잃어버렸다.

예컨대, 한 친구의 집 책장에는 발행 부수가 많은 간행물이 가득 쌓여 있지만 보통 그 가운데 대부분은 문자의 쓰레기들이다. 왜 책장에 그런 책이 가득 쌓여 있냐는 손님의 질문에 그는 금세 얼굴색이 어두워지며 아주 침울한 어투로, 그 모든 쓰레기가 자기 아이가 밖에서 가져온 것이라 막을 방법이 없다고 대답했다. 올해 스무 살이 넘은 그의 아이는 국내외를 막론하고 유행하는 모든 것을 집으로 가져온다는 것이다.

이런 그의 아이도 문학을 애호하는 젊은이다.

부모는 모두 고상한 소양을 갖춘 사람들로 아버지는 작가이고 엄마는 교수다. 두 사람은 직업적 도덕성이나 전공에서 명성이 아주 높다. 아이를 사랑하는 그들은 감히 아이가 작가가 되었으면 하는 기대는 갖지 못하고 훌륭한 독서가로 키우고자 했다. 자기 아이가 예술을 이해하고 고상한 문학작품을 읽을 수 있는 능력을 갖추기를 기대했던 것이다. 하지만 안타깝게도 오늘날 중국의 아이들은 학습의 부담이 크고, 연령대에 따라 대응해야 하는 문제가 너무 많기 때문에 '한가롭게 책을 읽을 수 있는' 시간이 너무나 부족하다. 때문에 가련할 정도로 적은 그 시간을 이런 쓰레기를 읽는 데 허비한다는 것은 정말로 학부모의 가슴을 아프게 하는 일이다.

학부모로서 겪어야 하는 그런 심경은 참으로 고통스럽다. 부모들은 자기 아이가 그렇게 방치되는 것을 지켜보고만 있을 수 없지만 이를 해결할 방법이 없다. 아이에게는 아이의 운명이 있고 고집이 있기 때문이다. 가정의 조화와 화목을 위해 부모는 현실을 인정하고 아이 세대의 온갖 쓰레기가 집 안에 들어오는 것을 참아주는 수밖에 없다. 처음에는 이런 물건을 아이의 침실에 두지만 더 이상 놓아둘 공간이 없어지면 아버지의 엄숙한 대청에까지 쌓아두게 된다.

이 가정은 그저 오늘 이 시대의 표본일 뿐이다.

사실 수많은 가정에서 이와 비슷한 상황을 볼 수 있다. 이런 현실이 무엇을 설명하고 있는 것일까? 무엇을 예시하고 있는 것일까? 분명한 사실은 우리 사회 전체가 대단히 커다란 문제에 직면해 있고, 문학은 그저 그 가운데 하나의 징표에 지나지 않는다는 것이다.

2

지금 우리는 독서에 관해 얘기할 때마다 우려를 금할 수 없다. 독자가 갈수록 적어지고 있기 때문이다. 과거처럼 수만 명의 독자가 경쟁적으로 책을 읽던 호황은 더 이상 존재하지 않는다. 정말로 독서의 위기가 찾아온 것 같다. 사실 이러한 우려는 최근에 생긴 것이 아니라 수백 년 전, 혹은 그 보다 훨씬 이전에도 나타난 적이 있다. 정신적 갈망과 육체적 필요를 비교하면 상대적으로 정신을 소홀히 하기 마련이다. 목이 마르면 물을 마셔야 하고, 배가 고프면 음식물을 섭취해야 한다. 이런 일들은 뒤로 미룰 수 있는 것이 못 된다. 일단 물질이 상대적으로 결핍되거나 이러한 결핍에 대한 기억이 아주 깊은 사람들은 그것을 찾고자 하는 욕망이 강하기 때문에 때로는 정신적 필요를 망각한다. 하지만 망각이나 소홀함이 완전한 소실을 의미하지는 않는다. 단지 마음 깊은 곳에 묻혀 있을 뿐이다. 정확히 말하자면 이는 마음의 문제다. 다시 말해서 마음이 있으면 그에 따른 필요가 있게 된다.

이런 의미에서 볼 때, 마음의 갈구는 철저히 폐기될 수 없다.

우리가 그나마 약간 마음을 놓을 수 있는 것은 문학작품의 열독이 인류의 중요한 기호 가운데 하나라는 점이다. 이 세상에 인간이 존재하는 한 독서 행위는 사라지지 않을 것이다. 20~30년 전만 해도 중국에서는 간행물 한 권의 발행 부수가 수백 만 부에 달했고, 장편소설 한 편이 백만 부 넘게 출간되기도 했다. 당시의 거대한 문학 소비 독자의 규모는 지금과 비교가 되지 않는다. 이러한 기억은 우리의 현실에서 그리 멀지 않다. 어떻게 손가락 한 번 튕기는 사이에 이 모든 독자가 흩어져 사라져버린 것일까? 이것이 정말 가능한 일일까?

독서는 여전히 이루어지고 있고, 독자는 영원히 존재한다. 인간의 천성적인 기호인 독서는 결코 변하지 않았다. 문제는 다른 데에 있다. 예컨대 독서의 형식이 바뀐 것이다. 인터넷상의 소설은 한 달에 클릭 수가 수십 만, 수백 만 회에 달하고, 전자판 잡지와 신문, 서적 등의 출판도 전대미문의 수량으로 증가하고 있다. 장편소설은 초판 인쇄 부수가 1~2만 부인 책부터 수십만 부인 책까지 차이가 있지만, 인터넷에 업로드 되는 소설은 아주 짧은 시간에 클릭 수가 수십만 회에 달하는 일이 흔하다. 이 역시 우리를 몹시 곤혹스럽게 하는 문제다. 순수 문학작품이 정말로 이처럼 짧은 시간에 수십만 명의 독자를 확보할 수 있을까?

알고 보니 적지 않은 사람이 그저 마우스로 클릭하여 한 번 열어보고는 곧바로 사이트를 떠나버렸다. 그들은 단지 '한 번 와서 둘러보는 것'에 지나지 않는다. 깊이 있는 독서는 적고 수박 겉핥기 식으로 대충 읽는 독서가 확대되고 있는 것이다. 통계에 따르면 현재 순수문학의 출판 인쇄 부수는 과거 70~80년대에 비해 몇 배나 증가했고, 현대화된 전달 방식과 교육의 보급 및 향상으로 전반적으로 독서량은 이전에 비해 크게 증가한 것으로 나타났다. 보아하니 문학작품 열독에 대한 우려는 주로 수준 높은 독자의 부족에 기인하는 것 같다.

오늘날은 대부분의 독서에 책 향기가 없다. 그저 대충 읽다 보니 글 깊은 곳에 숨어 있는 맛을 느끼지 못하기 때문이기도 하지만, 그보다는 모니터를 통해 책을 읽기 때문이다. 전자 기술로 생성된 문자에 어떻게 책의 향기가 존재할 수 있겠는가? 인쇄된 서적과는 달리 모니터를 통한 독서는 대지 생장의 의미와 상당한 거리감을 갖고 있다. 모니터에서도 정보를 얻는 것이 가능하긴 하지만 천천히 글을 음미하는 것은 쉽지 않다.

때문에 현재 많은 정보를 지니고 있는 사람은 도처에서 쉽게 찾아볼 수 있지만, 사유의 능력을 가진 사람은 많지 않다. 모두들 커다란 흐름 속에서 떠돌아다니는 견해를 말할 뿐, 자신의 생각을 말하는 사람은 거의 없다. 책에 깊이 빠지는 독서만이 이러한 사고 능력을 촉발시켜주며, 모니터 앞에서는 사고력이 약해지기 때문이다. 우리는 책을 떠난 뒤로 '책 향기'라는 개념에도 완전한 작별을 고한 것 같다.

현대적 매스 미디어를 통한 책읽기와 인터넷에 떠돌아다니는 글에 연연해하는 것으로는 책 향기 나는 사회의 건립을 꿈꾸기 어렵다. 그리고 이런 유형의 책읽기는 우리를 초조하게 만들고, 책 향기 나는 사회로부터 점점 더 멀어지게 한다.

3

하지만 우리가 모니터를 떠나 전통적인 서적으로 돌아온다면 또 어떻게 될까? 이제는 잡지나 서점 혹은 길거리에서 파는 간행물들을 펼쳐 봐도 상황이 그리 낙관적이지 않다. 우리는 정말 조심할 필요가 있다. 이러한 간행물의 내용은 코를 자극하는 냄새만 풍길 뿐이기 때문이다. 아주 좋은 종이로 인쇄해서 책의 향기가 나야 하지만, 그 안에 담긴 내용이 불결하다 보니 책속에 오물을 숨기고 있는 것과 마찬가지다. 이제 우리는 어디에 가서 책 향기를 맡을 수 있을까? 결국 독서도 더러운 것을 추구하는 일이 될 수 있고, 이는 이미 특별한 비밀도 아니다.

아름다운 독서에 대한 미련을 갖고 있는 사람들은 스스로 좋은 책을 찾아야 하고, 이런 세상에 대한 걱정을 해야 한다. 그들은 항상 매체를 통해 자신의 걱정을 말해야 하지만 점차 이것도 아주 힘든 일이라는 것을 깨닫게 된다. 실용주의가 성행하면서 도처에 '돌다리도 두들겨 보고', 꼭 건너야 할 강만 건너는 기풍이 만연해 있는 데다, 수단을 묻지 않고 실리만 따지기 때문이다. 이러한 사회 분위기에서 사람들의 정신 상태가 어떻게 변하게 될지는 상상하기 어려운 일이 아니다. 결론을 말한다면 사회에 도덕과 인문 정신의 강력한 통제력이 결여되면 사람들의 삶은 절대 행복해질 수 없고, 짧은 기간에 축적한 사회적 부 역시 아주 빨리 소진되고 말 것이다. 글쓰기는 영혼의 작업이다. 때문에 성급하게 공리만 추구하는 시대에는 아름다운 글쓰기가 적을 수밖에 없다. 어떤 사람은 여전히 글을 쓰고 있긴 하지만, 양심에 따라 글을 쓰는 것이 아니라 실제적인 이익의 필요에 따라 글을 쓴다. 이 모든 것이 합쳐지면 독서 환경에 엄청난 폐해를 만들어낸다.

독자들은 일부 사람들이 상업적인 이익 때문에 저급한 책들을 대중에게 보급하는 사실을 발견할 것이다. 그리고 이런 방식으로 대중에게 알려지지 않는 우수한 작품들은 아무런 영향력을 갖지 못한다. 쓰레기가 모든 것을 뒤덮고 있기 때문에 대중은 그들의 존재조차 알지 못한다. 그러한 대중들의 눈에는 진지하고 깊이 있는 독자들이 시대에 어울리지 못하는 사람으로 비쳐진다. 상품화된 사회의 게임의 법칙에 적응하는 사람들은 잠시 큰 명성을 누리겠지만, 이는 아무런 의미도 없는 일이다. 이러한 시대적 흐름에서 가장 쉽게 상처받는 사람은 바로 독자이다. 시대에 대해, 독자에 대해, 그리고 자기 자신에 대해 정확한 인식과 책임감을 갖고 있는 사람들은 이러한 현상에 대해 피로감을 느낄 것이다. 하루하루 반복되는 마모가 이들의 육체와 정신에 심각한 손실을 가져오기 때문이다.

어떤 사람들은 지금 서점에 잔뜩 쌓여 있는 그 쓰레기들이 너무 많아 한눈에 다 볼 수 없는 정도라고 말한다. 비행기를 타건 기차를 타건 어디든지 서점이 있고, 이런 서점에서 파는 책을 임의로 집어 읽어보면 질이 안 좋은 것들이 대부분이다. 심지어 '사람을 망치는 지침서'라고 부를 만한 책도 부지기수이다. 예컨대 마지막 자존심을 버리고 권세에 영합하는 법을 가르치는 책도 있고, 사치와 타락을 가르치는 책도 있다. 저속한 사회학을 믿게 만드는 책도 한두 권이 아니다. 민족 문화의 정수를 담은 책도 없는 것은 아니지만, 저속하고 천박한 것과 함께 포장하여 판매하니 싱싱한 물건에 오물을 끼얹은 격이 아닐 수 없다. 때로는 이런 서점들의 매대 바로 옆에 텔레비전 모니터가 설치되어 있는 경우도 있다. 모니터 안에서는 저자가 쉴 새 없이 자신의 '작품'을 설명하고 있다. 음량도 대단히 높다. 이런 환경에서는 조용히 앉아 자기가 가지고 온 책을 읽는 것도 쉽지 않다. 도처에 소음이 귀를 자극하고 모든 사람이 차분한 시간을 갖지 못한다. 이것이 바로 우리가 여행할 때 만나는 독서 환경이다.

문명의 땅은 돈이 많고 적음에 따라 경계가 정해지는 것이 아니고 행복의 땅 역시 마찬가지다. 다른 나라나 지역에 가보면 어떤 곳은 그다지 부유하지도 않은데도 많은 사람이 조용한 독서를 즐기고 있는 것을 볼 수 있다. 그들은 스스로 독서에 깊이 빠지다 보니 남들을 시끄럽게 하는 일이 없다. 어떤 사람은 용속함(평범하고 속되어 이렇다 할 특징이 없다-역주)의 여부는 개인적인 사정이기 때문에 남에게 해를 끼치는 일이 없다고 말한다. 하지만 사실 사정이 그리 간단하지 않다. 용속함은 반드시 남들에게 해를 끼치기 마련이다. 예컨대 공공 장소에서 큰소리로 마구 떠드는 것만으로도 다른 사람들의 조용함을 방해하게 된다. 용속한 사람이 사회의 한 지역을 관리하게 되면, 그는 자신의 저급한 취향에 맞춰 해당 지역을 관리할 것이고, 그런 곳에서는 저속한 기운이 가득하게 될 것이다. 이런 곳에서 살면 우리가 어떻게 '책 향기'를 맡을 수 있겠는가?

그래서 많은 사람이 평생 어떤 특별한 종족의 땅에 가서 사는 꿈을 꾸곤 한다. 그곳에서는 모든 사람이 손에서 책을 내려놓지 않고, 부드럽고 우아한 기질과 성향을 보인다. 대지마저 온통 푸르고 무성하다. ……그렇다! 독서를 좋아하는 곳은 녹색이 많고 생활도 안정적이고 풍족하다. 그런 곳에서는 사람들이 매일 돈에 급급해하거나, 집을 잃은 개처럼 놀라고 불안한 모습으로 돌아다니지 않는다. 또한 항상 사람들을 들볶고 괴롭혀 백성이 편하게 생활하고 휴식하지 못하게 하는 일도 없을 것이다.

요컨대 책 향기가 코를 찌르는 땅이 바로 인류가 생존할 수 있는 행복의 땅이다.

장웨이 张炜 소설가. 1956년 산둥 출생. 옌타이 사범대학 졸업. 산둥성 작가협회 주석. 1975년에 작품을 발표하기 시작해서 지금까지 1300여 만 자를 썼다. 주요 작품으로는 《옛 배》, 《9월의 우언》, 《외성서》, 《추행 혹은 낭만》 등 19편의 장편소설과 17편의 중편소설, 130여 편의 단편소설, 산문, 논문, 시 등 다수가 있다. 2014년에 《장웨이 문집》(총 48권)을 출간하였다. 1999년에 《옛 배》는 각각 중국, 타이완, 홍콩에서 '세계 중국어 소설 백년 백선'과 '지난 100년간 중국어로 쓰여진 최고의 소설 100권'으로 선정되었고, 프랑스 교육부와 파리 과학센터에서 프랑스 고등고시 교재로 채택되었다. 《9월의 우언》으로 '1990년대 가장 영향력 있는 10대 작가 및 10대 작품'에 선정되기도 했다. 《고슴도치의 노래》는 2007년에 미국 대통령 APEC자문위원회로부터 공로상을 수상하였다. 20여 년간에 걸쳐 창작한 4백 50여만 자에 달하는 장편소설 《너는 고원에 있다》는 마오뚠 문학상, 《아주주간》 세계 10대 중국어 소설상, 전국 우수 장편소설상, 인민 문학상, 주앙충원 문학상, 전국 우수 단편소설상 등 국내외 중요한 상 50여 개를 수상하였다.

가정은 곧 세상

진런순 金仁順

A

세상은 얼마나 클까? 문학적 시각에서 보자면 그저 하나의 가정일 뿐이다.

가정은 문학의 근본이다. 과핵果核과 과실의 관계와 같다.

열매가 형성되려면 먼저 과핵이 있어야 한다. 크기에 상관없이 형태는 인연에 따라 생기고 음양이 서로 호응하면서 끊임없이 생장해 나간다. 과육과 과즙, 수없이 많고 다양한 맛은 전부 이 과핵에 붙어서 생겨나 나중에 숙성된 과일이 된다. 어떤 사람이 작가가 되는 것은 처음 글을 쓰면서부터가 아니라 세상에 태어나는 순간부터이다. 희로애락의 모든 디테일에 관해 보통 사람들은 소매 자락을 휘날리면서 구름 한 점 가져가지 않듯이 그냥 지나쳐도 되지만 작가는 그럴 수 없다. 작가는 한겨울에도 얼음물을 마셔 사람들의 마음에 물방울을 떨어뜨려야 한다.

어떤 가정이든지 전부 작가를 배출할 수 있지만 작가가 어떤 가정에서 태어나고 어떤 글을 쓰게 되는지는 거의 숙명처럼 정해진다. 작가가 천성적으로 화려한 장식과 허구의 능력을 가지고 태어난다 해도, 작품과 인물의 가장 깊은 곳에는 작가의 가정으로 통하는 한 가닥 혈맥이 있기 마련이다. 우리가 에밀리 브론테가《미겔 스트리트》를 썼고, 《폭풍의 언덕》의 작가가 네이폴이라고 상상할 수 있을까?

상당수의 작가가 자기 집안의 미궁을 만드는데 집착한다. 예컨대, 난릉소소생蘭陵笑笑生의《금병매金瓶梅》나 조설근曹雪芹의《홍루몽紅樓夢》, 마르케스의《백 년 동안의 고독》과 오스틴의《맨스필드 파크》등이 바로 그런 작품들이다. 이 작가들은 작품 속에서 가정의 성전聖殿을 건축하고 있다. 그 내부 질서의 선명함과 복잡함은 외부 세계에 조금도 뒤지지 않는다. 사람과 사람 사이의 관계와 애증의 갈등이 복잡하게 뒤얽혀 있다. 그들의 사회적 촉수는 가정에서부터 뻗어 나와 사회의 모든 분야로 확장되고 시대와 사회 전체에 연결되어 함께 호흡하고 운명을 같이 한다.

이 작가들 모두 야심만만하여 자신의 문학 전당 같은 것을 만들려는 것은 아니다. 작가들 대부분이 건축가처럼 그저 집을 짓는데 집착하여 한 칸 또 한 칸 계속 지어 나가다가 그만 두려 해도 그만둘 수 없게 되고 만 것이다. 결국 미관과 합리성을 위해 갈수록 더 많이 짓게 되고, 그러다 보니 나중에는 궁전이 되고 상징이 된 것이다.

또한 가정생활에 대해 영원히 지칠 줄 모르고 묘사하는 방식도 있다. 레이먼드 카버가 바로 그 실례이다. 그의 작품에 나타난 가정의 세계는 그야말로 파편의 조합이라고 할 수 있다. 반짝이지만 날카로운 각도를 지녔기 때문에 피부에 닿아 스치면 피와 살이 드러나게 된다. 망치나 몽둥이를 마구 휘둘러 때리면 피는 나지 않지만 그 둔중한 통증 또한 지독하다. 그는 기본적으로 특별한 야심을 가지고 있지 않지만 삶 자체에 대해 집요하게 질의를 던진다. 사랑이 무엇이고 혼인은 무엇이며 가정은 또 무엇인지, 우리가 도대체 어느 정도의 대가를 지불해야 행복할 수 있는지 고집스럽게 따지고 천착한다.

네이폴의 《미겔 스트리트》는 비교적 가볍고 자유로운 분위기를 나타낸다. 작품 속의 인물들은 거리를 오가면서 즐겁게 웃기도 하고 화가 나서 욕을 하기도 한다. 그렇게 태어나서 늙고 병들고 죽어간다. 가정이란 폐쇄된 문이 아니라 항상 열려 있고 전시의 방식을 취한다. 거리의 삶 전체가 모든 가정의 것이다. 미겔 스트리트에서는 사회관계와 가정관계가 완전히 하나로 융합되어 있다.

가정은 곧 세상이다. 하지만 작품이 완성되고 작가가 묘사한 가정이 세계 문학의 품 안에 안기는 순간, 이러한 가정의 의미는 완전히 달라진다. 작품 속의 가정은 그 시대 자체가 되고 시대의 대변인이 되는 것이다.

B

작가와 가정의 관계에는 신비한 소통의 비밀번호가 있다. 이는 동시에 일종의 숙명이기도 하다.

조설근에게 《홍루몽》은 일종의 성인 놀이였다. 그는 궁핍하고 소박한 생활 속에서도 기이하고 다채로우며 더없이 화려한 꿈의 조각들을 서로 잇고 묘사했다. 그는 일찍이 그 꿈에 속해 있었고, 계속 그 꿈에 남고 싶었다. 현실 세계에서 그는 하나의 돌멩이에 지나지 않지만, 꿈의 세계에서는 통령보옥通靈寶玉(영혼과 소통할 수 있는 보배로운 옥)이었다. 고악高鄂의 속편이 눈뜨고 볼 수 없을 정도로 처참한 것은 그의 글 솜씨와 학문의 수양이 조설근에게 크게 미치지 못하기 때문이겠지만, 가장 핵심적인 원인은 조설금의 꿈을 계속 이어나갈 수 없었던 것이다.

미국 작가 아이작 싱어가 작가가 된 인연은 어린 시절 눈과 귀가 닳도록 보고 들은, 유대교 율법학자인 아버지와 자신보다 열한 살이 더 많은 형의 말다툼이었다. 그의 아버지는 독실한 유대교 신자이고, 형은 이교도였다. 그가 평생 쓴 작품의 주제는 전부 유대교도들의 종교적 태도에 관한 것이었다. 그는 형의 종교관에 찬성하면서 동시에 아버지의 윤리관을 받아들였다. 그와 그의 가족은 유대인들에게는 지옥이나 다름없었던 2차 세계대전을 겪었다. 그의 사명은 유년 및 소년시절부터 시작되어 평생 동안 이어졌다. 가정 안에서도 논쟁이 끊이지 않고 지속되었다. 이러한 논쟁은 그의 작품을 따라 세계적인 논단의 무대로 옮겨졌고, 이러한 주제의 깊이와 의미가 바로 아이작 싱어의 작가로서의 표식이자 상징이 되었다.

샤오훙蕭紅은 청춘 시기부터 떠돌이의 삶을 후란呼蘭에서 시작하여 하얼빈과 베이징, 상하이, 일본, 다시 상하이, 충칭, 홍콩으로 그녀의 세계는 갈수록 넓어졌지만 그녀는 시종 나뭇잎처럼 여린 여자아이였다. 좌익작가로서 그녀는 정치적인 작품을 많이 썼고, 《생사의 장生死場》은 루쉰魯迅에게서 '종이를 뚫을 것처럼 힘이 넘친다'는 찬사를 받기도 했다. 하지만 세월이 흘러도 종이를 뚫을 것처럼 힘이 넘치는 그녀의 가장 뛰어난 작품은 역시 《후란허전^{呼蘭河傳}》이다. 이 작품 속에는 그녀의 유년시절 가정의 온갖 자질구레한 일이 다 기록되어 있다. 그녀에게 가정은 사랑의 대상인 동시에 증오의 대상이었다. 그녀가 나중에 보고 느끼고 표현한 계급 관계는 그녀의 유년시절에 이미 가정에서 그대로 펼쳐지고 있었다. 그 후로 그녀는 혁명을 했고 사랑을 했고 글을 썼다. 짧은 행복과 즐거움 뒤에는 항상 긴 고통과 몸부림이 수반되었다. 이 모든 것이 가정 내부에서 확장되어 나온 속집^{續集}이었다.

여기까지 얘기하고 나니 윌리엄 포크너를 언급하지 않을 수 없을 것 같다. 그가 평생 가장 사랑했고 절대로 떠날 수 없었던 사람은 바로 어머니였다. 이로 인해 미시시피 주 옥스퍼드 마을에 있는 집은 그가 던져버리지 못하는 자궁이 되었다. 그의 결혼은 처음부터 잘못된 인연이었다. 어느 한 군데 잘못되지 않은 데가 없었다. 그는 외도를 했고 술에 젖었다. 온갖 악습을 한 몸에 지니게 되었다. 하지만 그는 항상 자신을 가족과 한데 묶어 두었다. 심지어 그는 방대한 가족을 부양하느라, 자신이 가장 좋아하고 중시하는 장편소설의 집필을 포기했다. 대신 통속잡지에 단편소설을 기고하거나 할리우드 영화 시나리오를 썼다. 가정이라는 굴레에서 한 번도 벗어나거나 벗어나려 시도하지 못했던 이 작가의 글쓰기 주제는 잔인함과 불공정, 희망과 실망, 피해와 저항이었고, 이 모든 것이 가정 내부에서 비롯되었다. 이러한 글쓰기의 주제는 나중에 그 자신과 하나가 되었다. 가정을 위해 심장의 피를 토해내긴 했지만 결국 그는 가정 폭력자가 되고 말았다. "아빠는 술에 취했다 하면 너무나 폭력적으로 변해 남자 한두 명이 함께 있어야 저와 엄마를 보호할 수 있었어요."

라는 딸의 증언은 듣는 사람의 가슴을 너무나 아프게 했다.

포크너의 유명한 단편소설 《에밀리에게 바치는 장미 한 송이》는 놀라울 정도로 그 자신의 일생을 우언화하고 있다. 에밀리는 평생 자기 집 큰 저택에서 살았다. 그녀와 세상과의 완전한 단절은 강렬한 자아 감금의 의미를 지니고 있다. 결국 그녀는 기이한 전설과 상징이 되었다.

C

가정 관계에서 또 하나 중요한 관계로 남녀관계를 들 수 있다. 남녀관계에서 가장 중요한 것은 두말할 필요 없이 부부관계일 것이다.

부부관계는 가정이 구성되는 토대이다. 가정이 성립된 뒤 부부관계는 한자의 '人' 자 형태의 대들보를 구성하게 된다. 그리고 가정의 모든 관계가 이 부부관계로부터 깊은 영향을 받게 된다.

톨스토이의 《안나 카레니나》에서는 안나와 카레닌, 레빈과 키티, 안나의 오빠인 브론스키와 돌리 등 대단히 고전적인 세 쌍의 부부관계가 묘사되고 있다. 앞 두 쌍의 부부 관계는 소설이 전개되는 두 개의 큰 흐름이고, 뒤 한 쌍의 부부 관계는 보조적인 흐름이긴 하지만 두 개의 큰 흐름에 '바늘에 실을 꿰는' 중개자 역할을 한다. 동시에 이 두 쌍의 부부 관계와 아주 흥미로운 대비를 이룬다. 결혼 생활은 몹시 힘들고 지겹다. 무미건조하고 반복적인 결혼 상태가 사랑을 마모시키는 것은 줄곧 글쓰기에서 소홀히 다루어진 주제였다. 톨스토이의 대단함이 바로 여기에 있다. 혼인 관계에 대한 그의 묘사는 대단히 진지하고 깊이가 있으며 전면적이고 세밀하다. 결혼 생활의 공통적인 특성을 그려내면서도 서로 다른 성격과 배경 하에서 부부 관계가 갖는 개성적인 색채를 잘 표현해냈다.《안나 카레니나》의 서두 부분은 소설만큼이나 유명해서 술술 외울 수 있을 정도로 익숙하다. "행복한 가정들은 서로 비슷하지만, 불행한 가정들은 제각기 다른 불행을 지니고 있다."

톨스토이의 파란만장하고 전면적인 묘사와 달리, 존 업다이크는 글쓰기의 시각을 스포트라이트처럼 양성 관계에 집중하고 있다. 그가 살았던 시대의 미국에서는 '성해방 운동'이 격렬했다. 이런 변화의 흐름이 정점에 이르렀을 때 업다이크는 의사가 외과 수술을 진행하듯이 미국 중산층 부부들의 양성관계를 확대하고 분석하고 연구했다. 그의 소설에서는 부부간의 배반이 영원한 주제였고, 거의 모든 작품에 혼외정사와 원나잇 스탠딩, 스와핑 등이 등장한다. 그는 "일부일처제는 사회의 선택이다. 관리하기 쉽기 때문이다. 하지만 실천에 어려움이 있다. 모든 사람이 자신의 성적 취미를 개척할 권리가 있다고 느끼고 있고, 부자들은 더더욱 그렇지만 이런 성적 만족을 실현하기가 어렵기 때문이다. 우연히 실현하다 해도 금세 사라져버린다. 때문에 끊임없이 계속되는 불행이 우리 삶의 특징이 되고 있다."라고 말한다. 1968년 업다이크는 뛰어난 문학적 성취로 미국 주간지《타임》의 표지 인물이 되었다. 표지에 사진과 함께 실린 큰 제목은 '간통 사회'였다. 마지막으로 언급하고 싶은 것은 업다이크가 작가가 된 것이 그의 어머니의 꿈이 작가였기 때문이라는 것이다. 그는 어려서부터 어머니가 책상에 앉아 타자기를 두드리는 모습을 보면서 자랐고, 자신도 모르게 작가가 되겠다는 생각이 머리 깊숙이 자리 잡게 되었던 것이다.

가정 관계 가운데 아주 드라마틱한 것으로 '원수' 관계가 있다. 중국의 옛 속담에는 배우자가 '원수'로 표현되는 일이 많다. 애교를 부리면서 화를 내고, 사랑하면서도 미워하는 마음의 표현이라 할 수 있다. 사랑이 극에 달하면 로미오와 줄리엣처럼 '살아서 함께하지 못하면 차라리 죽어서 함께 있으려는' 마음을 갖게 되지만, 미움이 극에 달하면 오셀로가 아내 데스데모나를 직접 목 졸라 죽이는 것 같은 끔찍한 일이 벌어진다. 예로부터 지금까지 부부간의 '계획 살인'이 얼마나 많은 탐정 소설과 통속 문학의 소재가 되었는지 모른다. 영국 작가 애거사 크리스티가 그 대표적인 작가라고 할 수 있다. 그녀의 탐정 소설에는 거의 모든 가정에 계획 살인의 가능성이 내포되어 있다. 이러한 소설들은 기묘한 사상을 추구하고 있지만, 그 가운데 일부는 그것이 표현하는 고통의 깊이라는 측면에서 다른 어떤 유형의 문학작품에 조금도 뒤지지 않는다.

D

문학과 가정이라는 주제는 몇 천 자의 글로 분명하게 설명할 수 있는 것이 아니다. 하지만 문학과 사회의 관계는 이 글에서 완전히 생략할 수 있다. 사회는 과핵을 에워싸고 있는 과육과 과즙, 껍질 같은 존재이기 때문이다. 가정 관계의 성립은 항상 이런 사회적 배경 위에 놓여 있기 때문이다. 가정과 사회를 분리해서 생각할 수 없다면 차라리 하나로 생각하는 것도 나쁘지 않을 것이다.

마지막으로 내가 최근에 읽은 소설집 《드라운^{Drown}》에 관해 얘기하고 싶다. 이 책에 수록되어 있는 열 편의 소설은 대부분 가정 문제에 관한 것으로, 저자 주노 디아스는 도미니카에서 태어나 나중에 미국으로 이민한 사람이다. 소설 속의 이야기에는 유년시절 도미니카에서의 생활과 미국으로 이민한 직후 저자의 청소년 시기의 압축된 모습이 담겨 있다. 이 책은 내가 지금까지 언급한 문학과 가정, 그리고 사회의 모든 관계를 포괄하고 있지만 훨씬 더 감성적이고 더 아프면서도 더 따뜻하고 더 잔혹하다. 서사의 폭과 깊이도 훨씬 넓고, 훨씬 더 힘이 느껴지는 작품이다. 이 처녀작은 작가의 출세작으로서, 현대문학에서 한 획을 긋는 이정표적인 작품으로 평가받고 있다.

작가에게 가정은 어머니가 자식에게 하는 것처럼 혈육의 자양을 봉헌하는 존재이다. 모든 것을 쏟아 붓고 아낌없이 내어준다. 《안나 카레리나》 서두에 나오는 말을 빌면 가정 관계에 대한 훌륭한 작가들의 관심에는 큰 차이가 없겠지만, 형편없는 작가들은 각자 나름대로의 부족함을 지니고 있다고 말할 수도 있을 것이다.

진련순 金仁順 1970년, 지린 출생. 조선족 여성 작가. 문단의 '70後(70년대 이후에 태어난 세대)'를 대표하는 작가로 1997부터 창작활동을 시작하여 현재까지 소설, 산문 등 200여 만 자를 완성했다. 저서로는 장편소설 《춘향》이 있고, 중단편 소설집 《사랑의 냉기류》, 《피차》, 《유리 커피숍》, 《복숭아꽃》 등과 산문집 《미인에겐 독이 있다》, 《시간의 화골권법》 등이 있다. 그밖에 영화 시나리오 《녹차》와 《세련된 남자》가 있다. 주양충원 문학상, 준마상, 임근란 단편소설상, 춘신 원작 문학상, 중국소설 비엔날레상, 작가출판그룹상 등을 수상했으며, 일부 작품들은 일어, 영어, 독일어, 한국어로 번역 소개 되었다.

그대들과 더불어 놀이를

최인석

1

지난 6월 20일 한국의 대구라는 지방 도시에서는 중학교 2학년, 그러니까 14살쯤의 소년 A가 18층 아파트 옥상에서 투신 자살하는 사건이 벌어졌다. 이 소년은 A4지로 넉 장 정도의 유서를 남겼다. 학교 친구인 B는 A에게 자신의 게임 사이트에 들어와서 게임 캐릭터를 키워달라고 요구했다. A는 그 요구를 들어주었다. A는 부모가 맞벌이 부부였다. 집이 늘 비자 A는 또 다른 소년 C를 집으로 데려와 같이 라면도 끓여먹고 게임도 하며 놀았다.

1-1

A는 B를 위한 게임 캐릭터를 잘 키워나갔다. B의 요구는 요구가 아니라 강요가 되었다. 돈으로 사서라도 속히 게임 캐릭터를 키우라고, 게임 아이템을 사라고 강요했다. 여기에 C가 합세했다. 더 심한 위협과 강요가 시작되었다. 이 두 친구들은 숙제를 대신 시키고, 책

을 빼앗고, 담배를 피우라고 강요하고, 고급 점퍼를 사라고 강요한 다음 빼앗았다. 목검으로 두들겨 패고, 물고문을 하겠다 위협했다. 시시때때로 휴대전화를 통해 문자를 보내 심부름을 시키고 위협했다. 집에 부모가 없다는 것을 아는 이들은 시시때때로 집에까지 찾아와 A를 때리고 괴롭혔다. 여러 달 동안 이런 고통에 시달리다 지친 A는 20일 부모가 출근하자 일을 저지른 것.

2

7월 10일 경기도 고양시에서는 어떤 아파트 13층에서 고교 1학년생 열여섯 살, D모 군이 뛰어내려 숨졌다. 유서에는 이렇게 적혀 있었다. "엄마, 아빠에게 미안해요. 사랑해요. 좋은 성적이 나오지 않아 원하는 학교에 가지 못하게 됐어요. 농구공 등 친구들에게 빌린 물건을 돌려주세요."

2-1

한국에서 중고교생들의 자살은 지난 몇 년 사이 상당히 잦아졌다. 사회적으로 정치적으로도 문제가 되어 해결책을 마련하느라 바쁘지만 잘 되지 않는 것 같다. 아이들이 자살하는 이유는 대개 성적, 그리고 왕따다. 어떤 일간지의 조사에 따르면 학생들 6명 가운데 1명은 자살을 진지하게 고민한 적이 있다고 답했다. 2011년 통계에 따르면 최근 3년간 65명의 중고교생이 자살했다.

3

2010년 7월 4일에는 건국대 연구교수가 자살하는 사건도 벌어졌다. 건국대 연구 교수 신상희 박사는 하이데거 연구의 권위자였고, 많은 연구서와 번역서를 낸 학자였다. 1993년부터 대학강사로 일을 하면서 전임이 되기 위해 백방으로 애썼는데 이것이 더 이상 불가능하다는 판단이 서자 학교를 떠나기로 마음먹었다고 하는데 그 방법이 자살이었던 셈이다.

4

한국에 쌍용자동차라는 회사가 있다. 2009년에 구조조정에 들어간 이 회사가 2천5백 명에 달하는 노동자들을 정리해고하자 노사분규가 발생했는데, 아직까지 해결이 되지 않고 있다. 이 와중에 한 사람 두 사람, 자살하는 노동자들이 생기더니, 이 쌍용자동차에서만 얼마간의 시차를 두고 이제까지 2년 남짓의 기간 동안 스물두 사람이 자살하는 전대미문의 사태가 벌어졌다.

5

'문학, 가정과 사회'라는 주제는 무척 광범위하고 애매한 것 같았다. 그것은 문학과 가정, 사회가 관련이 없어서가 아니라 따로 설명하기가 불필요할 정도로 관련이 깊으므로 오히려 애매했다. 사회라는 말 앞에서 제일 먼저 떠오른 생각은 퇴니스의 게젤샤프트 게마인샤프트 같은 것들이었다. 한국어로는 이익사회와 공동사회로 번역되는 이런 개념은, 그러나 이 주제에 대해 생각하는 데 별로 도움이 되지 않았다.

5-1

사회라는 광범위하고 애매한 개념을 좀 더 구체화할 필요가 있었다. 국가, 또는 민족, 종교 또는 회사, 그리고 학교 같은 것. 그렇게 하여 학교가 나를 사로잡았다. 그것은 오늘날 한국 사회가 직면한 교육의 난맥상 때문이었을 것이다. 앞에서 언급한 학생들의 자살 문제는 한국 교육이 처한 어려움을 웅변하는 몇 가지 사례였다.

6

학교는 공장 같고, 공장은 감옥 같다, 라고 한 철학자가 있었다. 학교가 가르치기 위해 통제한다면 공장은 생산을 위해 통제하고 감옥은 처벌하기 위해 통제한다. 통제라는 면에서 공통점이 있다. 이를 푸코는 '안보사회'라 하고, 들뢰즈는 '통제사회'라 부른다. 안보건 통제건 문제는 그것이 얼마나 타당하고 효율적이고 공정한가, 하는 데에 있을 것이다. 그러나 오늘날 한국 사회는 그 공정성이 크게 훼손되어 있는 것 같다. 공정하지 않다고 여겨질 때에 통제는 사실상 정당성을 잃는다. 정당성을 잃은 통제는 억압이다. 저항이 발생하고, 그 저항은 바로 학교에서 자살이라는 극단적인 형태로 표현되는 것 아닐까. 어떤 의사의 연구에 따르면 자살을 할 때 상당히 많은 이들이 복수를 하는 심정으로 결행을 한다고 한다. 자살, 이것은 단순한 저항이 아니라 오늘의 학교에 대해, 학교의 통제에 대해, 그런 문제를 안고 있는 교육 정책이나 체제에 대한 복수인 셈이다.

6-1

그러나 이것이 한국만의 문제일까. 시민 전체에 대한 국가기관의 의무교육은 세계적으로 일반화되어 있다. 시민을 교육하는 수단이면서 또한 시민을 통제하는 수단이기도 하다. 학교란 한 국가의 이데올로기가 가장 집요하게 반복적으로, 신상필벌의 강경한 통제수단과 함께 교육되는 곳이다.

6-2

가정이란 어떤 곳인가. 인간이 최초로 인간관계를 배우는 곳이다. 또한 최초로 세상을 배우는 곳, 최초의 교육기관이기도 하다. 말을 배우고 버릇을 배운다. 가정교육이라는 말이 있지 않은가. 매를 들어 아이를 가르쳐야 한다는 것은 동서고금의 진리로 받아들여진다.

6-2-1

가정은 사회의 가장 기본적인 단위이기도 하다. 즉 그 사회의 이데올로기가 부모를 통해, 기타 가족들을 통해 처음부터 반복적으로 일상적으로 교육된다. 그것도 대개 가장 보수적인 이데올로기가 교육된다. 가족의 유지를 위해, 자식들의 출세와 영달을 위해.

6-3

평생 교육이라는 말이 언젠가부터 자주 사용된다. 평생 배우라는 말이다. 일견 좋은 말인 듯 보이지만 어쩌면 이는 오늘날 세계의 변화와 관련이 있을 것이다. 세계는 급격히 변화하고 있고, 이에 맞춰 스스로 재교육하지 않으면 낙오하기 십상이다. 오늘날 컴퓨터를 다룰 줄 아는 이들과 모르는 이들 사이의 간격, 인터넷을 일상적으로 사용하는 이들과 사용하지 않는 이들 사이의 간격은 결코 적다고 할 수 없다. 나아가서는 과거에는 하나의 직업으로 평생을 살 수 있었으나 이제는 그렇지 않은 경우가 많다. 오늘날 노동자들은 자칫하면 해고된다. 정리해고, 명예퇴직 등 신자유주의 이데올로기가 등장한 이래 해고에도 온갖 기교와 장식이 생겨났다. 평생 교육을 받지 않으면 생존이 불가능한 사회가 되어 있는 것.

6-4

즉 평생 교육이란 어쩌면 평생 통제와 다르지 않다. 물론 국가체제가 존재한 이래 인간은 늘 통제를 받으며 살아왔다. 오늘날의 통제는 그러나 더욱 집요하고 더욱 간교하고 더욱 정밀하여 인간이 숨을 곳을 찾을 수 없는 지경이 되어가고 있다. 죠지 오웰의 빅브라더가 전혀 과장이 아닌 세상이 되어 있는 것. 거리거리의 CCTV는 범법자를 감시하고 체포하는 데에 이용된다고 하지만, 그것은 동시에 평범하고 고분고분한 시민의 일거수일투족까지 기록하고 감시하는 장치다. 한국에는 교통카드가 일상화되어 있다. 물론 편리한 점도 있다. 카드 한 장만 있으면 버스에서부터 전철, 택시까지 모든 교통수단을 이용할 수 있고, 나아가서는 가게에서 우유를 한 병 사고, 술집에서 술을 마시고, 음식점에서 밥을 먹고서도 카드로 계산할 수 있다. 동시에 한 사람이 어디에서 어디로 이동을 하고 어디에서 무엇을 먹고 마셨는지, 심지어는 누구와 만났는지마저 다 기록되고 감시할 수도 있다. 기술의 발전으로 더욱 정밀한 통제와 감시가 가능해졌다.

6-5

여기에서 학교는 공장 같고 공장은 감옥 같다, 라는 말을 다시 생각해보면 우리는 고개를 끄덕이지 않을 수 없다. 요람에서 무덤까지 복지가 이루어지는 것이 이상이었으나 요람에서 무덤까지, 통제와 감시가 이루어지고 있다고 해도 과언이 아닌 사회가 우리의 목전에 와 있다. 거기 큰 몫을 학교가, 교육이 담당하고 있다.

7

다시 한 번 생각해보면 학교에서 이루어지는 교육은 단순한 교육, 단순한 통제가 아니다. 이데올로기를 교육하고 통제할 뿐 아니라 그 과정에서 더불어 가르치는 것이 또 하나 있다. 그것은 복종이다. 이데올로기를 강요하고, 그 강요에 복종하는 법을 가르치는 것. 복종을 잘하면 상을 주고 장학금도 준다. 그것을 거부할 경우 창피를 주고 처벌하고 추방한다. 여기에서 학생은 자신의 생각과는 달라도 교사의 생각에, 학교에 지시에, 체제의 요구에, 나아가서는 권력의 지침에 복종하는 법을 배운다. 나아가서는 지시를 받기도 전에 학교의, 체제의, 권력의 내면을 헤아리고 파악하여 미리 복종하는 법을 터득한다. 우등생이 되는 거다. 체제는 이것을 인내심을 배우고 가르친다고 선전하지만, 그것은 차라리 타협 또는 굴복하는 법을 배우는 것에 가깝다. 학교는 체제를 재생산하는 공장이다. 장학금도 주고 표창장도 주면서 일찌감치 복종과 포기, 굴복과 패배를 반복 연습시킨다. 극단적으로 말하자면 노예가 되는 법을 배우는 곳이라

할 수 있지 않은가.

7-1

그렇다 하여 배움이 없을 수는 없다. 체제도 있어야 할 것이다. 규율도 있어야 하겠지. 만일 이 세계가, 오늘 우리가 사는 이 세계가 공정하다면 그 모든 것이 조화를 이룰 것이다. 공정한 세계의 법과 이상과 규율을 배우는 것이라면 그 방법에 다소 무리가 있다 하더라도 전적으로 비난할 수만은 없을 것이다. 그러나 한번 생각해보자. 진정 오늘날의 세계가 바르고 공정한가? 만일 바르고 공정하지 않다면 우리가 학교에서 아이들에게 가르치는 것은 도대체 무엇인가? 그것을 가르치기 위해 동원하는 이 무수한 표창장과 장학금, 처벌과 추방은 도대체 무엇인가? 차라리 범죄를 저지르면 재판이라도 받는다지만, 학교에서 일상적으로 이루어지는 저 상벌은, 저 처벌은 무엇인가? 무엇으로 합리화될 것인가?

7-2

아니다. 만일 이 세계가 바르고 공정하다 해도, 아름답다 해도 마찬가지다. 바르고 공정한 사회에서는 있을 수 없는 일이 교육 현장에서 이루어지는 것은 아닐까. 바르고 공정하기 위해서는, 바르고 공정한 사회를 지향한다면 학교야말로 오늘날과는 달라야 하는 것 아닐까.

8

발표 서두에서 꼽은 몇 가지 사례 가운데 학교가 아니라 공장에서 벌어진 노사분규를 배경으로 벌어진 자살 사건이 있었다. 쌍용차 사건이다. 2년 남짓 사이 하나의 현장에서 스물두 명의 노동자들이 하나, 또 하나 스스로 목숨을 끊은 사례는 아마 세계적으로 유례가 없을 것이다. 이들에 대한 정리해고의 근거가 조작된 회계자료였다는 것은 이미 밝혀진 사실이다. 그 공장에 이들 노동자들만이 존재한 것은 아니다. 거기에도 사용자들이 있었을 것이다. 자본가들도 있었을 것이다. 그 지역에 시장도 있었을 것이요 국회의원도 있었을 것이다. 경찰도 검사도 법관도 있었을 것이다. 한국에선 흔히 먹물이라고 부르는 지식인들도 있었을 것이다. 이들은 무엇을 하며 이 사태를 지켜보았을까. 어떤 심사였을까. 아무런 생각도 들지 않았을까. 관심도 없었을까.

8-1

서글프지만, 아주 조금만 비약하자면, 학교에서 그런 과정을 거쳐 나온 아이들이 그런 노동자가 되거나 그런 사용자가 되었다. 그런 시장이 되고 법관이 되고 지식인이 되었다.

8-2

오늘날 자본주의, 나아가서는 신자유주의가 지배하는 이 세계에서 가장 큰 이데올로기는 욕망이요, 그 욕망을 성취하기 위한 경쟁이다. 그들 노동자들을 외면한 이들이 받은 교육이 바로 그러한 교육이었다. 타인에 대한 무관심, 나아가서는 잔인함. 자신의 욕망을 성취하기 위해서는 타인은 오직 이용할 수 있는 노동력이나 시장이나 통계에 지나지 않는다. 나와 같은 인간이라니. 그건 뭔 소리냐. 이런 기형적인 생각. 이것이 욕망과 경쟁의 이데올로기와 교육의 결과다.

8-3

그것이 만들어낸 또 하나의 결과가 저 대학교수의 자살 같은, 그런 일이었다.

8-4

우리는 안다. 욕망을 통하여 행복을 성취할 수는 없다. 물질적 풍요를 통해 공익이 이루어지는 것도 아니다. 물질적 풍요가 흔히 차별과 양극화와 갈등을 초래했다는 것은 역사적 사실이다. 경쟁을 통해 공정한 사회를 성취할 수도 없다. 한국 사회의 극단적인 예를 내가 들었으나 그것은 비단 한국 사회만의 문제는 아닐 것이다. 모두가 행복하기 위해 아무도 행복할 수 없는 곳, 세계는 그러한 곳이 되어가고 있다.

9

문학이란 생각하고 상상하는 놀이다. 그렇다. 나는 놀이라고 말했다. 어떤 구체적인 이득이나 목전의 이용을 위해 하는 것이 아니니까. 욕망하고 경쟁하는 것이 아니라 질문을 하는 것이다. 문학, 커다란 물음표라고 할 수도 있다. 인간이 감히 물을 수 없는 것까지 묻고 감히 대답할 수 없는 것까지 대답하려 하는 것.

9-1

오이디푸스 왕의 면전에 대고 선언하는 것이다. 너 때문이다. 바로 네가 그 죄인이다. 절대권력을 지닌 왕의 면전에 대고 이제 막 산골에서 기어나온 누더기 차림의 예언자가 바로 네가 아비를 죽이고 어미를 범한 자다, 하고 선언하는 것. 나는 소포클레스가 바로 이 한 마디를 하기 위해 이 기나긴 작품을 썼다고, 감히 생각한다.

9-2

모든 입들이 욕망과 경쟁이라는 하나의 행진곡을 노래할 때 조용히 돌아서서 석양의 슬픔을 노래하는 것. 모든 팔다리가 하나의 구령에 맞춰 기계처럼 흔들릴 때 어찌 보면 바보처럼, 어찌 보면 게으름뱅이처럼 엉거주춤 진양조의 장단으로 흐느적거리며 춤을 추는 것. 모든 사람이 황금으로 기둥을 세우고 황금으로 기와를 올릴 때 작은 모래 서너 낱을 들고 그 아름다움에 감탄하여 몇 날이고 세월을 보내는 것.

9-3

수많은 학생이 자살을 하고, 수많은 노동자가 자살을 하는데도 세상이 다 그들을 외면한 채 욕망을 성취하기 위해 동분서주할 때에 그들을 살펴보고 그들과 더불어 보다 나은 세계를 상상하고 꿈꾸고 질문하는 것은 그러니까 이데올로기로도, 이데올로기 교육으로도, 강요나 감시나 통제로도 가능한 일이 아니다.

9-4

그렇다 하여 문학이 그런 문제들에 대한 답이라 주장하는 것은 아니다. 다만 문학은 그들과 더불어 서 있을 수 있고, 그들과 더불어 질문할 수 있다는 것이다. 문학은 이미 존재하는 말을 통해 아직 존재하지 않는 무엇인가를 꿈꾸는 것이니까. 오히려 세상이 부도덕하고 잔인할수록 더욱 큰 소리로 질문을 하고, 더욱 아름다운 세계를 꿈꾸는 것이니까. 놀이지만 그것은 혼자 하는 놀이가 아니라 이 세계와 더불어, 즉 가족과 더불어 사회와 더불어, 저 떨어져 죽어간 아이들, 노동자들과 더불어 하는 놀이니까.

10

마지막으로 내가 좋아하는 한시 한 구절을 인용하는 것으로 이 부족하기 한량없는 발제를 마치고자 한다. 중국의 고전 《고문진보古文眞寶》에 〈고시古詩〉라는 제목 아래 무명씨의 작품으로 소개된 시 가운데 한 행이다.

生年不滿百 常懷千歲憂.
(나이는 백 년을 못다 살면서, 늘 천세의 일을 근심한다.)

10-1

그렇다. 참으로 어리석은 노릇으로 보인다. 그러나 여기 인간의 마음이, 또한 문학의 마음이 간결하게 요약되어 있다고 나는 생각한다.

최인석 소설가, 극작가. 1953년 전북 남원 출생. 1979년 《연극평론》에 희곡 〈내가 잃어버린 당나귀〉로 등단하였고 1986년에 《소설문학》에 〈구경꾼〉이 당선되며 소설창작을 시작했다. 세밀하면서도 매력적인 사실주의 기법으로 세상을 지배하는 이념과 행태에 대한 증오, 새로운 사회를 향한 모색과 실천에 대한 회의를 담은 작품들을 발표했다. 소설집 《인형 만들기》《내 영혼의 우물》,《구렁이들의 집》, 장편소설 《새떼》,《이상한 나라에서 온 스파이》,《연애, 하는 날》 등이 있다. 한국문학 희곡부문 신인상, 백상예술상 희곡부문 신인작가상, 영희연극상, 대한민국문학상 신인작가상, 대산문학상, 박영준 문학상, 한무숙 문학상, 올해의 작가상 등을 수상했다.

문자공화국의 꿈
창작의 영감과 가정 그리고 사회

초판 1쇄 발행 2016년 6월 30일

지은이 모옌, 김애란, 에쿠니 가오리 외 30인

펴낸이 김현주

편집장 한예솔
교정 김형수
디자인 노병권
마케팅 한희덕
펴낸곳 섬앤섬

출판신고 2008년 12월 1일 제396-2008-000090호
주소 경기도 고양시 일산동구 백석로 119, 210-1003호
주문전화 070-7763-7200 **팩스** 031-907-9420 **전자우편** somensum@naver.com
출력 나모 에디트(주)
인쇄 우진테크(주)

ISBN 978-89-97454-20-4 03800

ⓒ 대산문화재단, 2016. www.daesan.org

이 책의 한국어판 출판권은 '섬앤섬' 출판사가 소유합니다. 저작권법에 따라 보호를 받는 저작물이 므로 무단 전재와 복제를 금합니다.

이 도서의 국립중앙도서관 출판예정도서목록(CIP)은 서지정보유통지원시스템 홈페이지(http://seoji.nl.go.kr)와 국가자료공동목록시스템(http://www.nl.go.kr/kolisnet)에서 이용하실 수 있습 니다.(CIP제어번호: CIP2016014872)